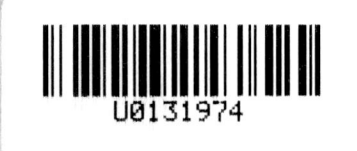

目录

书信·下

致易南屏（一九五二年十二月二十一日）……八九三
致陈叔通（一九五三年五月十八日）……八九四
致李济深（一九五三年七月三十一日）……八九五
致叶恭绰（一九五三年八月十六日）……八九六
致李漱清（一九五三年八月二十七日）……八九八
致文涧泉（一九五三年九月八日）……八九九
致沈钧儒（一九五三年九月二十七日）……九〇〇
致毛月秋（一九五三年十月四日）……九〇二
致马叙伦（一九五三年十月五日）……九〇七
致杨尚昆（一九五三年十月二十二日）……九〇八
致廖静文（一九五三年十二月十三日）……九一二
致刘少奇（一九五四年二月十七日）……九一三
致胡乔木（一九五四年二月二十四日）……九一五
致黄炎培（一九五四年三月十二日）……九一六

致彭石麟（一九五四年三月三十一日）……九二〇
致石城乡党支部、乡政府（一九五四年四月二十九日）……九二四
致黄炎培（一九五四年五月二日）……九三〇
致李达（一九五四年十二月二十八日）……九三二
致周敦祜（一九五五年三月六日）……九三七
致张四维（一九五五年五月一日）……九三九
致中共湘乡县委（一九五五年五月十七日）……九四〇
致黄炎培（一九五五年五月二十六日）……九四五
致谭世瑛（一九五五年六月八日）……九四九
致黄炎培（一九五五年十一月十七日）……九五五
致班禅额尔德尼·却吉坚赞（一九五五年十一月二十四日）……九五七
致周世钊（一九五五年十一月二十四日）……九六〇
致周恩来（一九五六年一月八日）……九六四
致宋庆龄（一九五六年一月二十六日）……九六七
给堂弟毛泽荣的信（一九五六年四月二十日）……九七〇
致曹云芳（一九五六年八月十一日）……九七一
致黄炎培（一九五六年十二月四日）……九七四
致周恩来等（一九五七年三月十七日）……九八一

目录

致张治中（一九五八年五月二十二日）……九八四
致章士钊（一九五九年六月七日）……九八七
致钟学坤（一九五九年十二月二十九日）……九九三
致陈云（一九五九年十二月三十日）……九九五
致杨开英（一九六〇年四月二十五日）……九九八
致田士清（一九六〇年九月二日）……一〇〇二
致林克等（一九六〇年十二月二十六日）……一〇〇四
致胡乔木（一九六一年八月二十五日）……一〇〇七
致李先念、姚依林（一九六一年十二月十五日）……一〇一一
致周世钊（一九六一年十二月二十六日）……一〇一二
致臧克家（一九六一年十二月二十六日）……一〇一七
致臧克家（一九六二年四月二十七日）……一〇二二
致邓小平（一九六三年一月二十五日）……一〇二四
致周世钊（一九六三年三月二十四日）……一〇二五
致张干（一九六三年五月二十六日）……一〇三一
致林铁（一九六三年十一月十七日）……一〇三四
致华罗庚（一九六四年三月十八日）……一〇三八
致高亨（一九六四年三月十八日）……一〇四一

致章士钊（一九六五年六月二十六日）……一〇四五
致郭沫若（一九六五年七月十八日）……一〇五一
致章士钊（一九六五年七月十八日）……一〇五六
致华罗庚（一九六五年七日二十一日）……一〇六七
致于立群（一九六五年七月二十六日）……一〇七一
致陈毅（一九六五年七月二十一日）……一〇八〇

致易南屏

一九五二年十二月二十一日

南屏兄：

一九五二年十二月六日惠书及抄本两册，均已收到，甚为感谢：体弱多病，不宜外出，更不要来京。寄上人民币三百万元，籍作医药费用。乡间情形，尚祈时示一二。此复，顺祝康吉。

毛泽东

一九五二年十二月廿一日

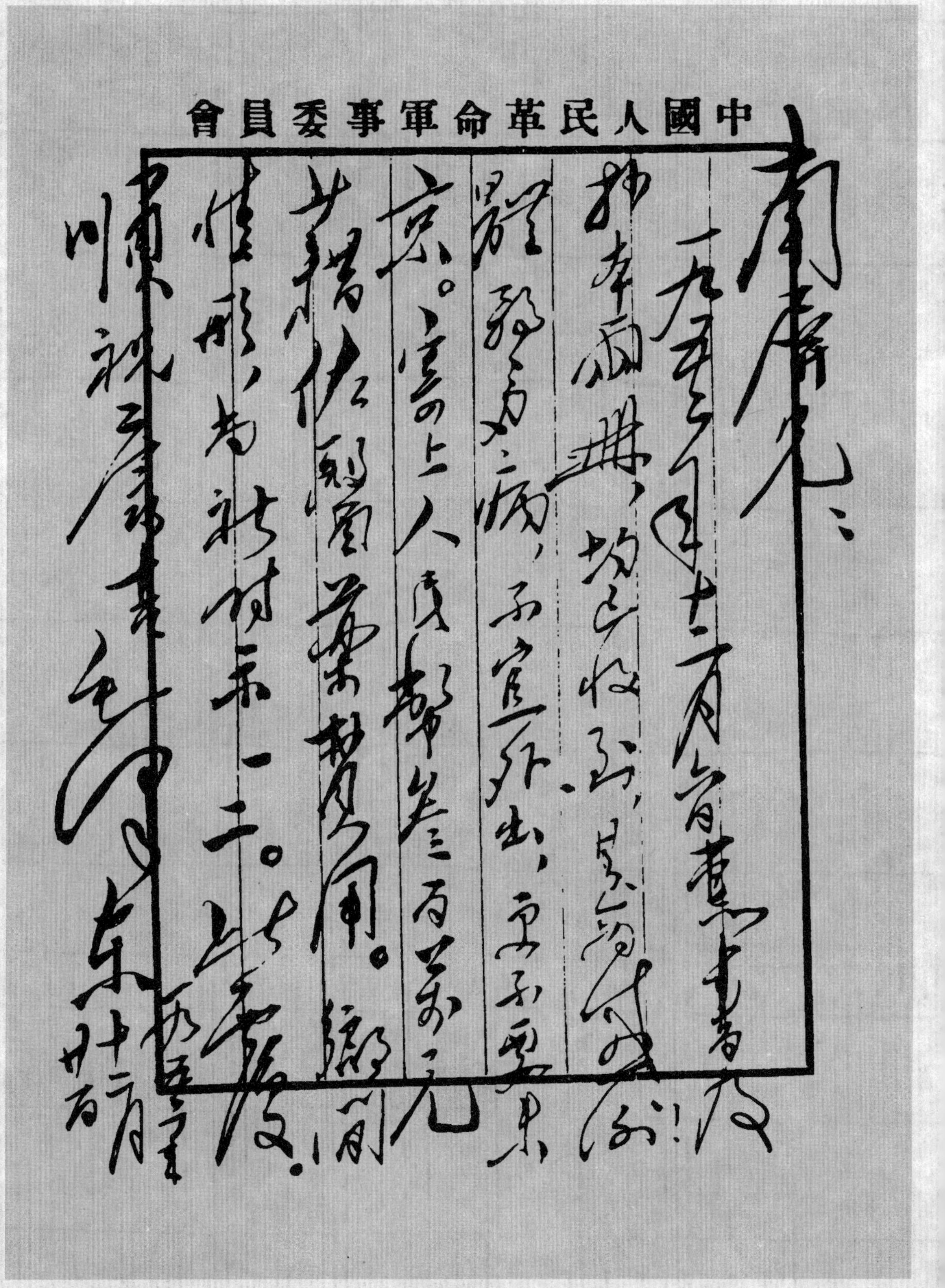

中國人民革命軍事委員會

南屏兄：一九五二年十二月六日惠书及抄本两册，均已收到，甚为感谢：体弱多病，不宜外出，更不要来京。寄上人民币三百万元，籍作医药费用。乡间情形，尚祈时示一二。此复，顺祝康吉。毛泽东 十二月廿一日

致陈叔通

一九五三年五月十八日

叔通先生：

五月九日惠书及附件数份，均已收到，甚为感谢。承示各点，我以为是正确的。此复。顺致敬意。

毛泽东

一九五三年五月十八日

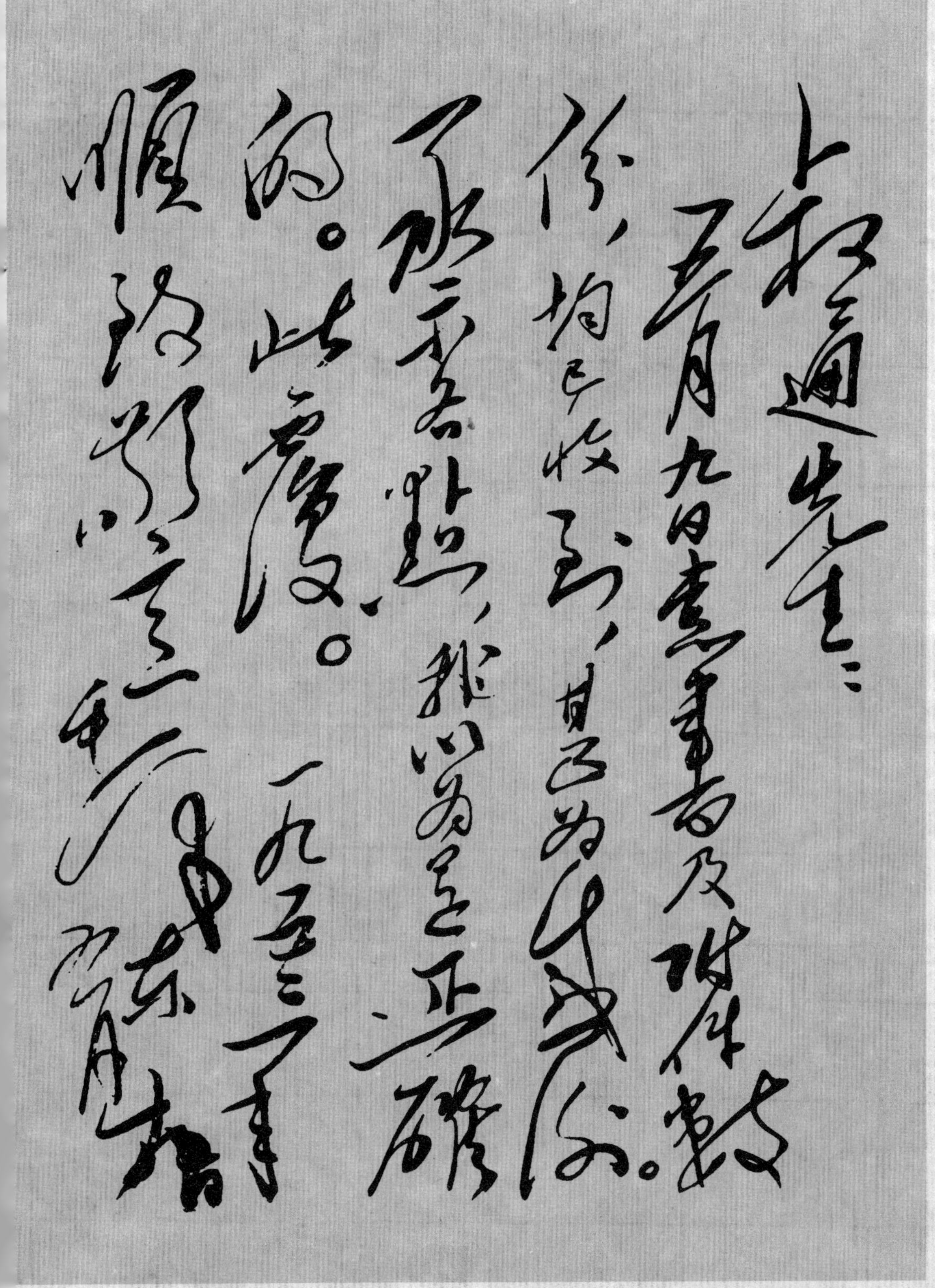

叔通先生：五月九日惠书及附件数份，均已收到，甚为感谢。承示各点，我以为是正确的。此复。顺致敬意。毛泽东 一九五三年五月十八日

致李济深

一九五三年七月三十一日

任潮先生：

七月廿八日惠书，并转来李玉麟、陈文运、丁绵、李炳之、张联菜五位先生的长信一封，业已收读，甚为感谢，便时尚祈转达五位先生为荷！顺致敬意

毛泽东

一九五三年七月卅一日

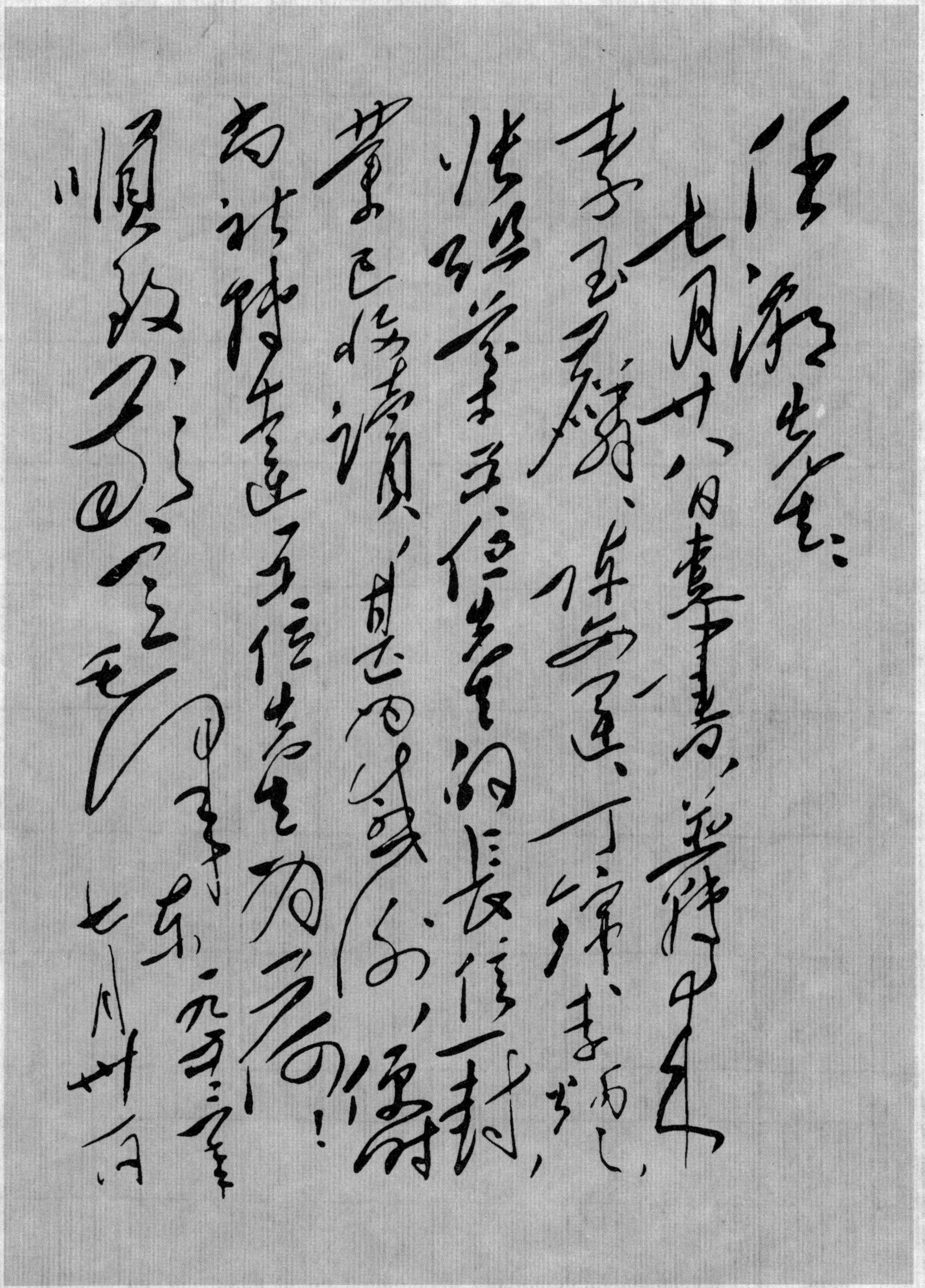

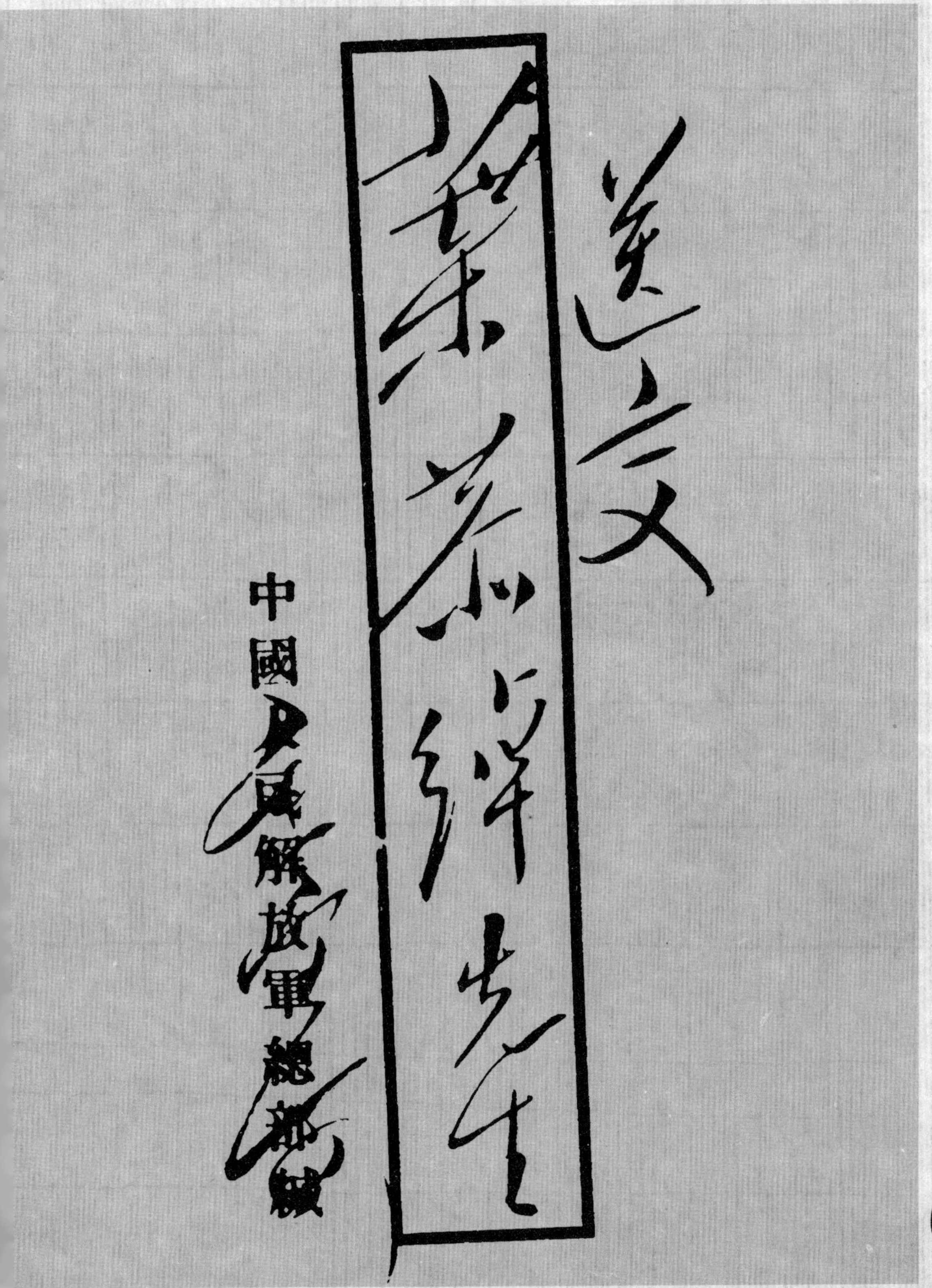

致叶恭绰

一九五三年八月十六日

誉虎先生：

承赠清代学者画像一册，业已收到，甚为感谢！不知尚有第一集否，如有愿借一观。

顺致敬意。

毛泽东

一九五三年八月十六日

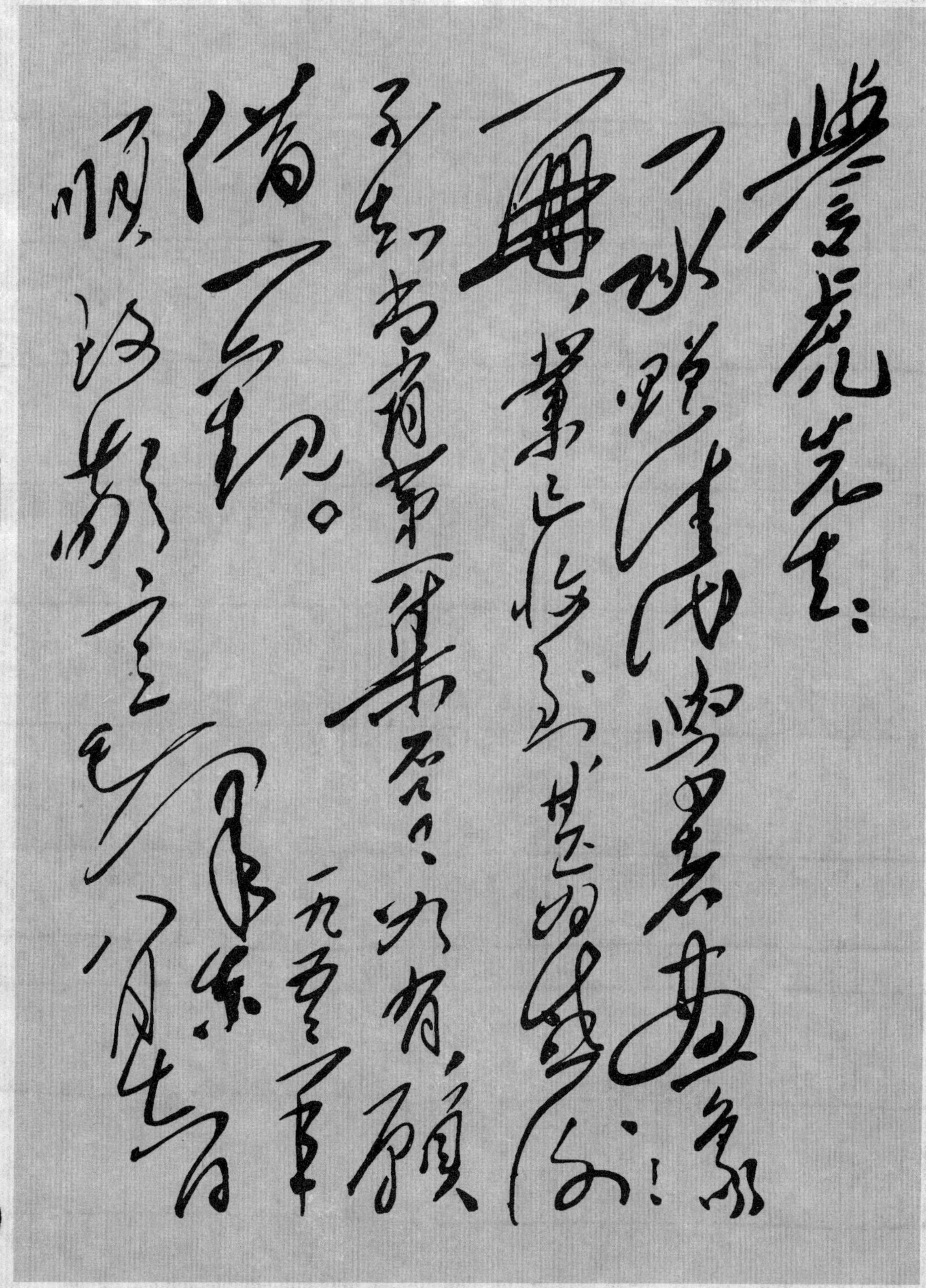
誉虎先生：承赠清代学者画像一册，业已收到，甚为感谢！不知尚有第一集否，如有愿借一观。顺致敬意。毛泽东 一九五三年八月十六日

第四时期·书信

致李漱清

一九五三年八月二十七日

漱清先生：

别后来信久已收到，甚谢。乡间情形，便时尚希告我一二。并望保重身体。此复。

顺致敬意。

毛泽东

一九五三年八月廿七日

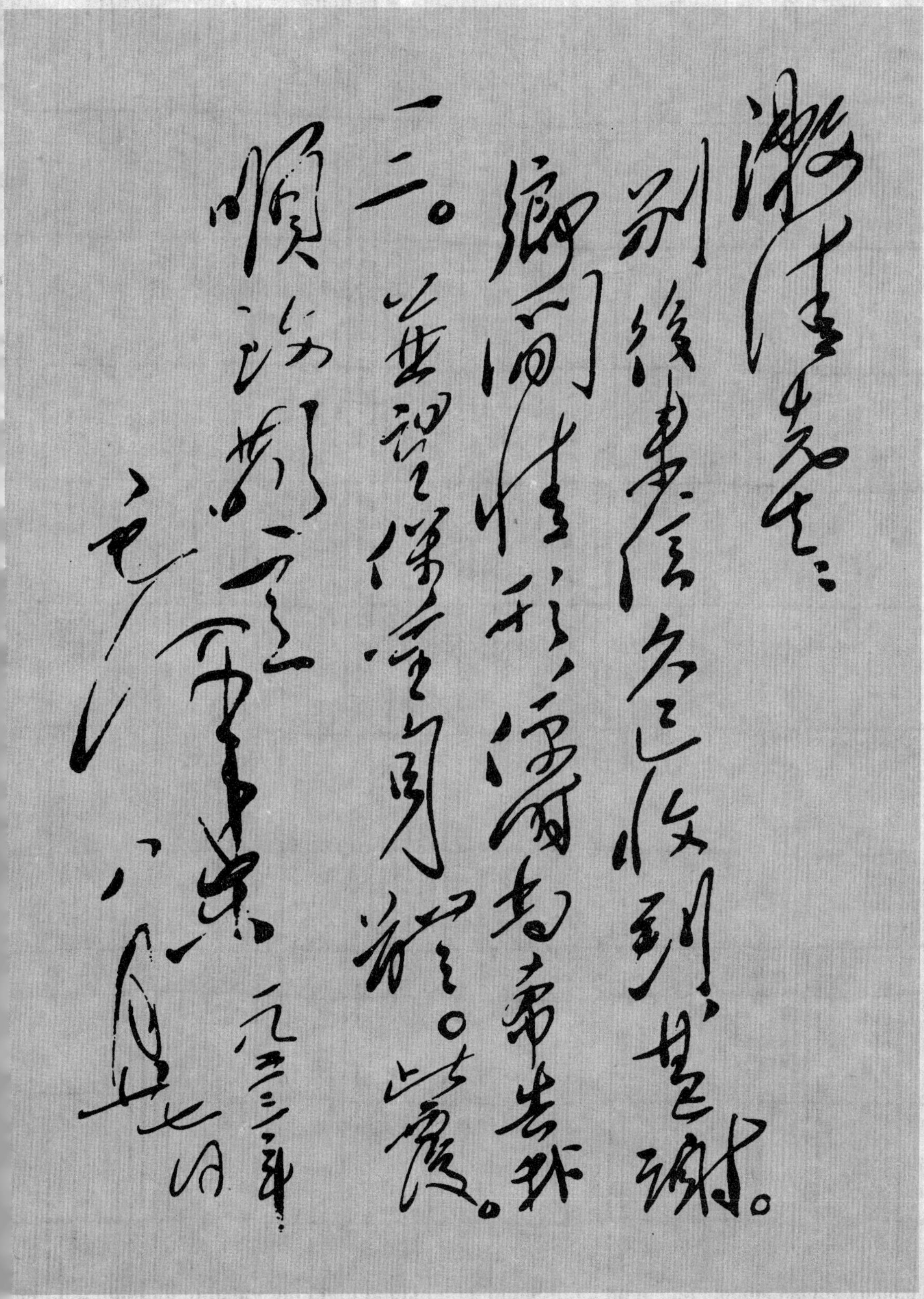
漱清先生：别后来信久已收到，甚谢。乡间情形，便时尚希告我一二。并望保重身体。此复。顺致敬意。毛泽东 一九五三年八月廿七日

致文涧泉

一九五三年九月八日

涧泉兄：

惠书收到。承告乡情，甚谢。

来京及去上海等地游览事，今年有所不便，请不要来。赵某求学事，我不便介绍，应另想法。此复。顺祝康吉，并候各戚友安好！

毛泽东

一九五三年九月八日

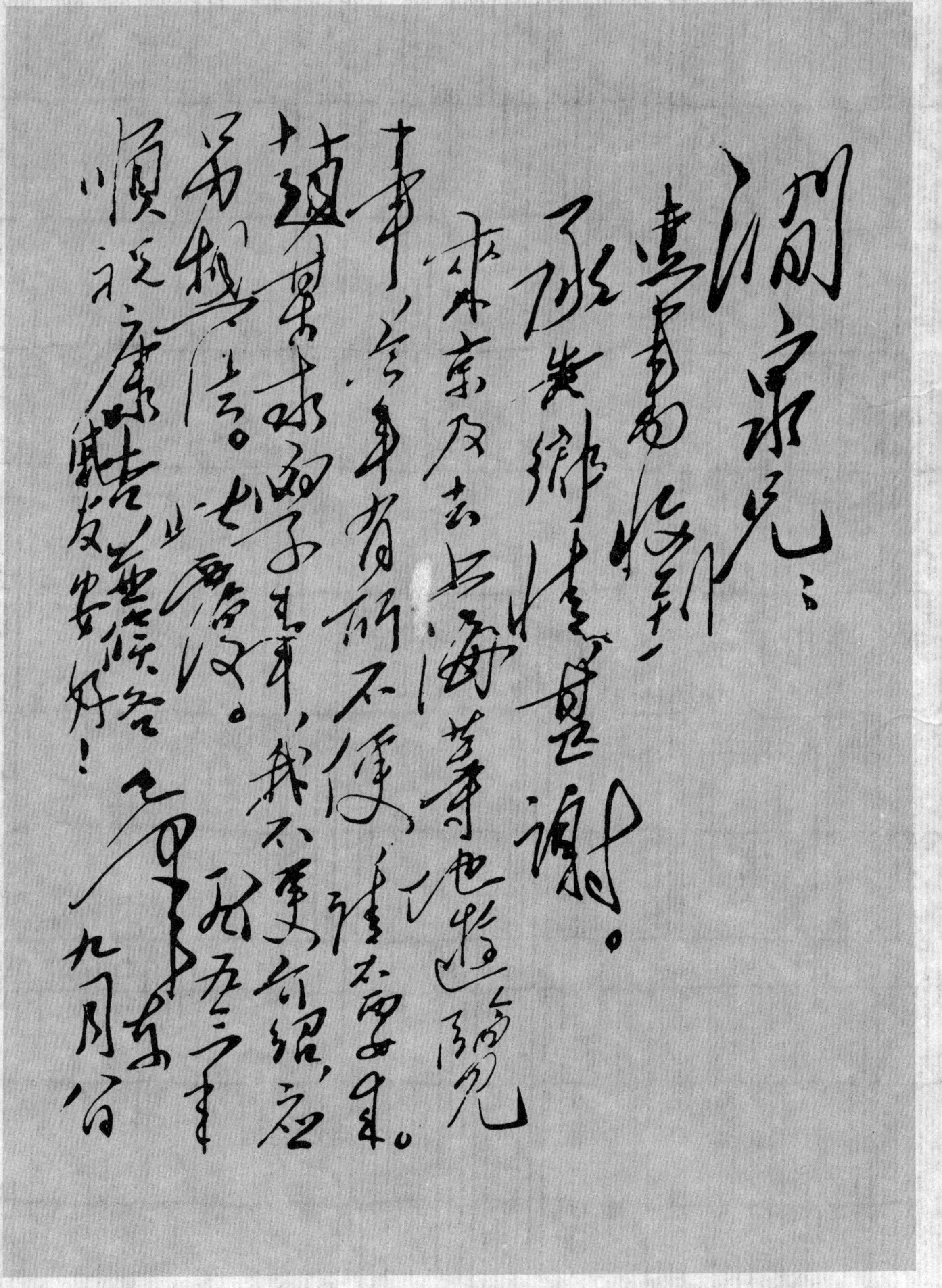
澗泉兄：

惠書收到。承告鄉情，甚謝。

來京及去上海等地遊覽事，今年有所不便，請不要來。趙某求學事，我不便介紹，應另想法。此復。順祝康吉，并候各戚友安好！

毛澤東

九月八日

致沈钧儒

一九五三年九月二十七日

沈院长：

九月十六日给我的信及附件，已收到阅悉。血吸虫病危害甚大，必须着重防治。大函及附件已交习仲勋同志负责处理。此复。顺致敬意。

毛泽东

九月廿七日

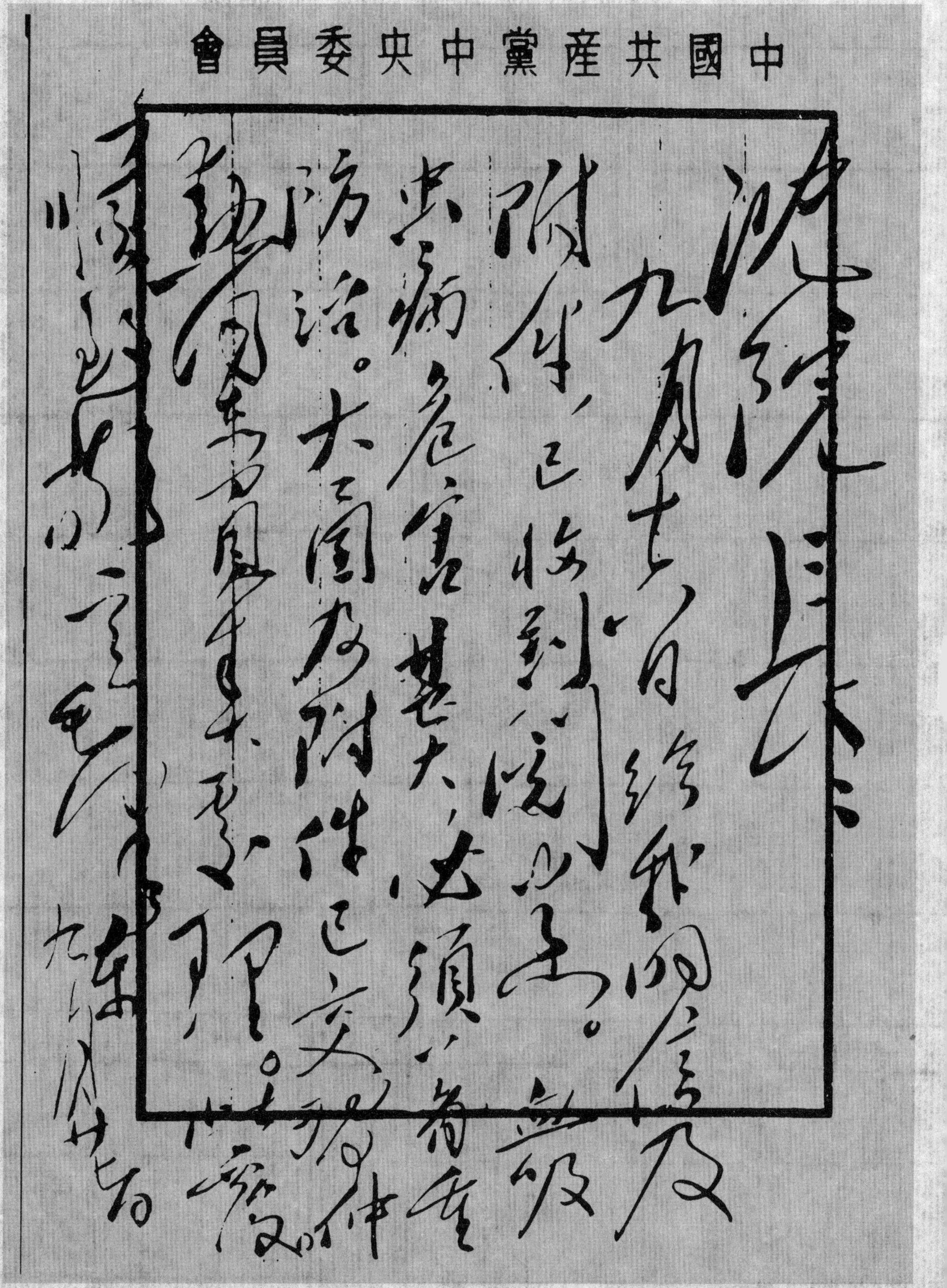

第四时期·书信

致毛月秋

一九五三年十月四日

月秋同志：

你给我的信收到。为了了解乡间情况的目的（不是为了祝寿，无论那一年均不要祝寿，此点要讲清楚），我同意你来京一行。尚有毛翼臣（不知住什么地方）、文东仙（唐家坨）二位同志过去来信，表示要来我处一看。如你及乡间其他同志同意的话，你可约同他们二位一道来京。除你们三人外，其他没有预先约好的同志，一概不要来。你们到京住一个短期仍回家乡。你们来时，即持此信先到长沙湖南省委统一战线部找那里的同志帮

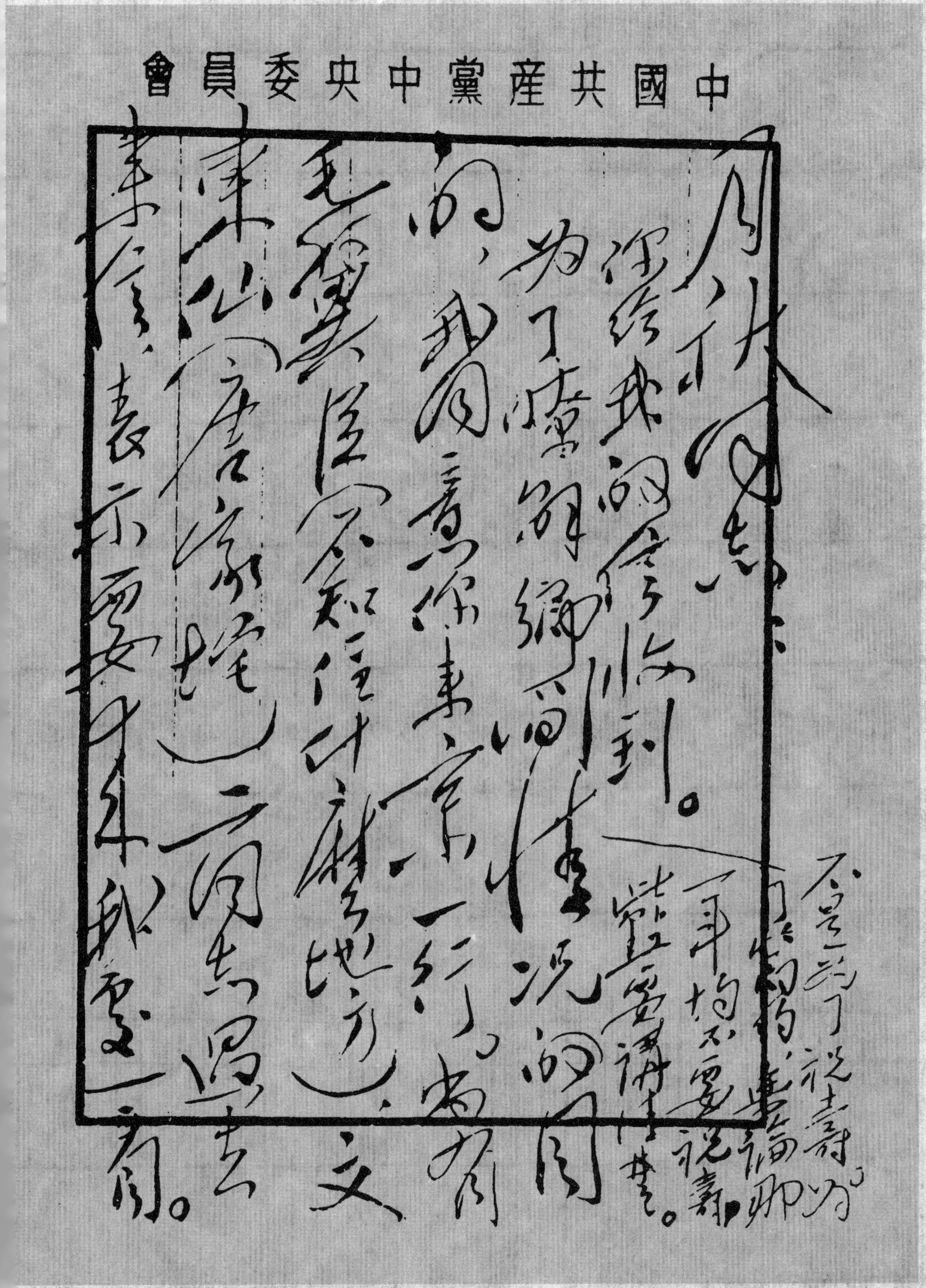

忙，发给你们三人来京的路费，并请他们派一人送你们来京。

另请你持此信，到韶山、石城两处乡政府及当地的两个区政府及党的负责同志〔一处〕，和他商量，如果他们同意的话，请他们将两乡两区的情况及迫切需要解决的困难问题，写成书面材料，交你带来，作为参考之用（不是为了直接解决乡间问题）。

你们三人来时，不要带任何礼物。

你们到京时间，以早为好，希望不迟于阳历十月二十至廿五日。

顺致敬意。

毛泽东

一九五三年十月四日

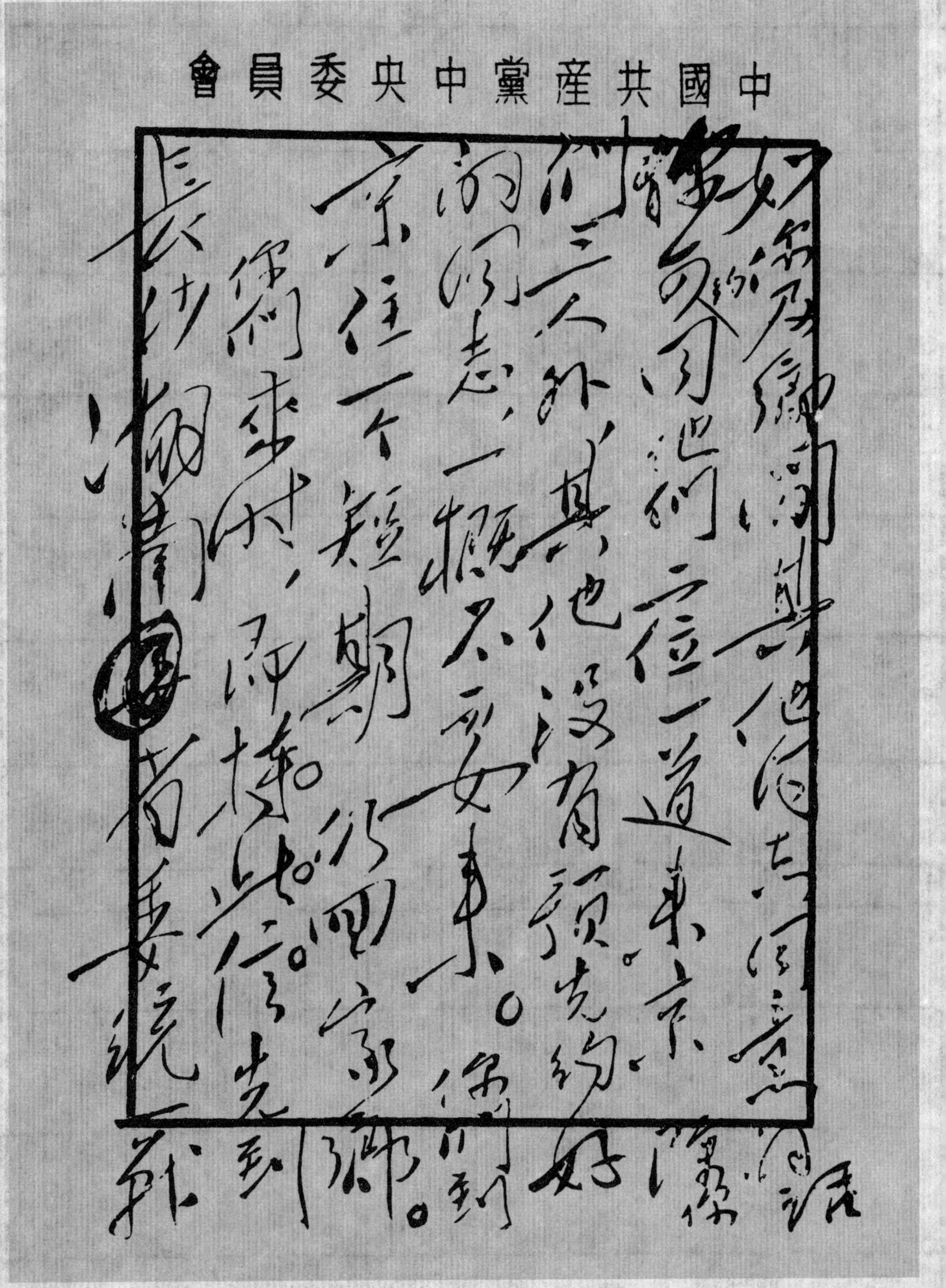

中國共產黨中央委員會

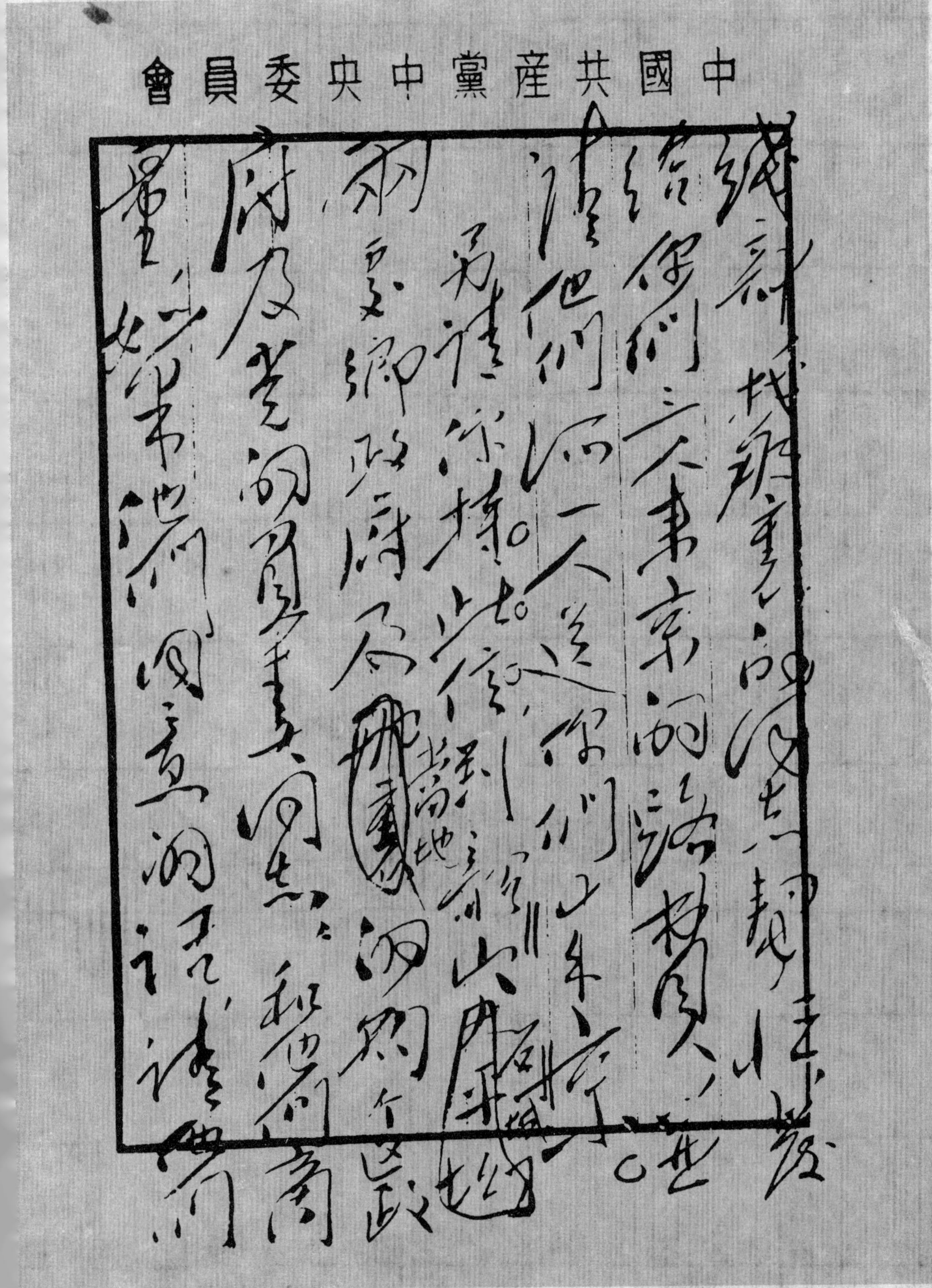

中國共產黨中央委員會

中國共產黨中央委員會

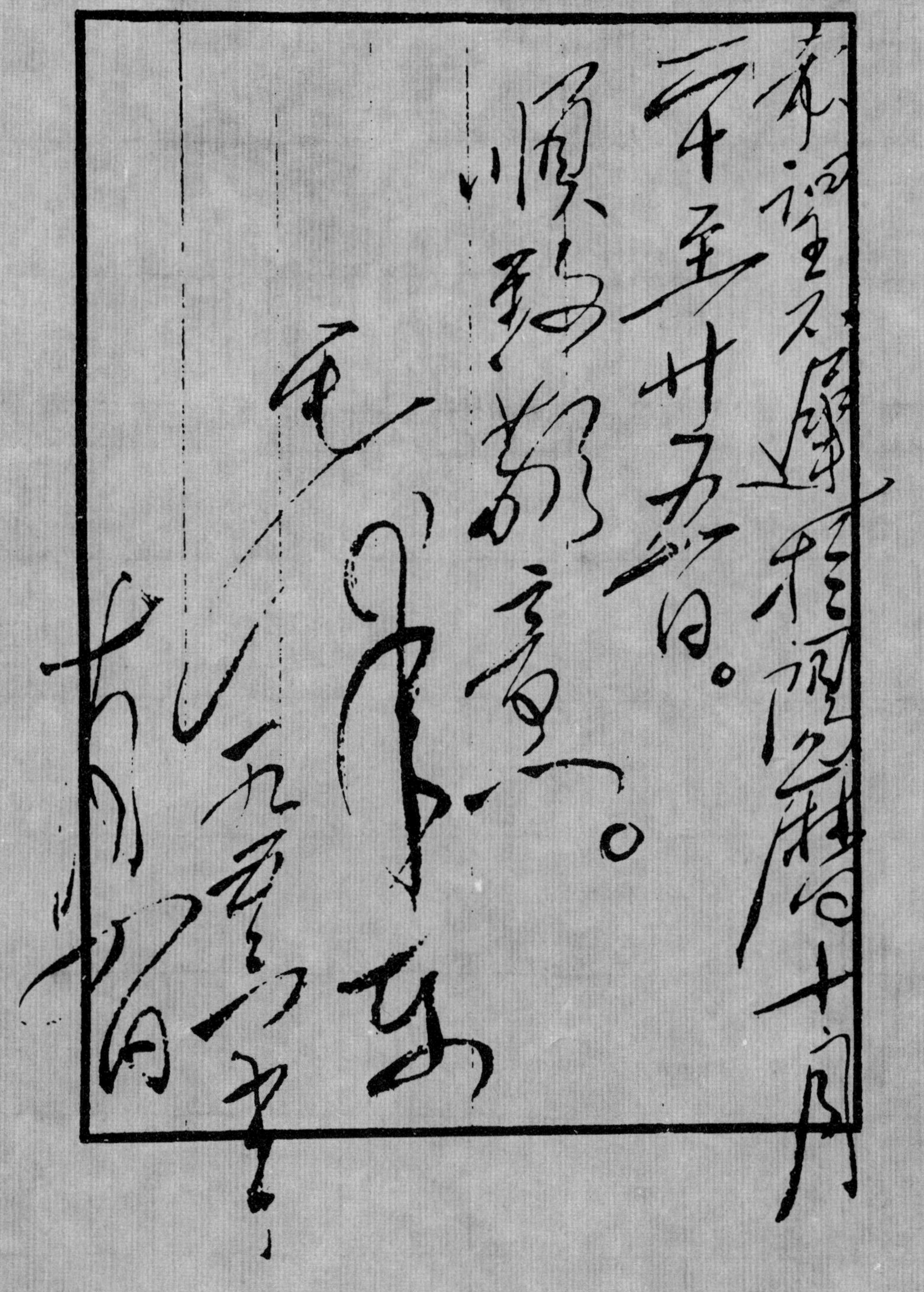

中國共產黨中央委員會

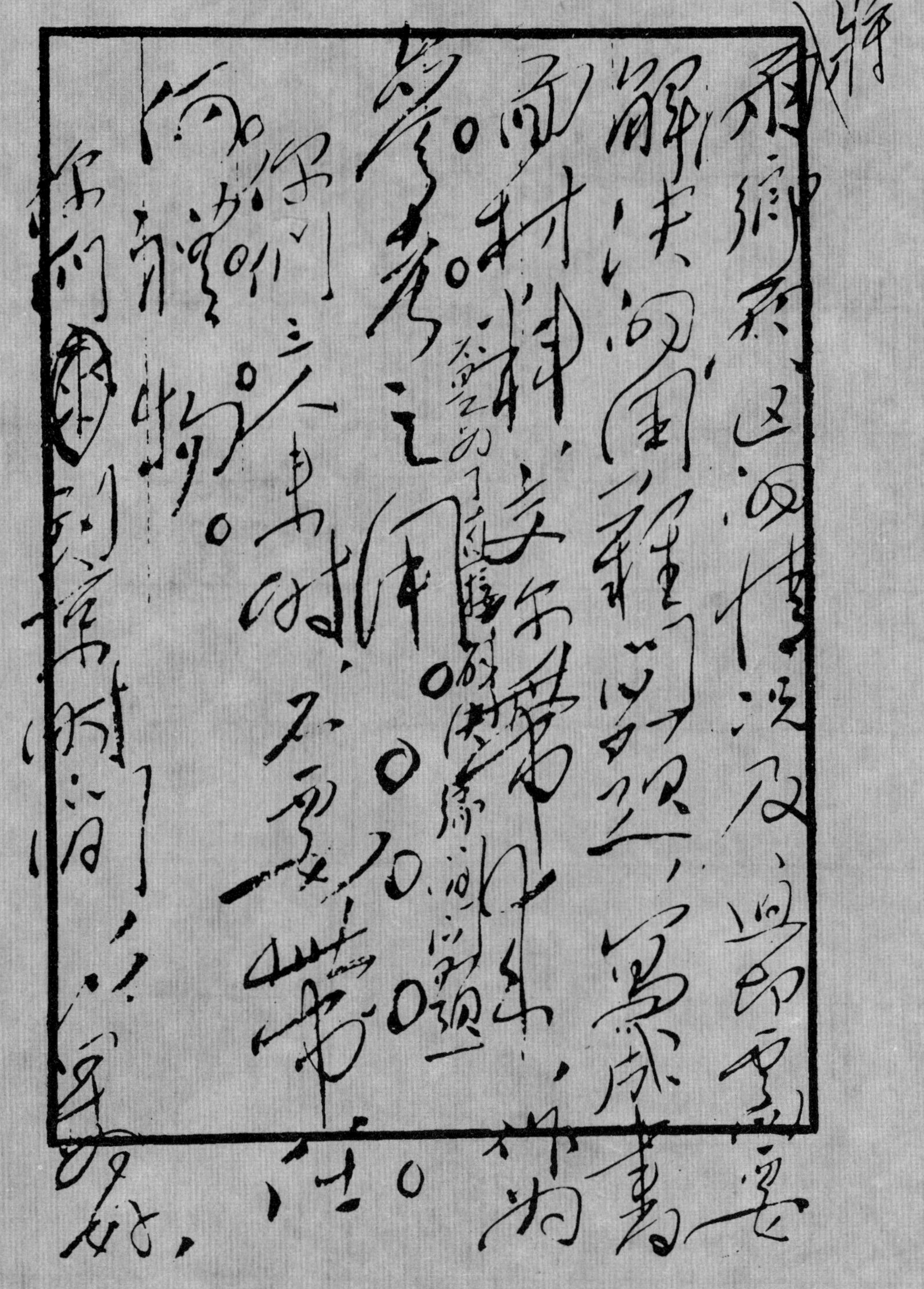

致马叙伦

一九五三年十月五日

夷初先生：

闻病甚念。务请安心休养，不限时日，病愈再工作。有何需要，请随时示知。敬祝早日恢复健康！

毛泽东

十月五日

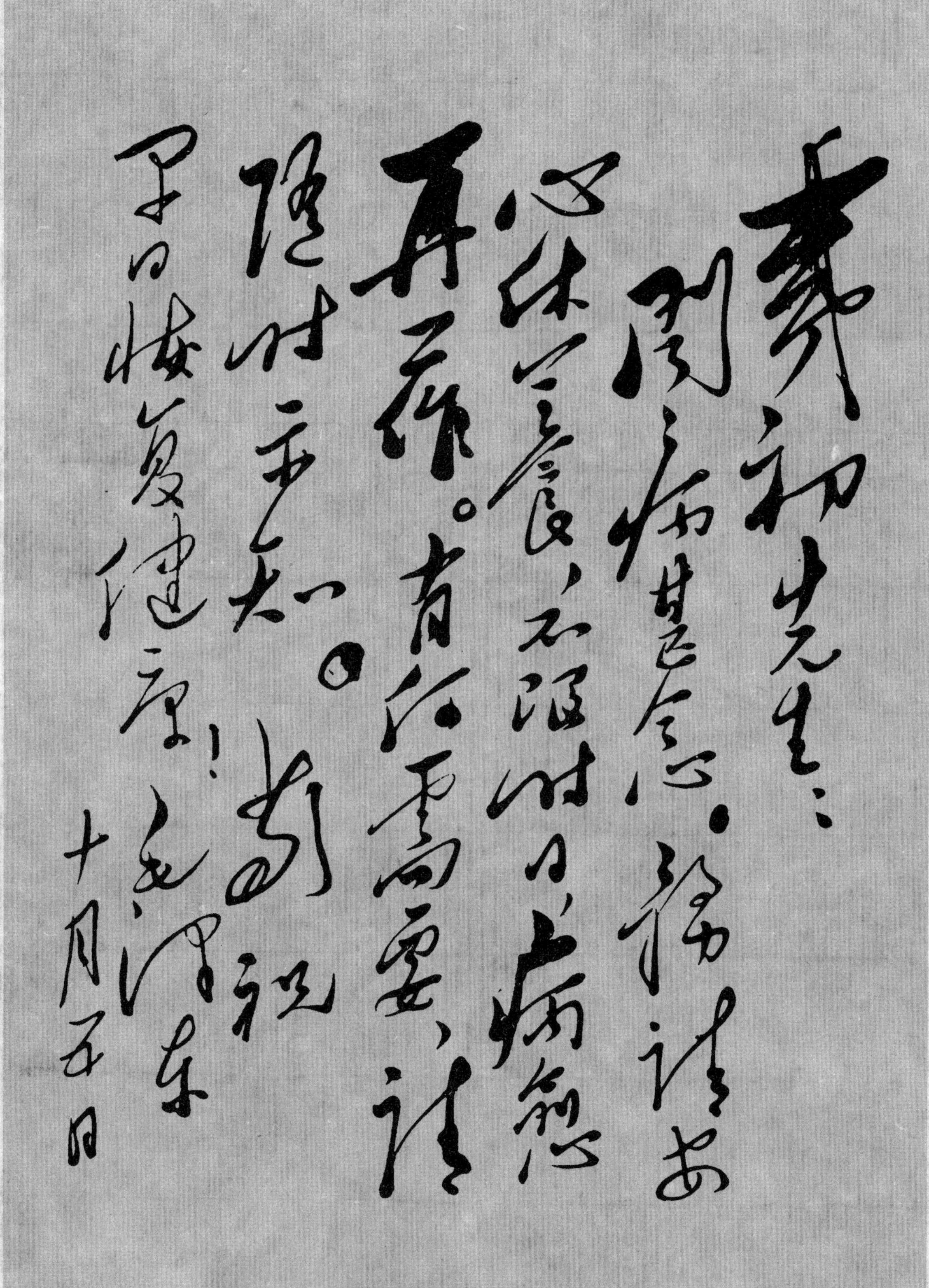
夷初先生：闻病甚念。务请安心休养，不限时日，病愈再工作。有何需要，请随时示知。敬祝早日恢复健康！毛泽东 十月五日

第四时期·书信

杨尚昆

九五三年十月二十二日

昆同志：

请将联共党史六条结束语印成单张，于今晚或明天给到组织会议的各同志，他们利用停会的两三天时，加以阅读、研究，可能还加以讨论，使他们在刘奇同志及别的同志在大会讲话讲到这个问题时，已有所了解。此事（印发结语）一在今日下午领导小开会时，请告诉刘、饶及乔木同志一声。同时可印一点（可印一、二千），发给北京的干部，并总党委通知各部门、各党，要他们阅读和讨论。

毛泽东

十月廿二日二时

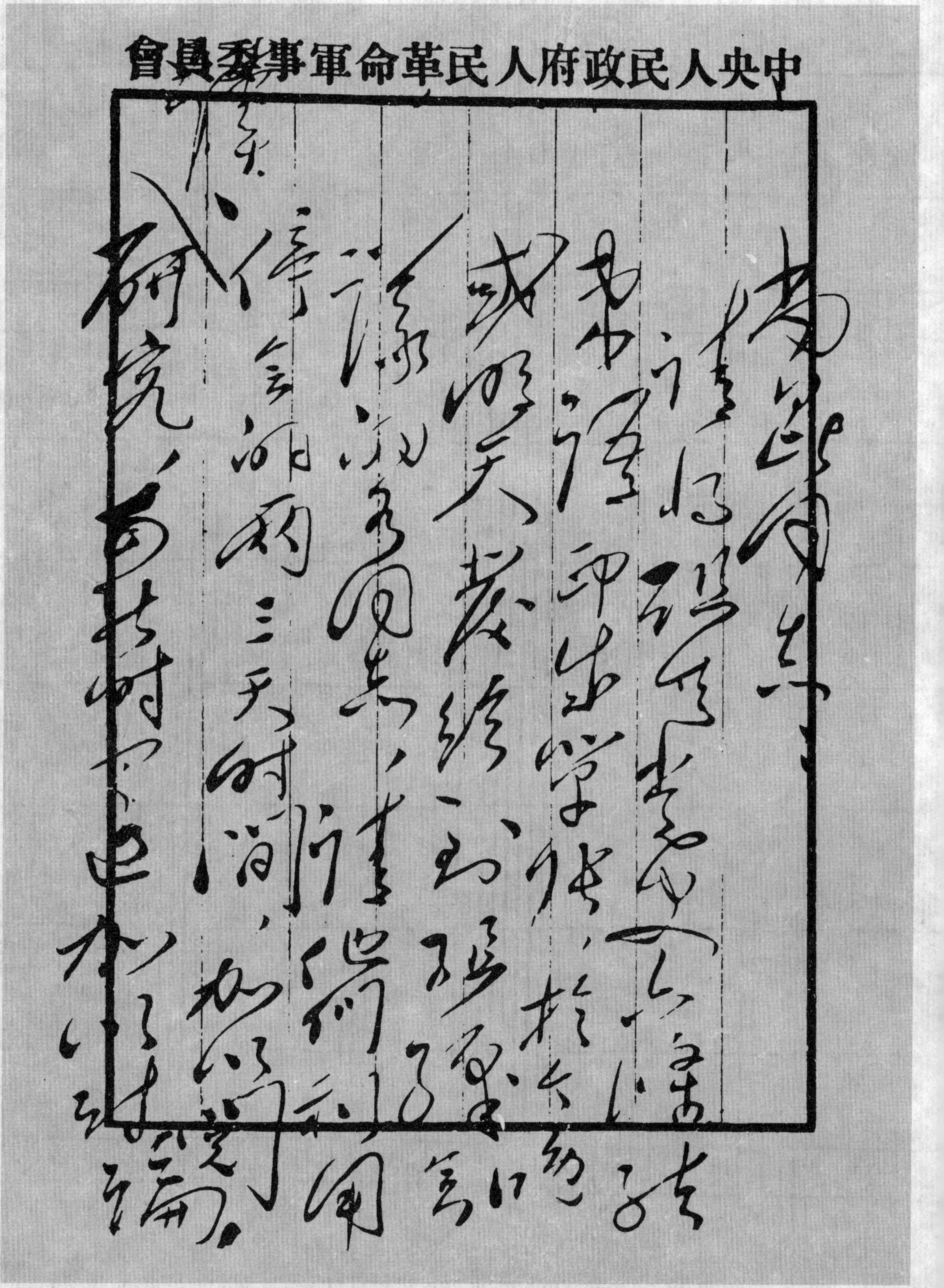

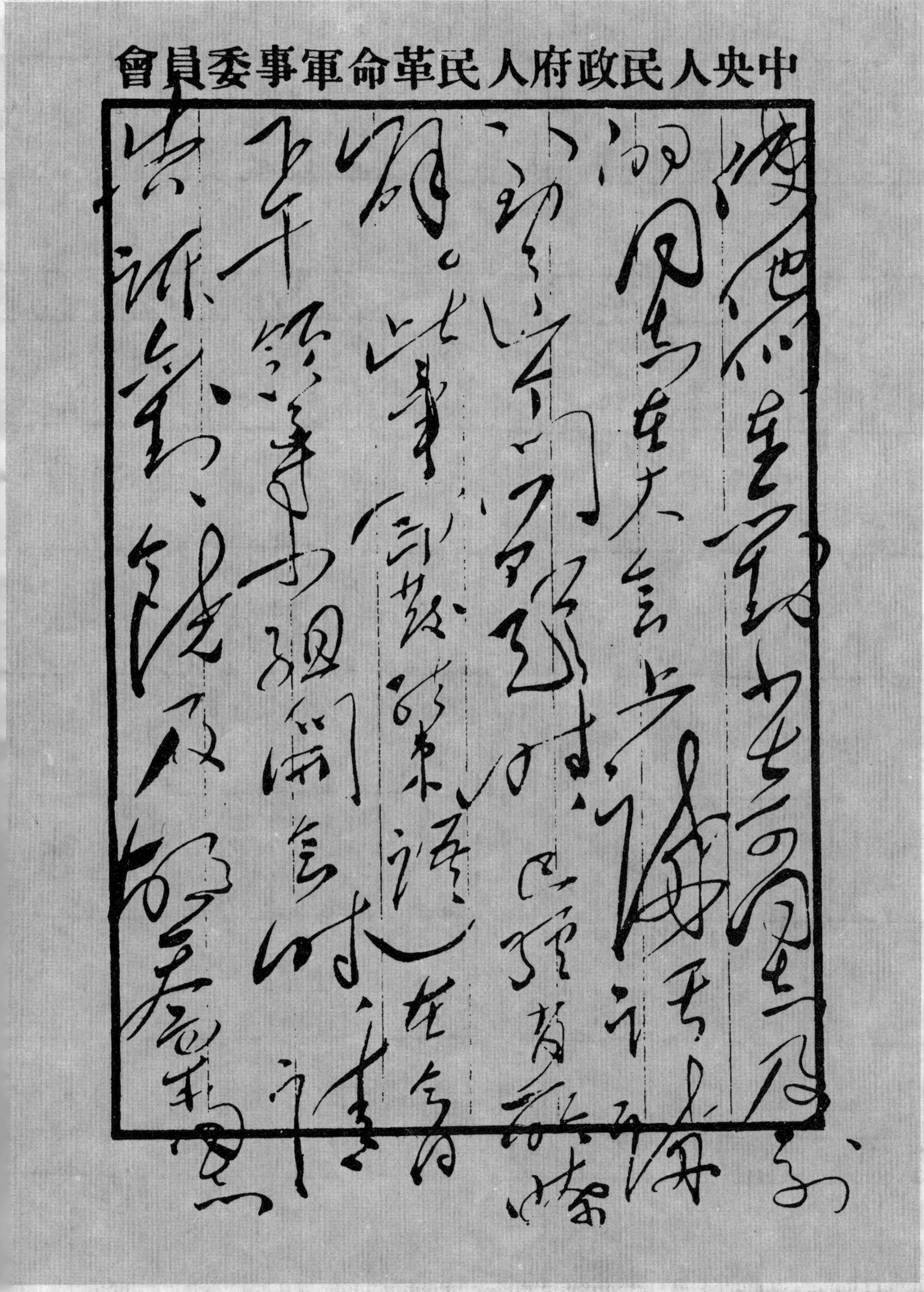

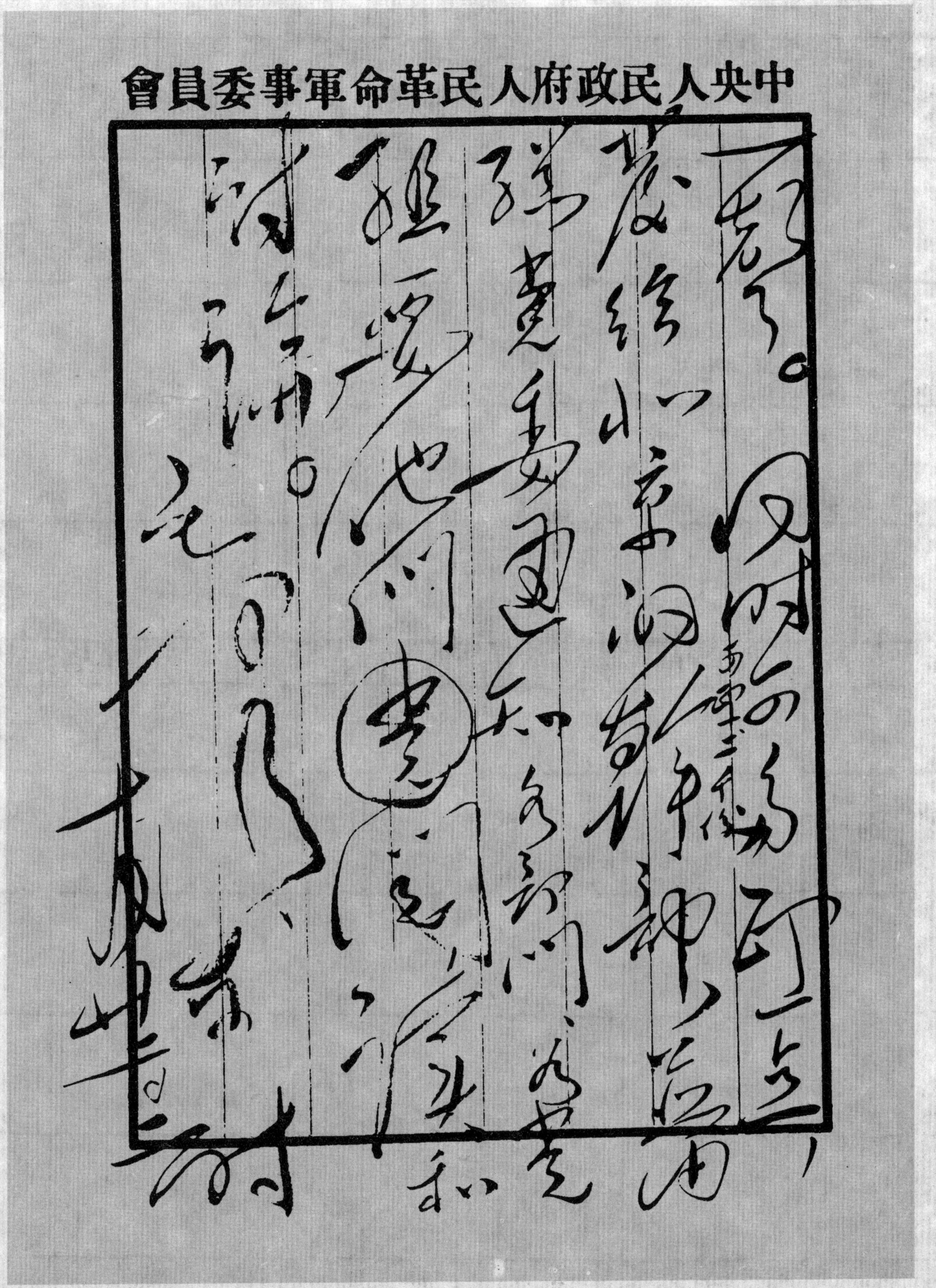

致廖静文

一九五三年十二月十三日

静文同志：

十月间的信和徐先生所绘奔马，早已收到，甚为感念。兹派田家英同志询问你们的情况，如有困难，请告知为盼！

顺致敬意。

毛泽东

一九五三年十二月十三日

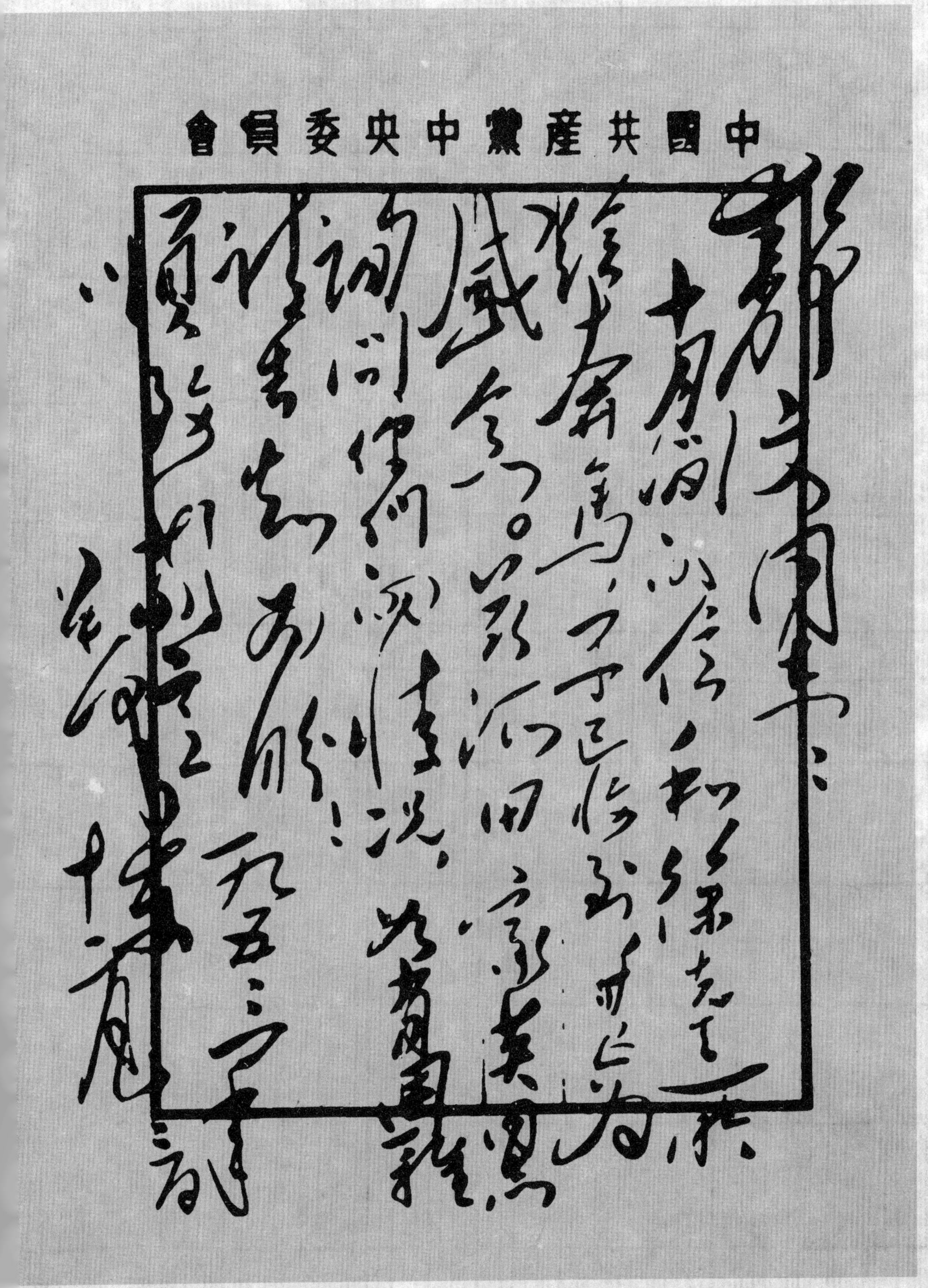

致刘少奇

一九五四年二月十七日

少奇同志：

派张一平同志送上宪法初稿五份，请查收处理。余详本日电陈。

敬礼！

毛泽东

一九五四年二月十七日

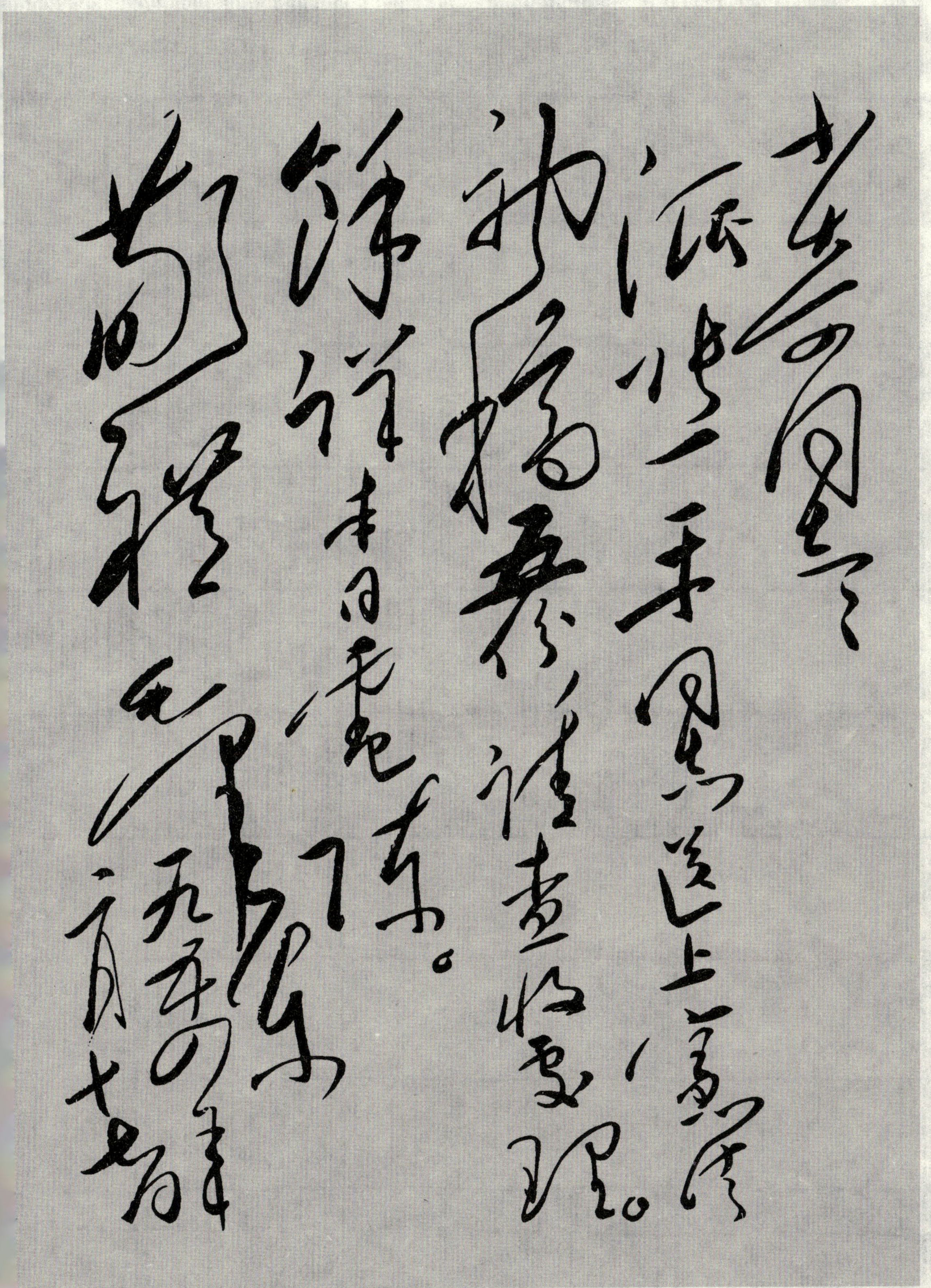
少奇同志：派张一平同志送上宪法初稿五份，请查收处理。余详本日电陈。敬礼！毛泽东 一九五四年二月十七日

第四时期·书信

即送
刘少奇同志
毛缄

致胡乔木

一九五四年二月二十四日

乔木同志：

今天所谈可作修改的地方，请于明日加以修改，并由小组各同志商酌一次，于明夜廿四点以前打好清样送我，准备后天（廿六）送给中央。

毛泽东

二月廿四日

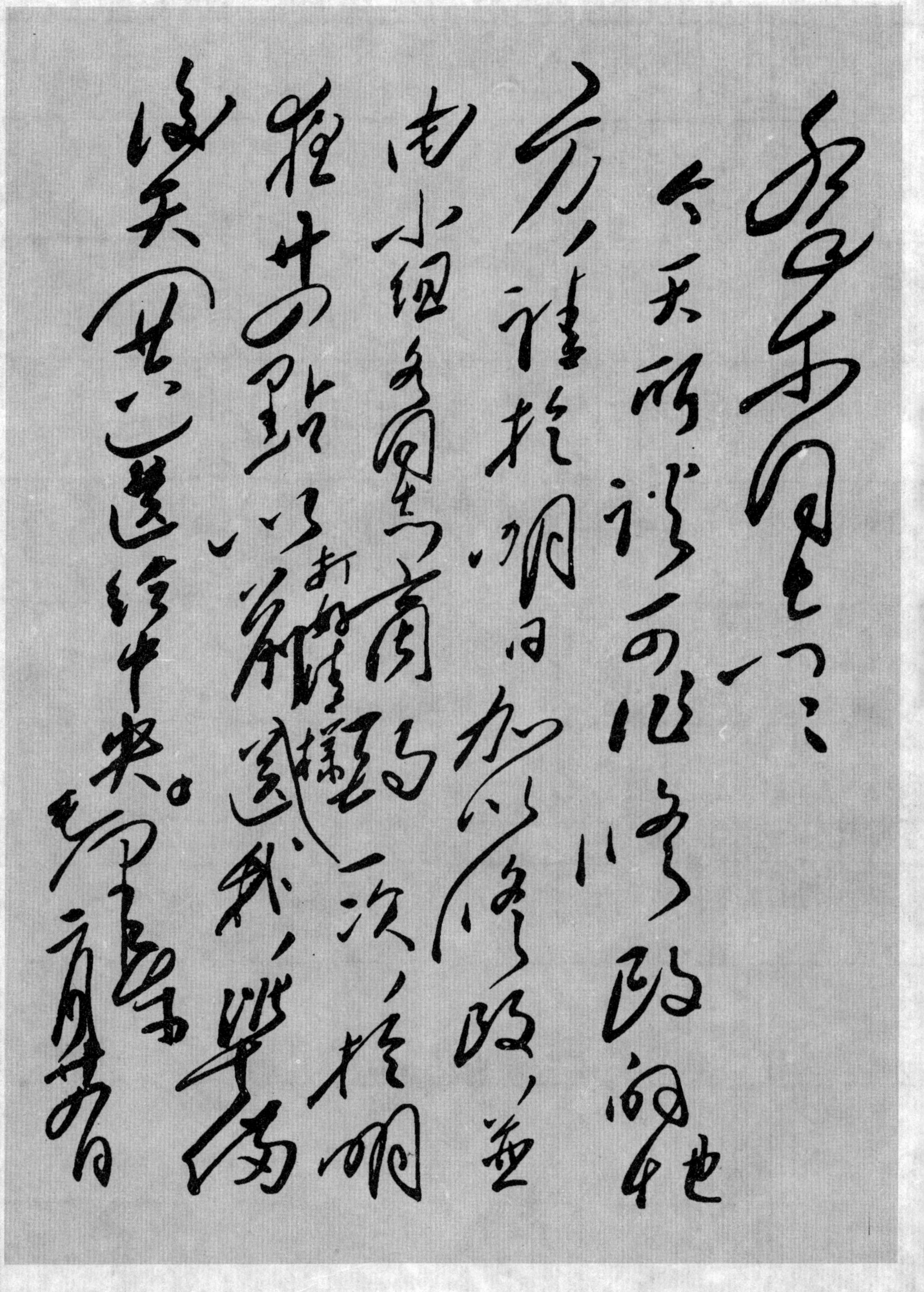

致黄炎培

一九五四年三月十二日

黄副总理：

三月八日惠书阅悉。附件已付周总理、李维汉部长斟酌奉告。『人们』是指资产阶级和民主党派，不包括地主阶级和官僚资产〔阶〕级，即不是『包括一切的』。『无痛分娩法』一词最好不写在印刷品上，因实际上那些不甚觉悟的人们总会觉得有些痛苦的。支票开得多了，可能引起幻想，而不去加重教育和学习，不去提高政治觉悟，结果感觉痛苦的人就会对我们不满。尚请斟酌。敬颂

大安！

毛泽东

一九五四年三月十二日于杭州

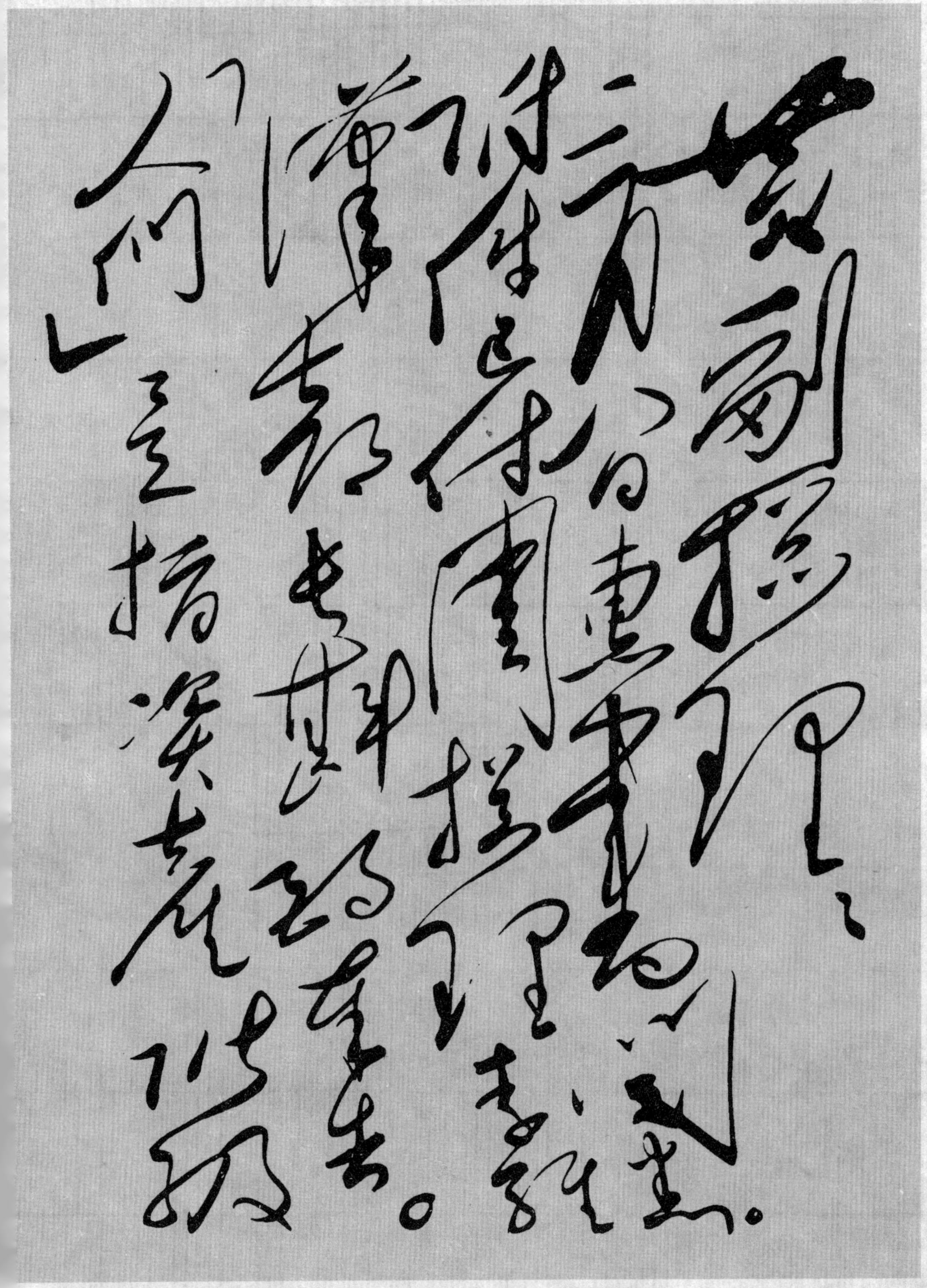

第四时期・书信

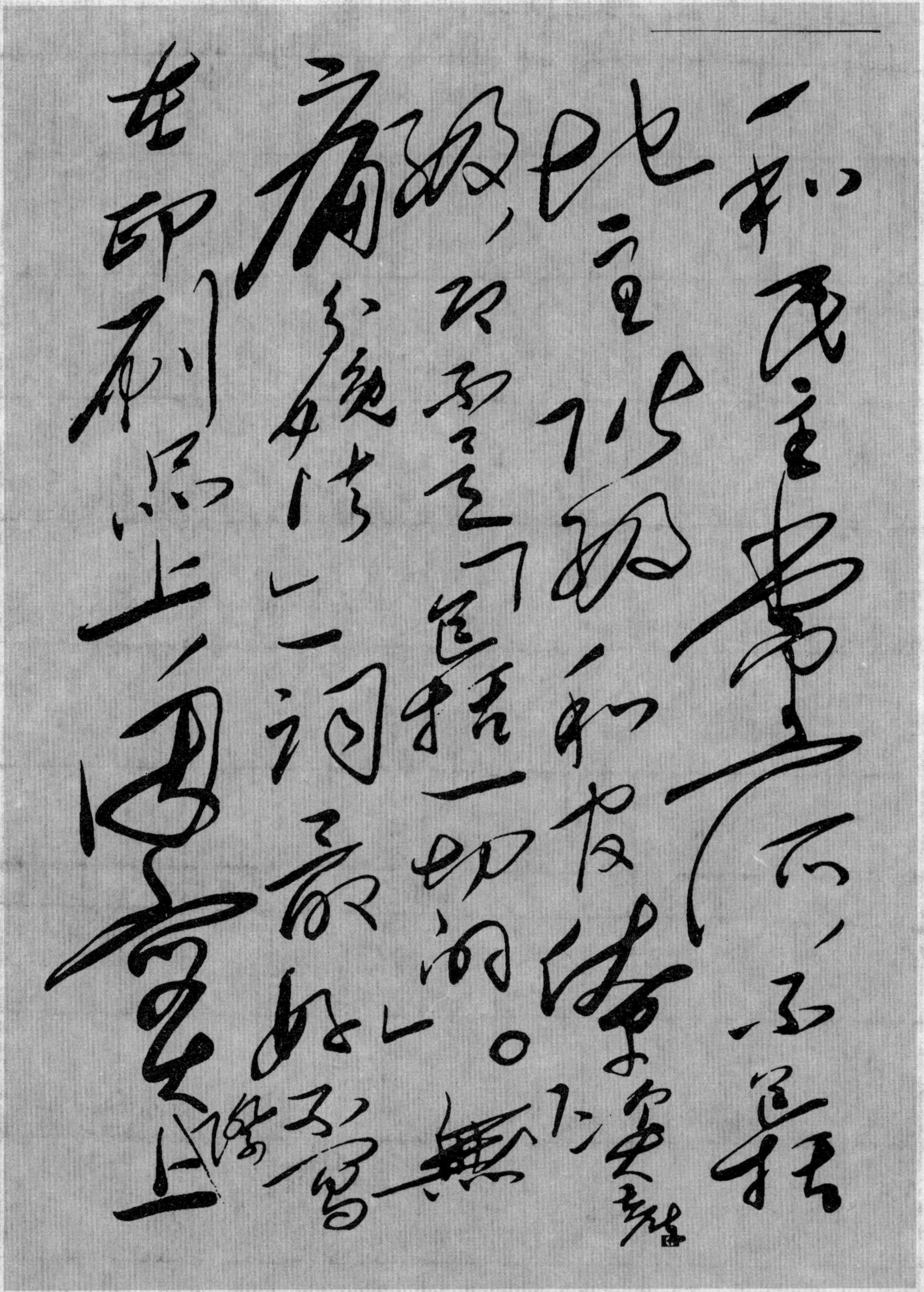

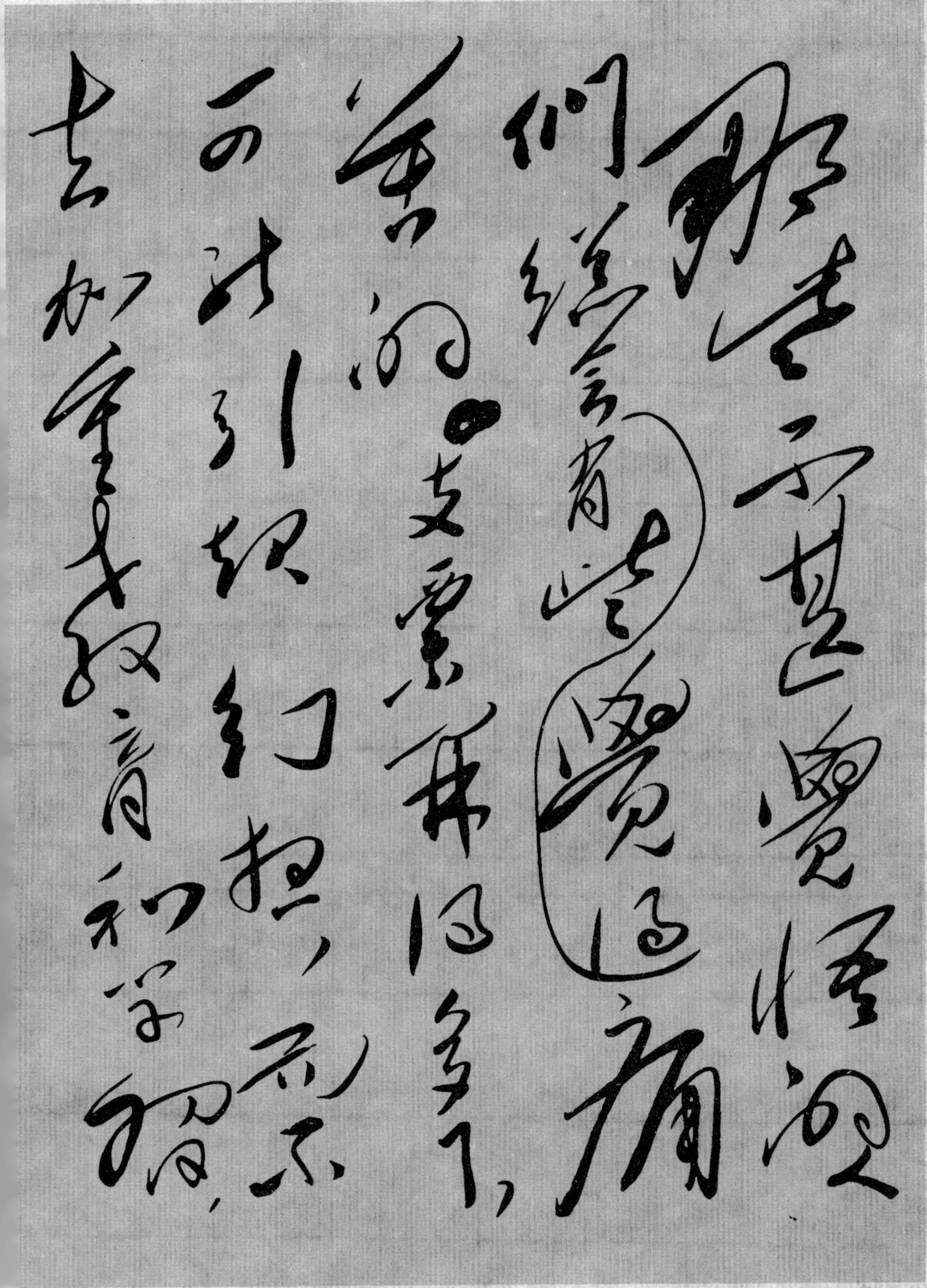

致彭石麟

一九五四年三月三十一日

石麟先生：

一九五四年三月九日函示敬悉。尊事已托毛蕊珠兄，我的斡旋可以不必了。我不大愿意为乡里亲友形诸荐牍，间或也有，但极少。李漱清先生、文运昌兄，以此见托，我婉辞了，他们的问题是他们自己托人解决的。先生生计困难，可以告我，在费用方面，再助先生若干，是不难的。此复，祈谅是幸。顺致敬意。

毛泽东

一九五四年三月卅一日

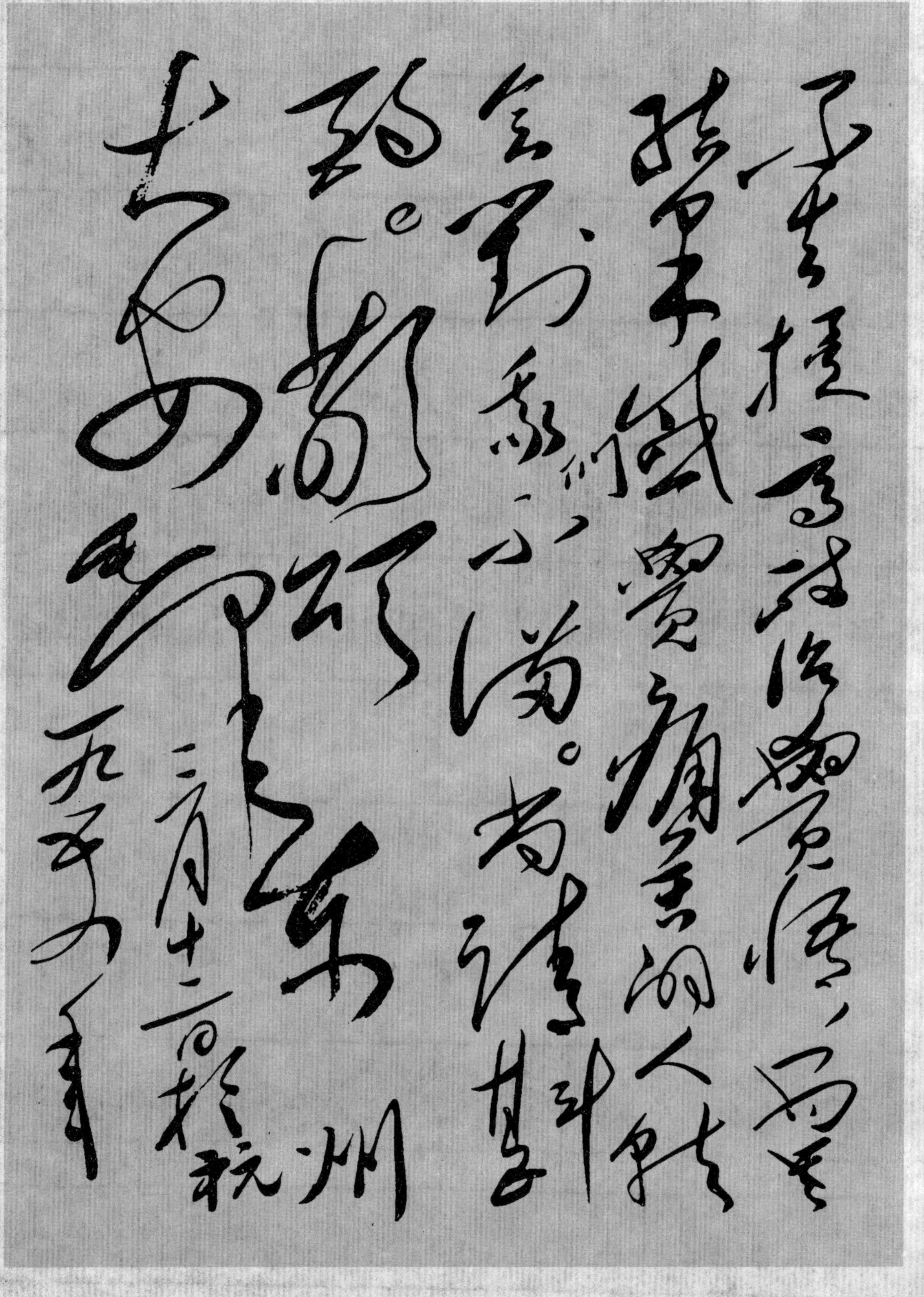

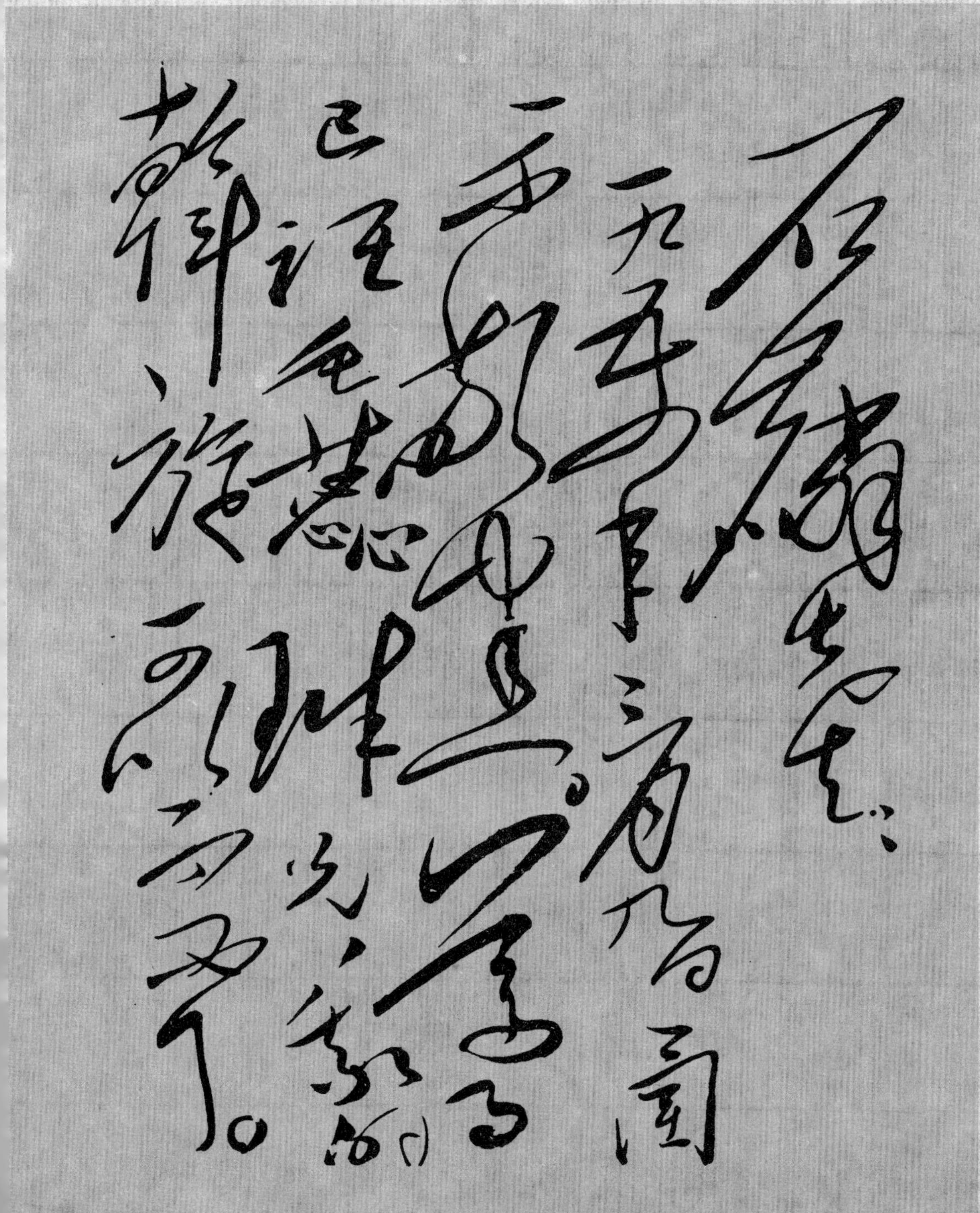

第四时期·书信

第四时期・书信

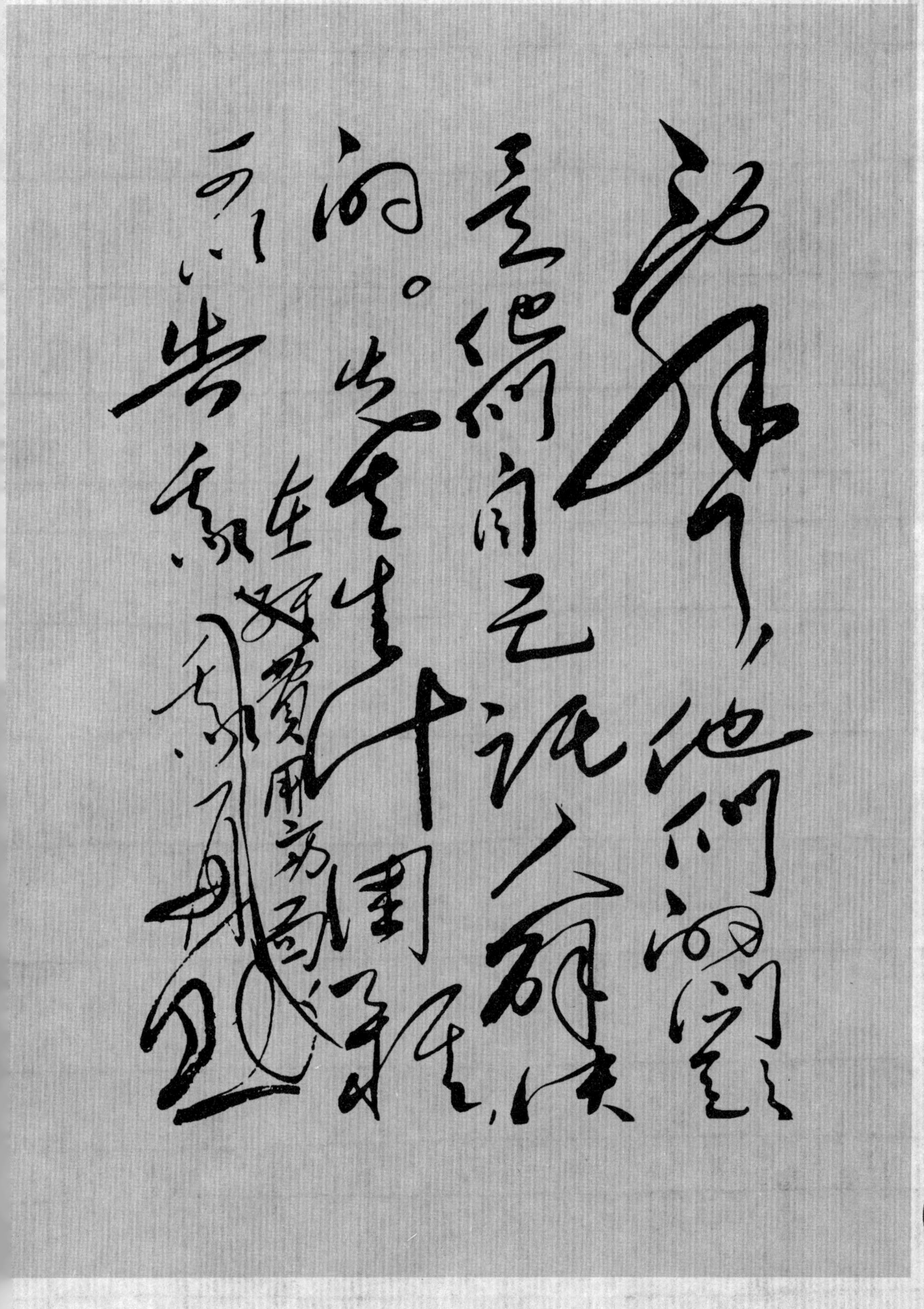

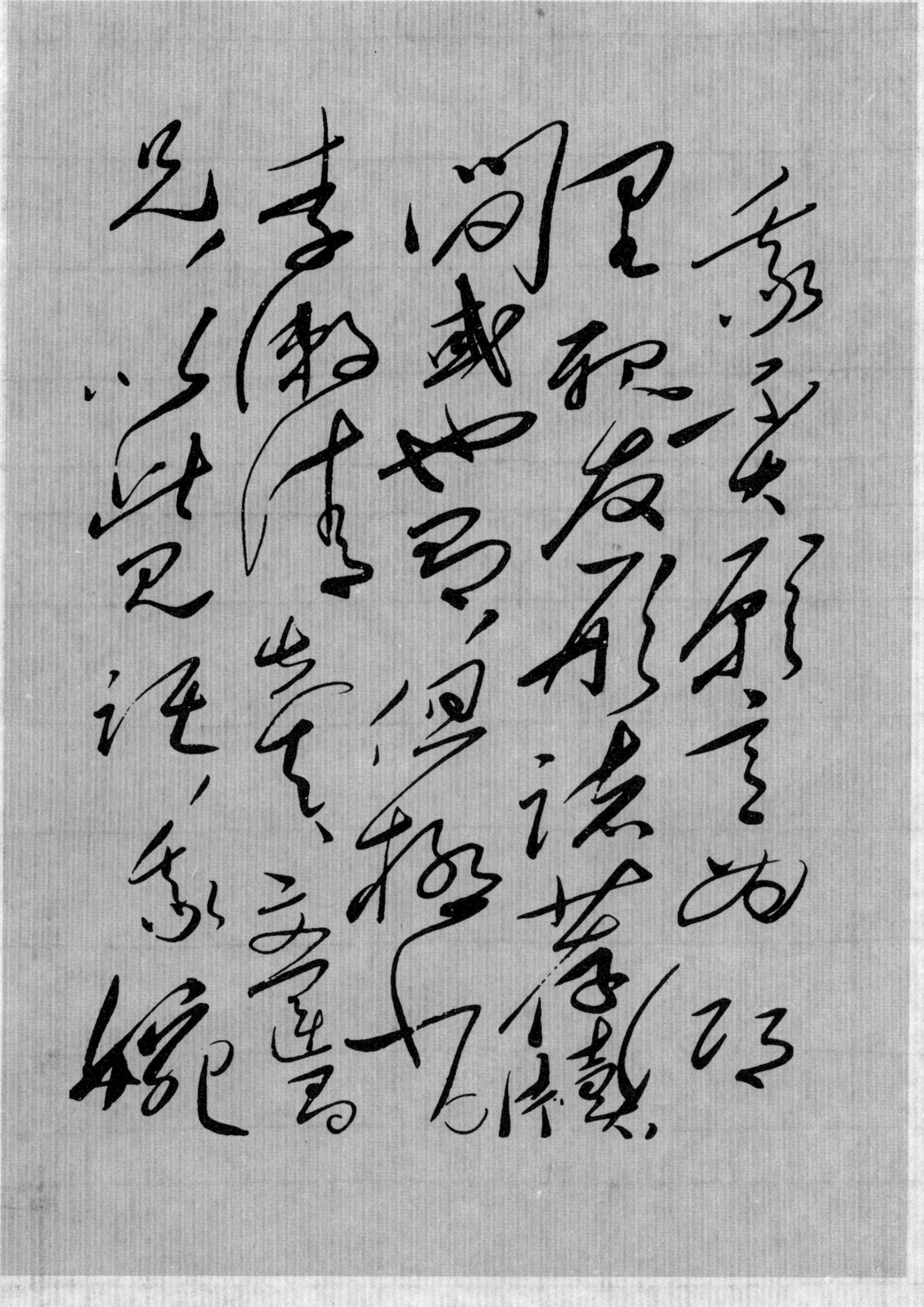

致石城乡党支部、乡政府

一九五四年四月二十九日

石城乡支部、石城乡政府诸同志：

毛月秋同志来北京，带来你们的报告，甚为感谢。

我的亲戚唐家圫文家，过去几年常有人来北京看我。回去之后，有些人骄傲起来，不大服政府管，这是不对的。文家任何人，都要同乡里众人一样，服从党与政府的领导，勤耕守法，不应特殊。请你们不要因为文家是我的亲戚，觉得不好放手管理。我的态度是：第一、因为他们是劳动人民，又是我的亲戚，我是爱他们的。第二、因为我爱他们，我就希望

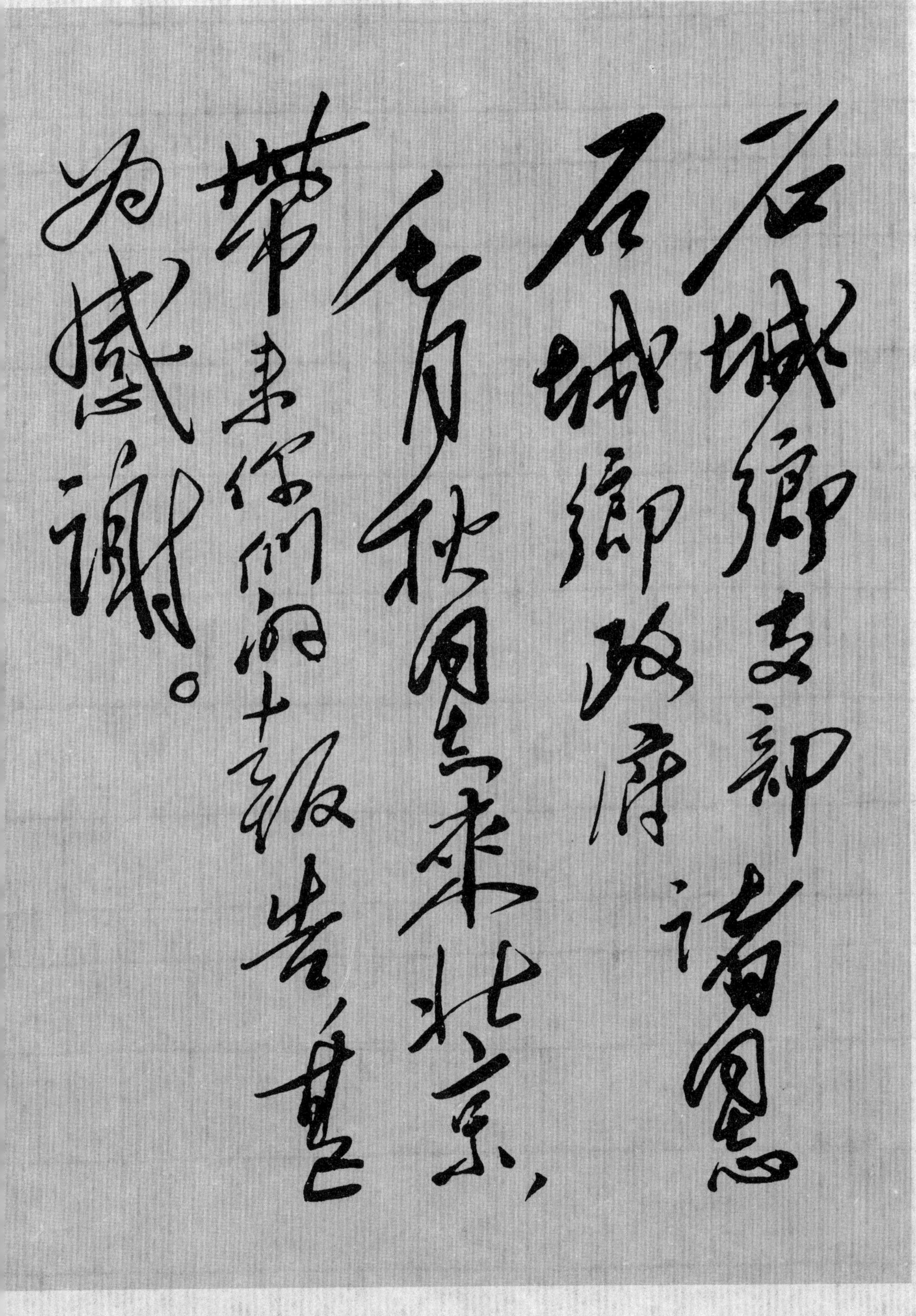

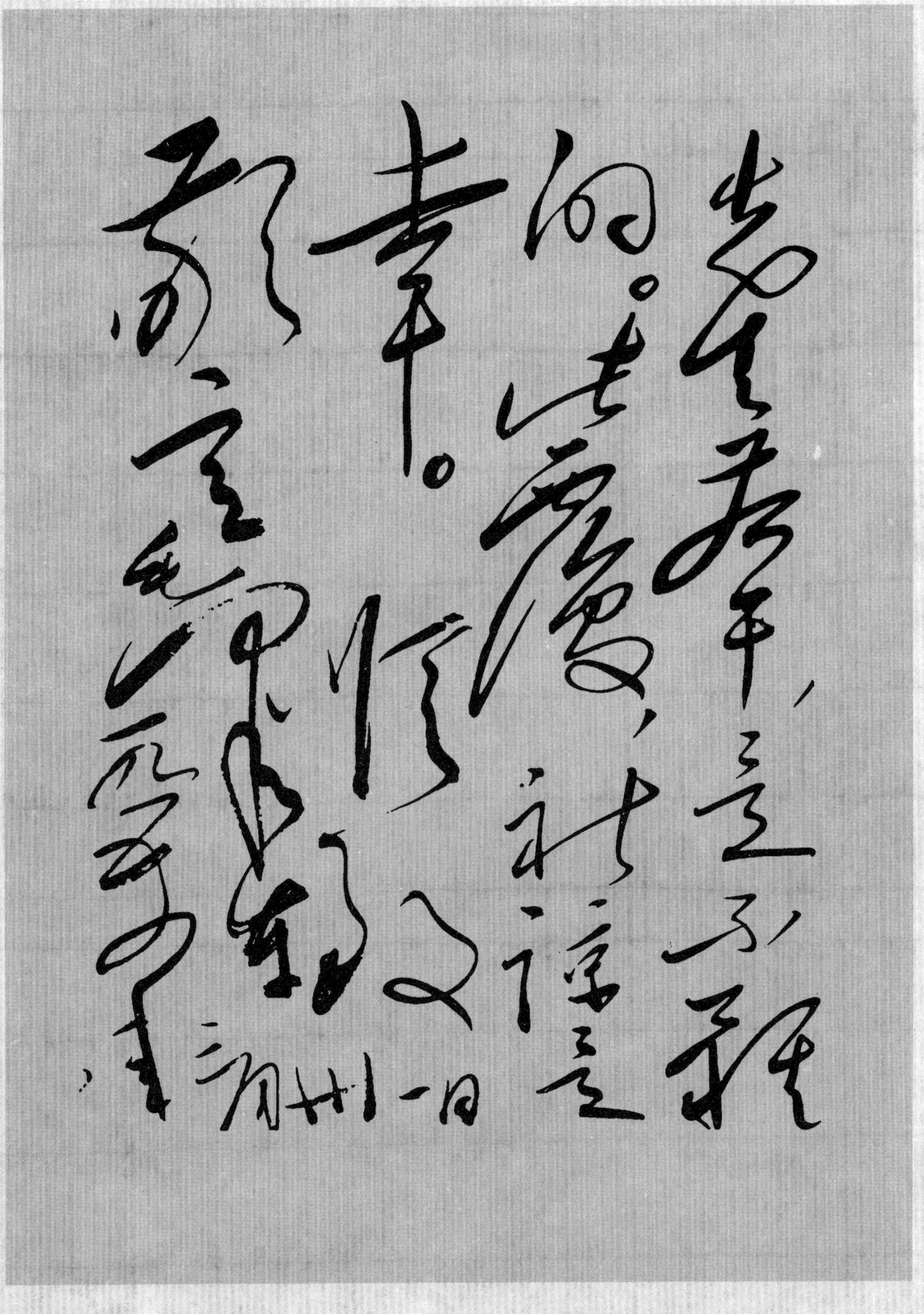

他们进步，勤耕守法，参加互助合作组织，完全和众人一样，不能有任何特殊。如有落后行为，应受批评，不应因为他们是我的亲戚就不批评他们的缺点错误。现有文秉〔炳〕璋同志的一封信，付给你们看，我是同意文秉〔炳〕璋同志的意见的，请你们加以处理。并请你们将我这信及文炳璋的信给唐家兑的人们看，帮助他们改正缺点错误。我相信，只要我和你们都采取正确的态度，只要他们不固执成见，他们的缺点错误是可以改正，并会进步的。此致同志的敬礼！

毛泽东

一九五四年四月廿九日

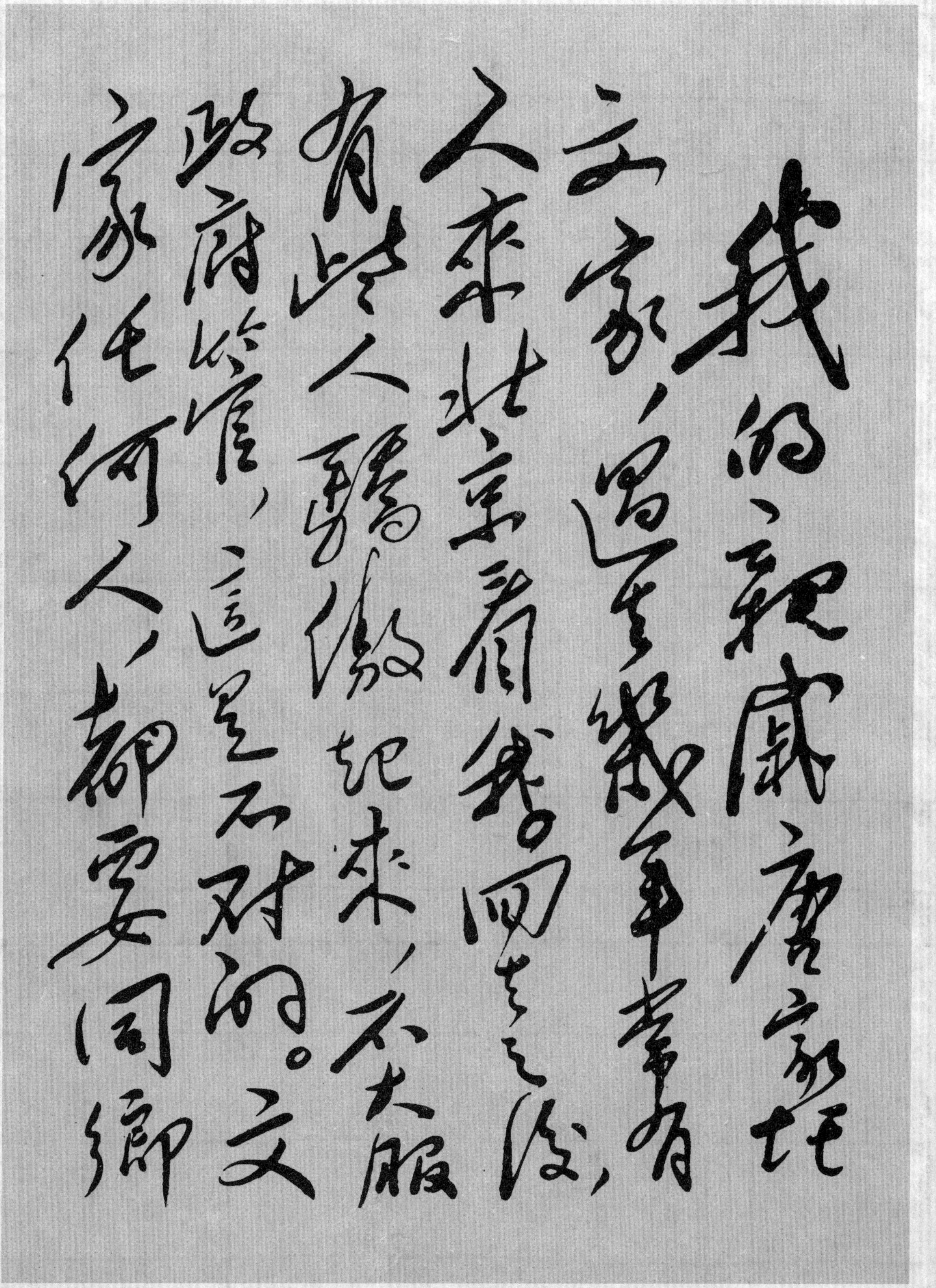
我的親戚唐家圫
這家人過去幾年常有
人來北京看我，向我
有些人驕傲起來，不大服
政府的管，這是不對的。文
家任何人，都要同鄉

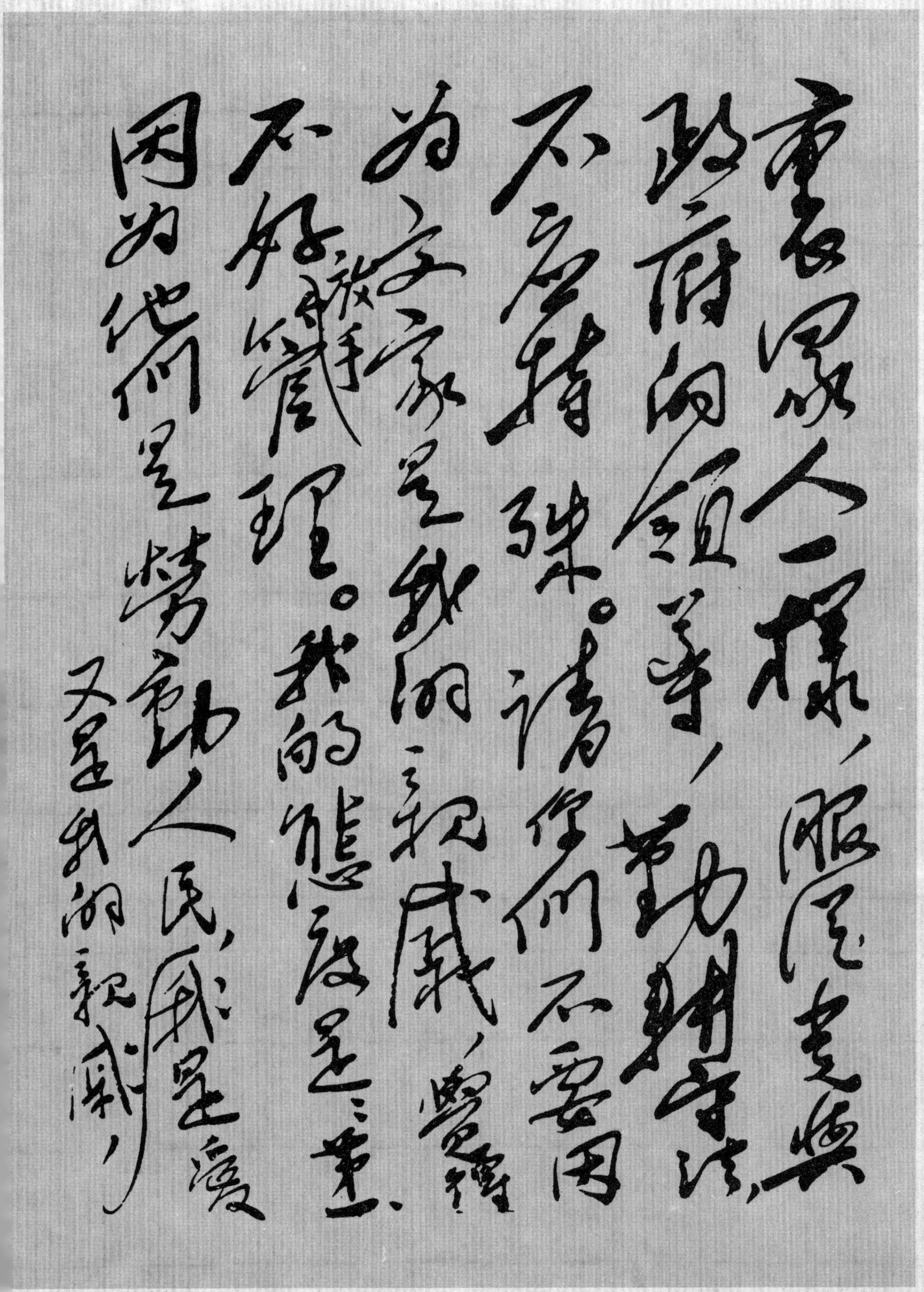
農民一樣，服從人民
政府的領導，勤耕守法，
不要特殊。請你們不要因
為是我的親戚，就覺得
不好管理。我的態度是：要
因為他們是勞動人民，我是愛
又是我的親戚，

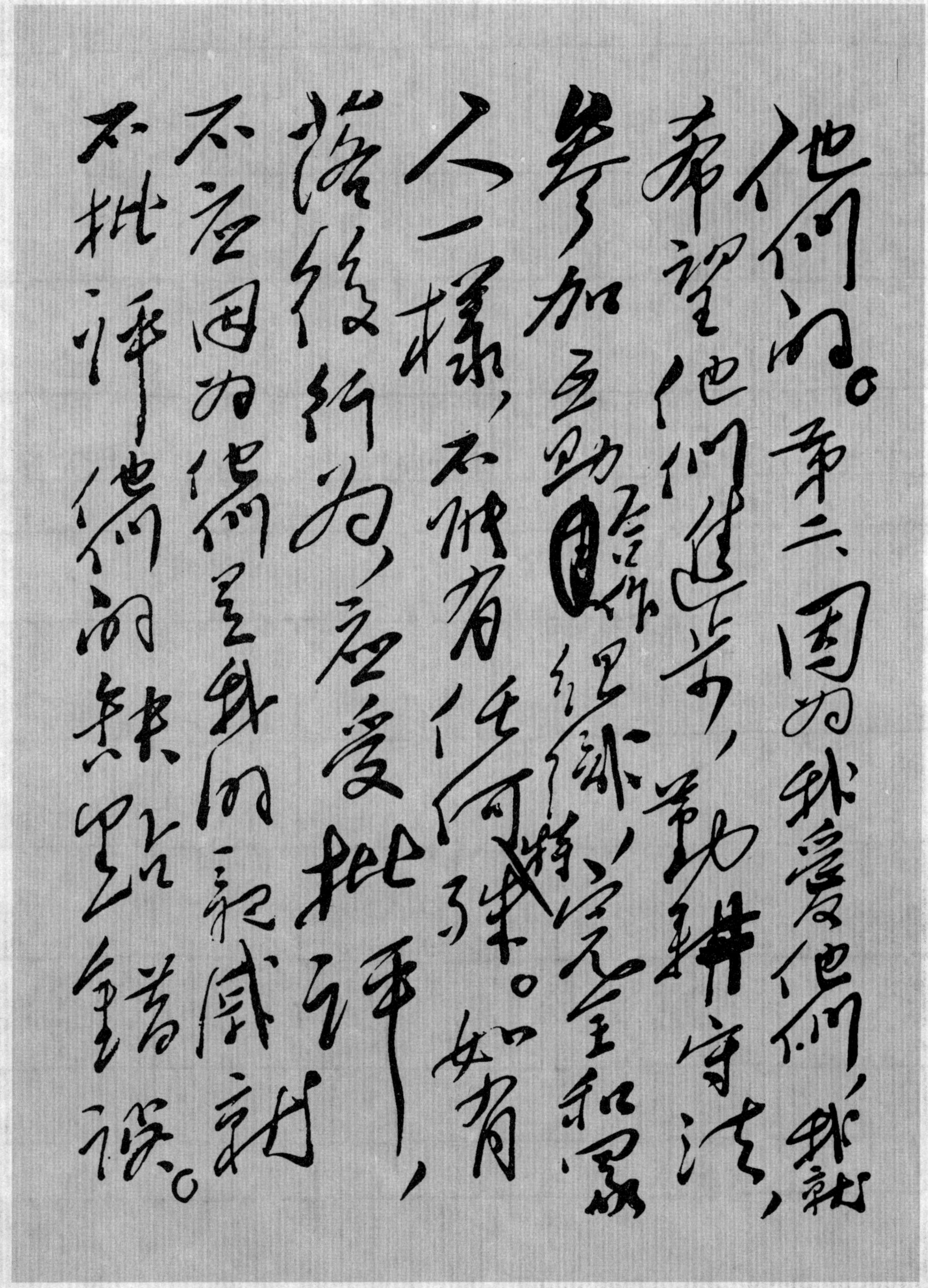

他們的。第二，因為我愛他們，我就希望他們進步，勤耕守法，參加互助合作組織，完全和眾人一樣，不能有任何特殊。如有落後行為，應受批評，不應因為他們是我的親戚就不批評他們的缺點錯誤。

第四时期·书信

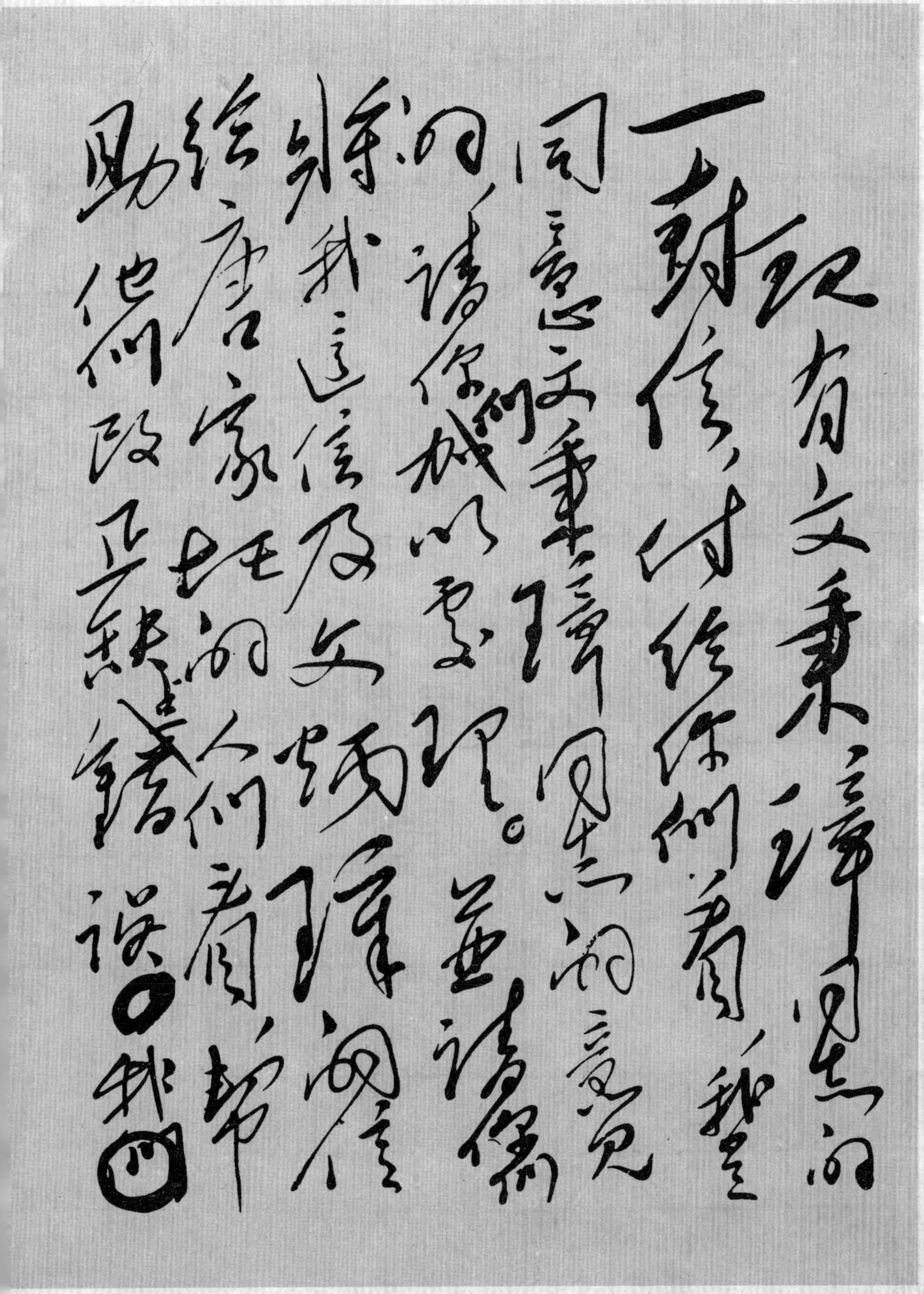

有文秉璋同志的一封信，付給你們看，我還同意文秉璋同志的意見。並請你們照此處理。並請你們將我這信及文秉璋同志的信給唐家圫人們看，幫助他們改正缺點錯誤。毛澤東

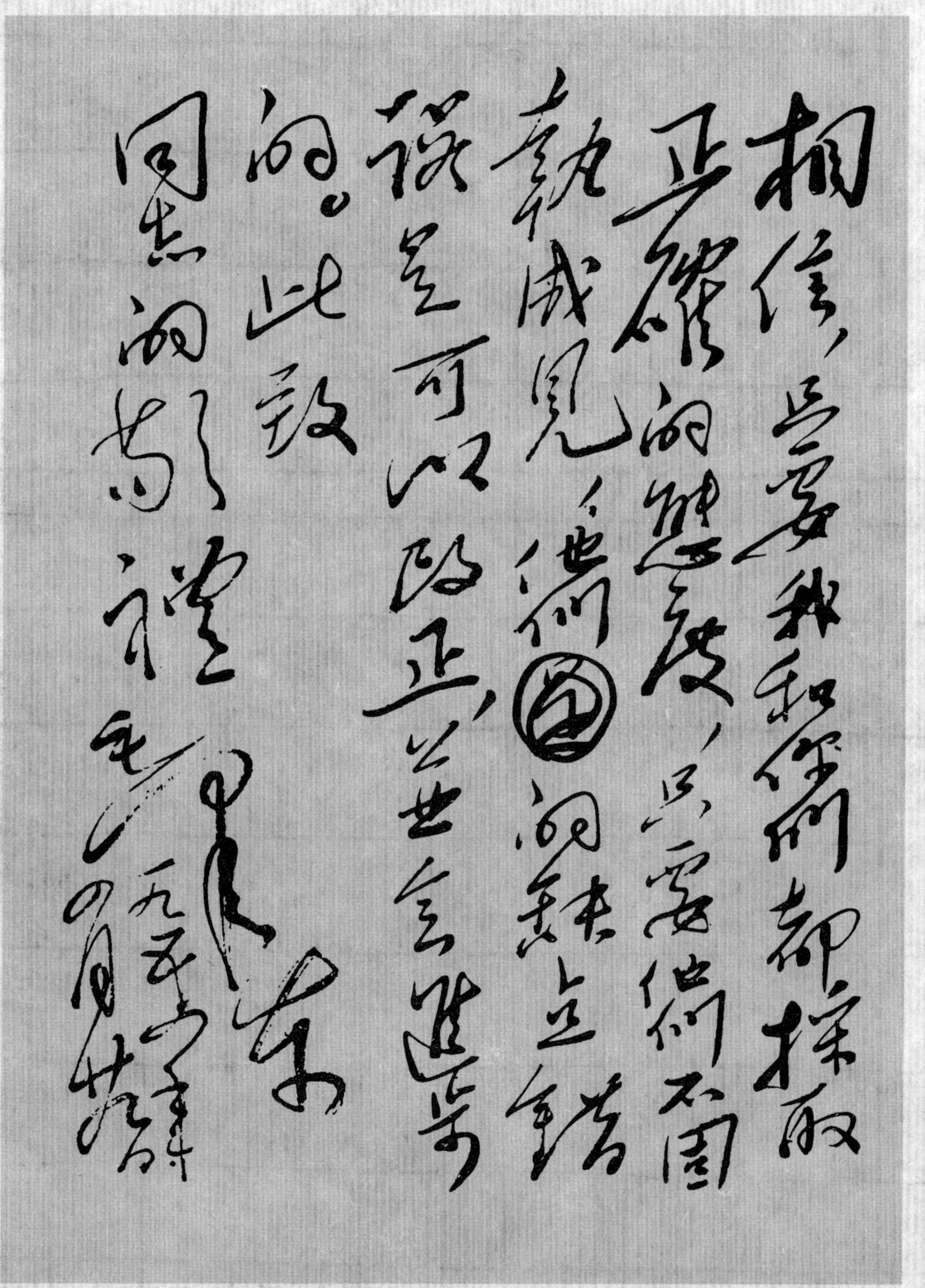
相信，只要我和你們都採取正確的態度，只要你們不固執成見，你們的缺點錯誤是可以改正，並且會進步的。此致
同志們的敬禮
毛澤東
一九五四年四月

致黄炎培

一九五四年五月二十一日

任之先生：

五月一日惠书并大作一册收到，甚为感谢！爱国热忱，溢于言表，足徵孟进。大作尚待暇时从容研究。敬复。顺问日安。

毛泽东

一九五四年五月三日

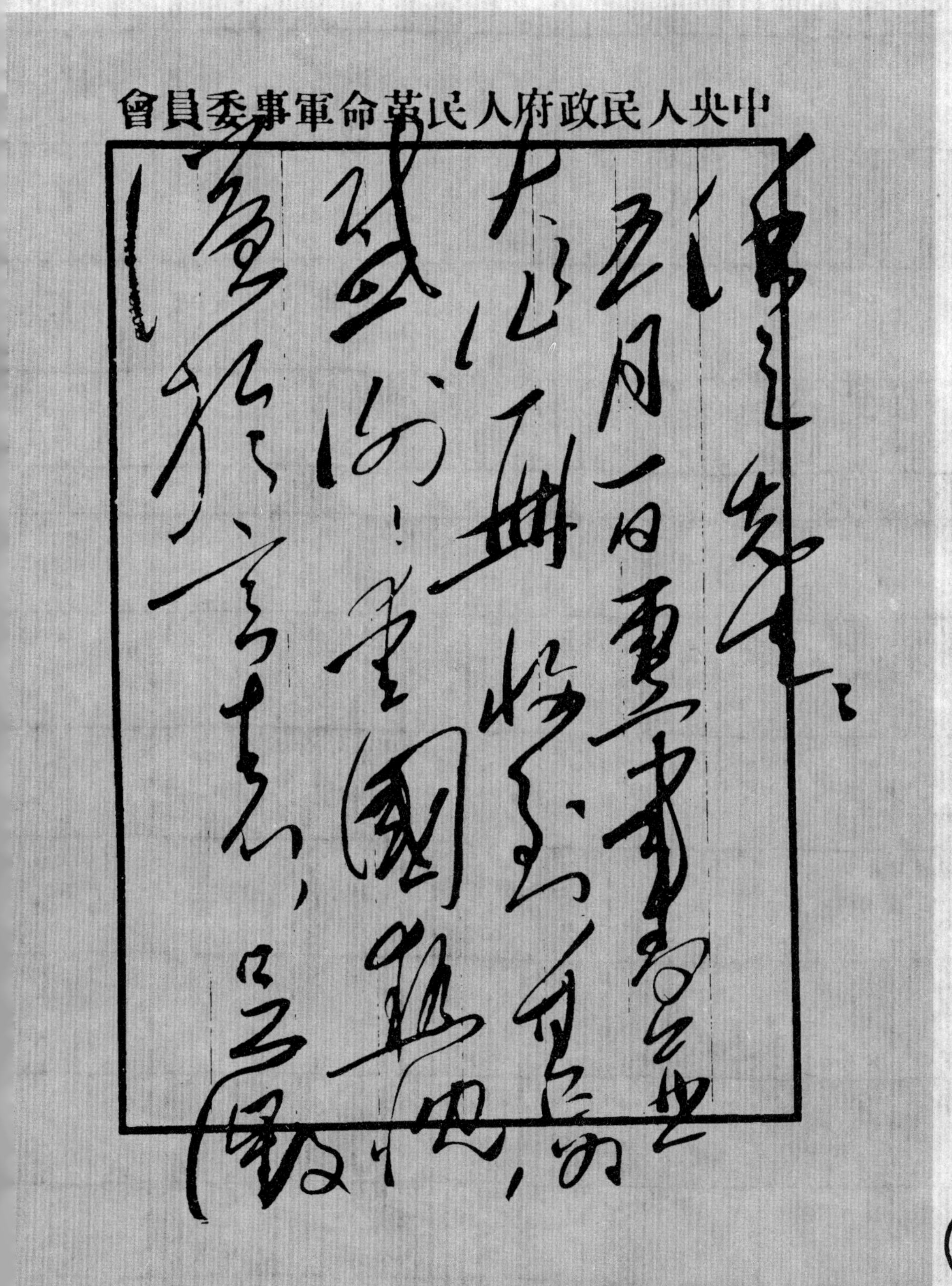
中央人民政府人民革命軍事委員會

任之先生：

五月一日惠書並大作一冊收到，甚為感謝！愛國熱忱，溢于言表，足徵孟進。大作

毛澤東手書真迹

第四时期·书信

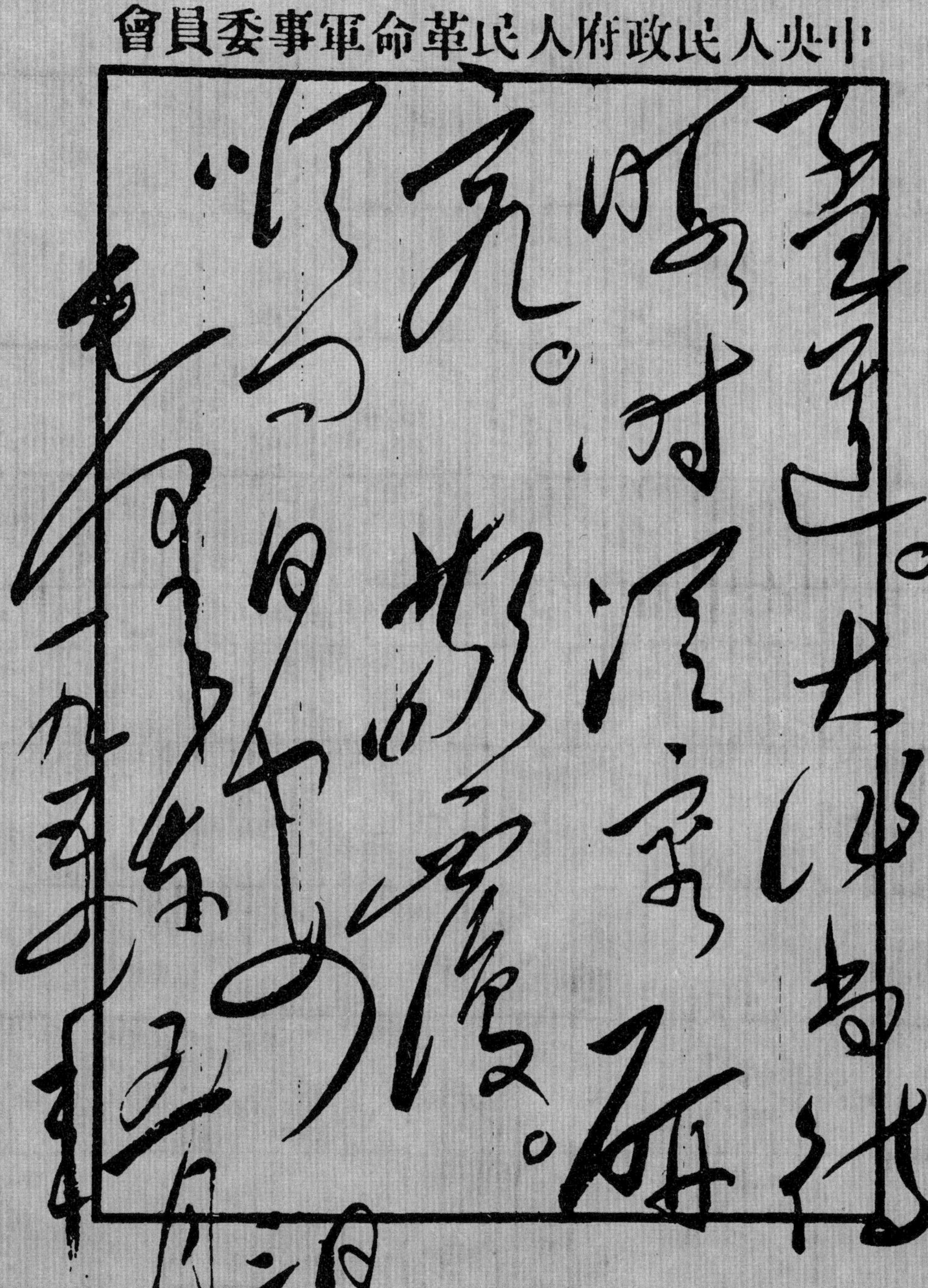

致李达

一九五四年十二月二十八日

鹤鸣兄：

十二月廿日的信及两篇文章，收到看过了，觉得很好。特别是政治思想一篇，对读者帮助更大。似乎有些错字，例如『实用主义者主张物质的第一性和意识的第二性』。此外，在批判实用主义时，对实用主义所说的实用和效果，和我们所说的大体同样的名词，还需加以比较说明，因为一般人对这些还是混淆不清的。宇宙『是一篇未完的草稿……』几句话，也须作明确的批判。你的文章通俗易懂，这是很好的。在再写文章时，建议对一些哲学的基本概念，利用适当的场合，加以说明，使一般干部能够看懂。要利用这个机会，使成百万的不懂哲学的党内外干部懂得一点马克思主义的哲学。未知以为如何？

顺致敬意。

毛泽东

一九五四年十二月廿八日

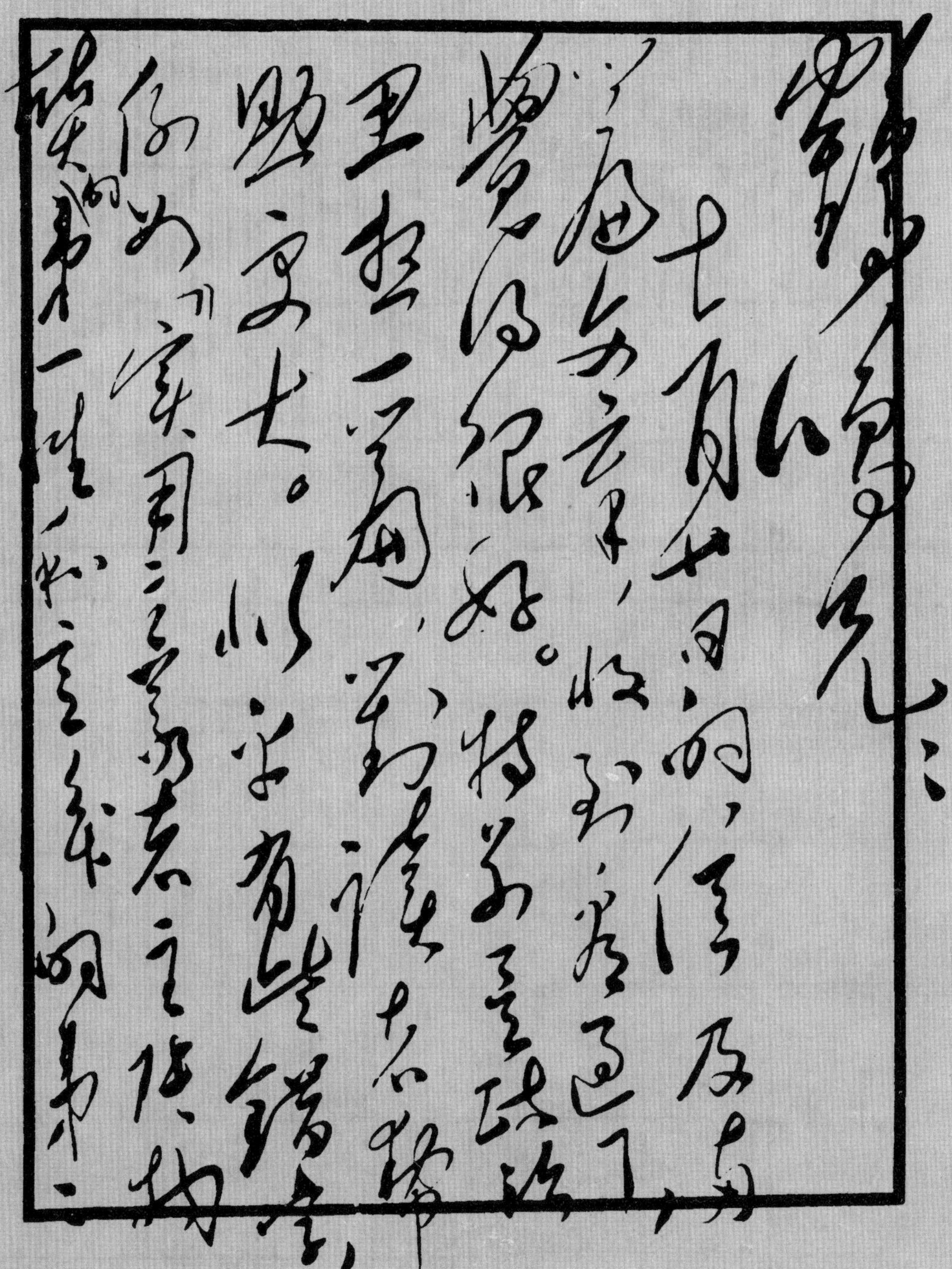

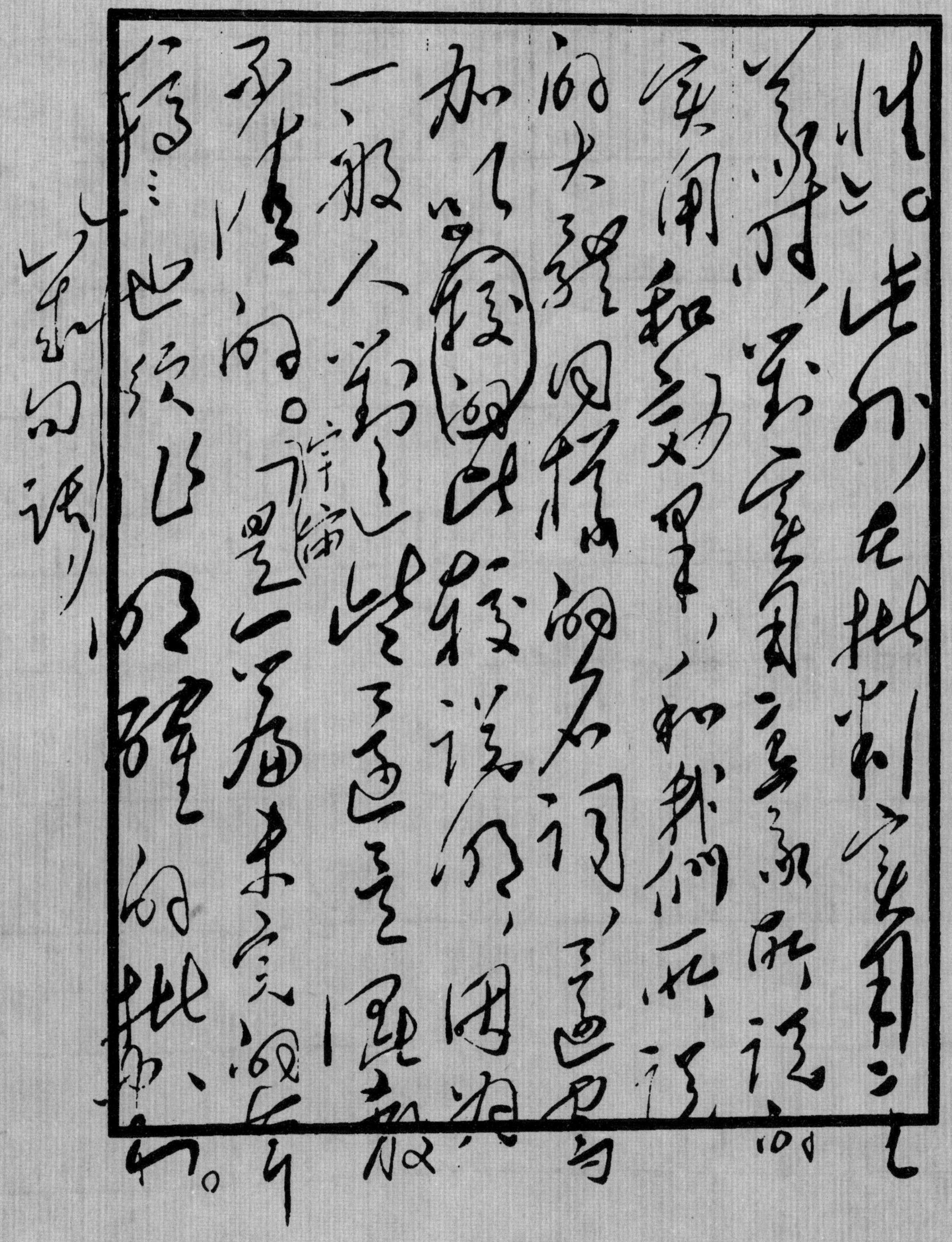

你的文章开始写得不错，要再写第二篇时，应该到一些群众中去，到一些有问题的地方，会一些人，看一看，问一问，加以研究，然后一般性和特殊都比较懂得了，而写起文章来就能比较接近于真理，接近于马克思主义。

第四时期·书信

第四时期·书信

你的文章我已给你改了，请问能看懂否？如不能，望告知，以便改正。

顺致敬礼！

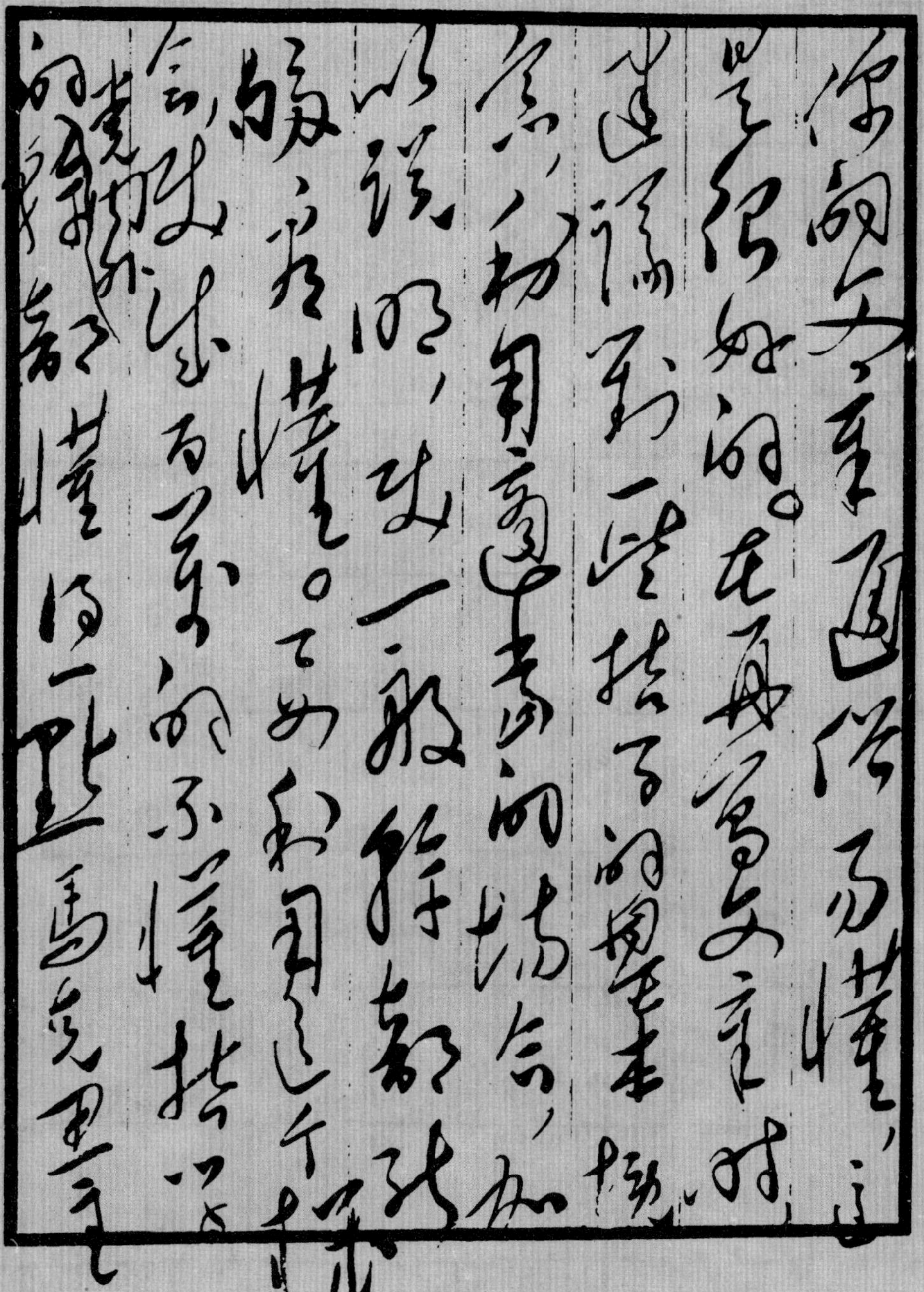

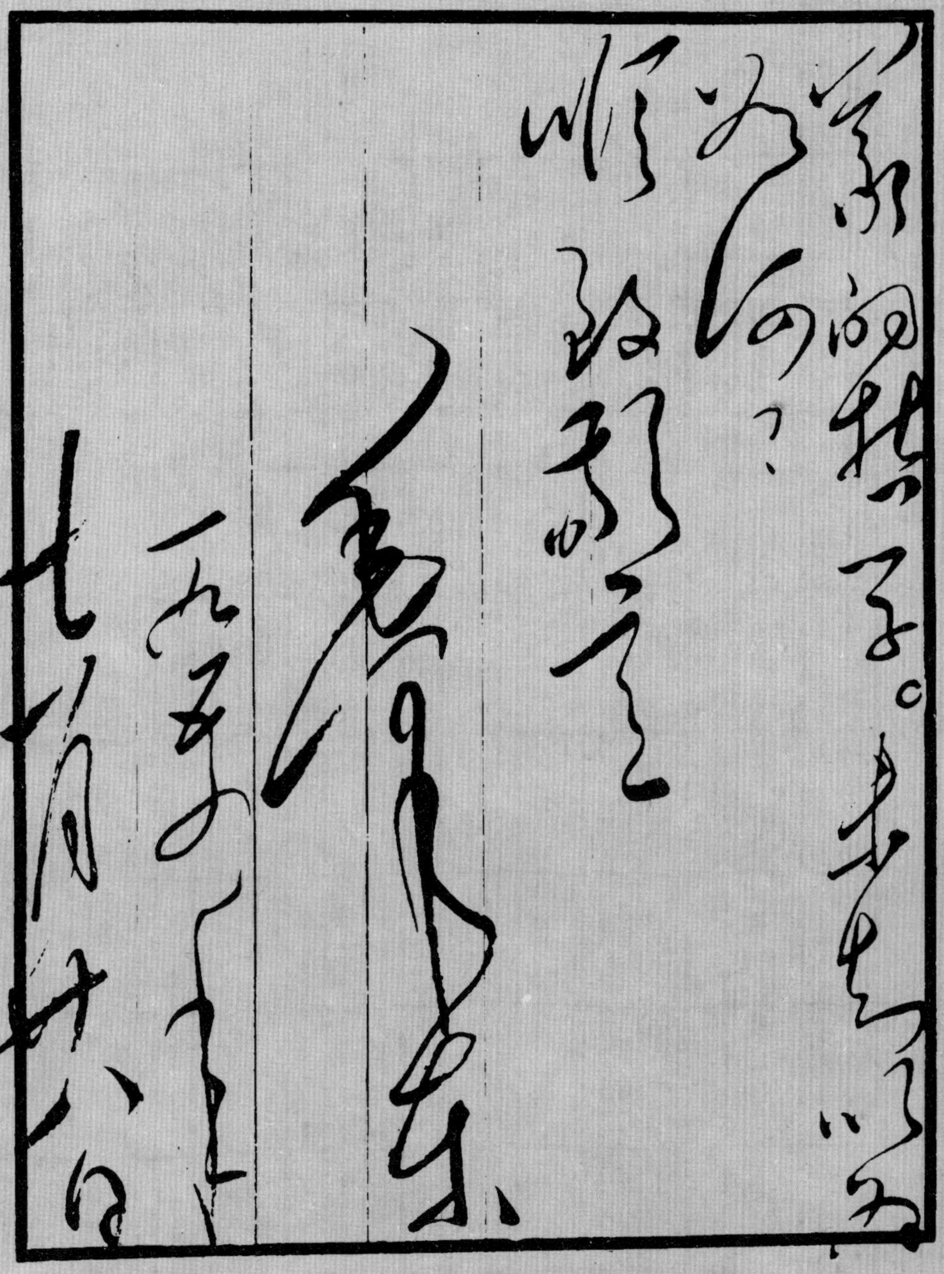

北京中国作家协会
文学讲习所
周敦祜同志
毛泽东

第四时期·书信

致周敦祜

一九五五年三月六日

敦祜同志：

二月廿八日的信收到。我对学生入学的事都不直接干与，因此不能满足你的要求，尚希鉴谅。是否可待今年暑假在北京报考，请你自己酌定。

顺祝健康！

毛泽东

一九五五年三月六日

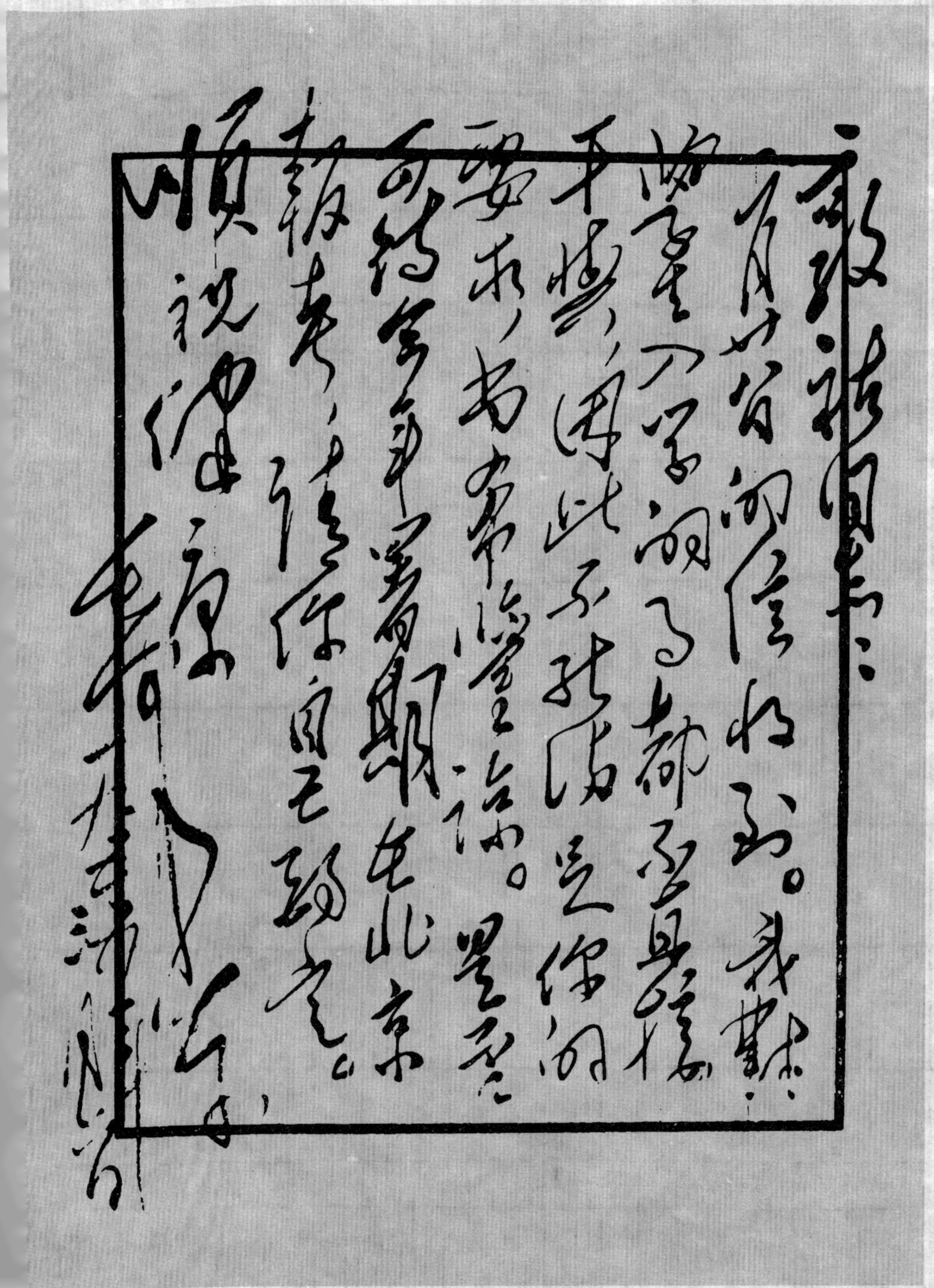
敦祜同志：二月廿八日的信收到。我对学生入学的事都不直接干与，因此不能满足你的要求，尚希鉴谅。是否可待今年暑假在北京报考，请你自己酌定。顺祝健康！毛泽东 一九五五年三月六日

致张四维

一九五五年五月一日

四维兄：

三月二日的信收到。你说的事，我不能答复。生活困难，付上二百元，以为小助。

顺祝进步。

毛泽东

一九五五年五月一日

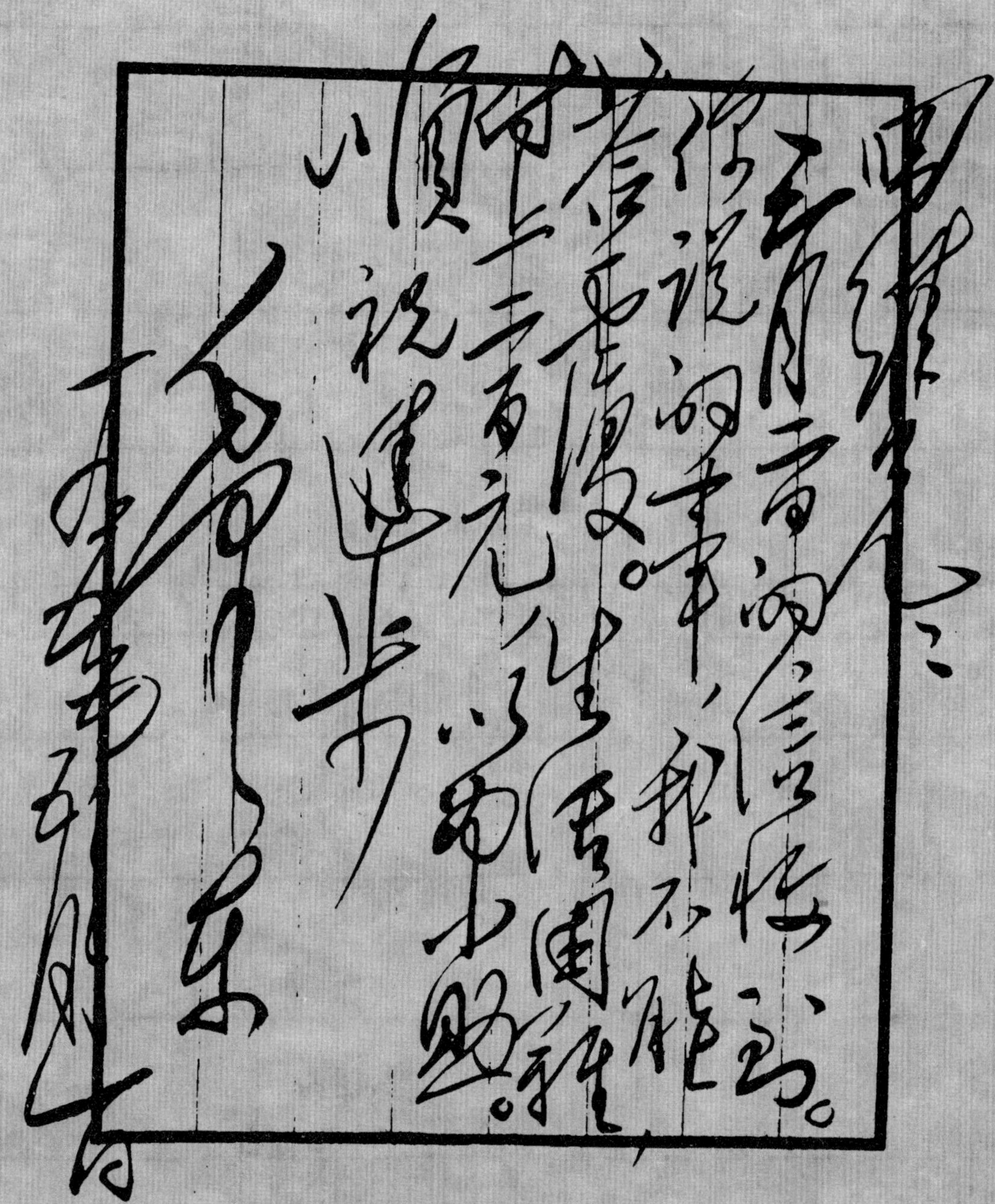

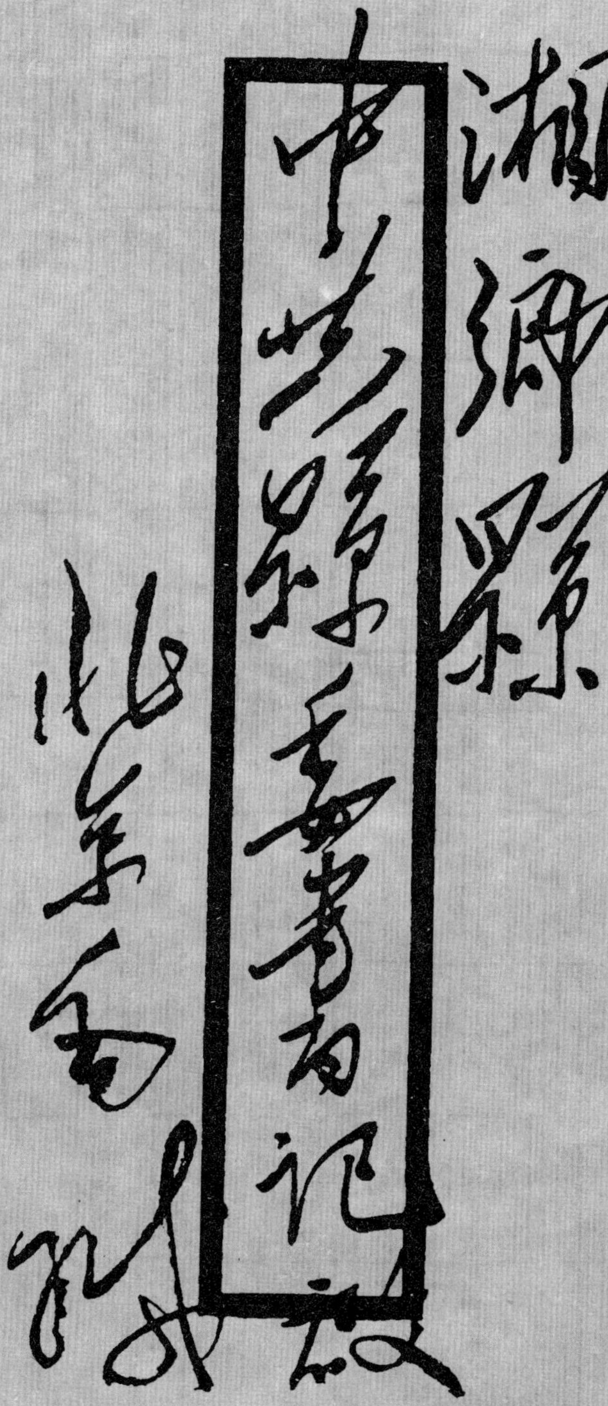

致中共湘乡县委

一九五五年五月十七日

湘乡县委，并转第二区区委、石洞乡支部各同志：

石洞乡的谭世瑛，四十多年前，曾在湘乡东山学校和我有过同学关系。解放后来过几次信，我亦回过几封信，因他叫困难，最近又寄了一点钱给他。最近因患眼病，到汉口找谭政同志求治，谭不在，到北京找我。现正进医院治眼，两三星期即回乡。我嘱他好好听区乡党政干部管教。据他说，他有两个儿子在三年前镇反斗争中被枪决，一个是营长，一个是排长，听说有血债被枪决的。他本人也被剥夺公〔民〕权，管制一年，现已解除管制，但仍不能入农会。他的妻和他的其他两个儿子则有公民权并入了农会。他说，他的成分是贫农。他又说，他教了几十年书，只在二十七年前在国民党的邵阳县政府当过五个月的科员，并未作坏事云云。此人历史我完全不清楚，请你们查明告我为盼。祝你们工作顺利。

毛泽东

一九五五年五月十七日

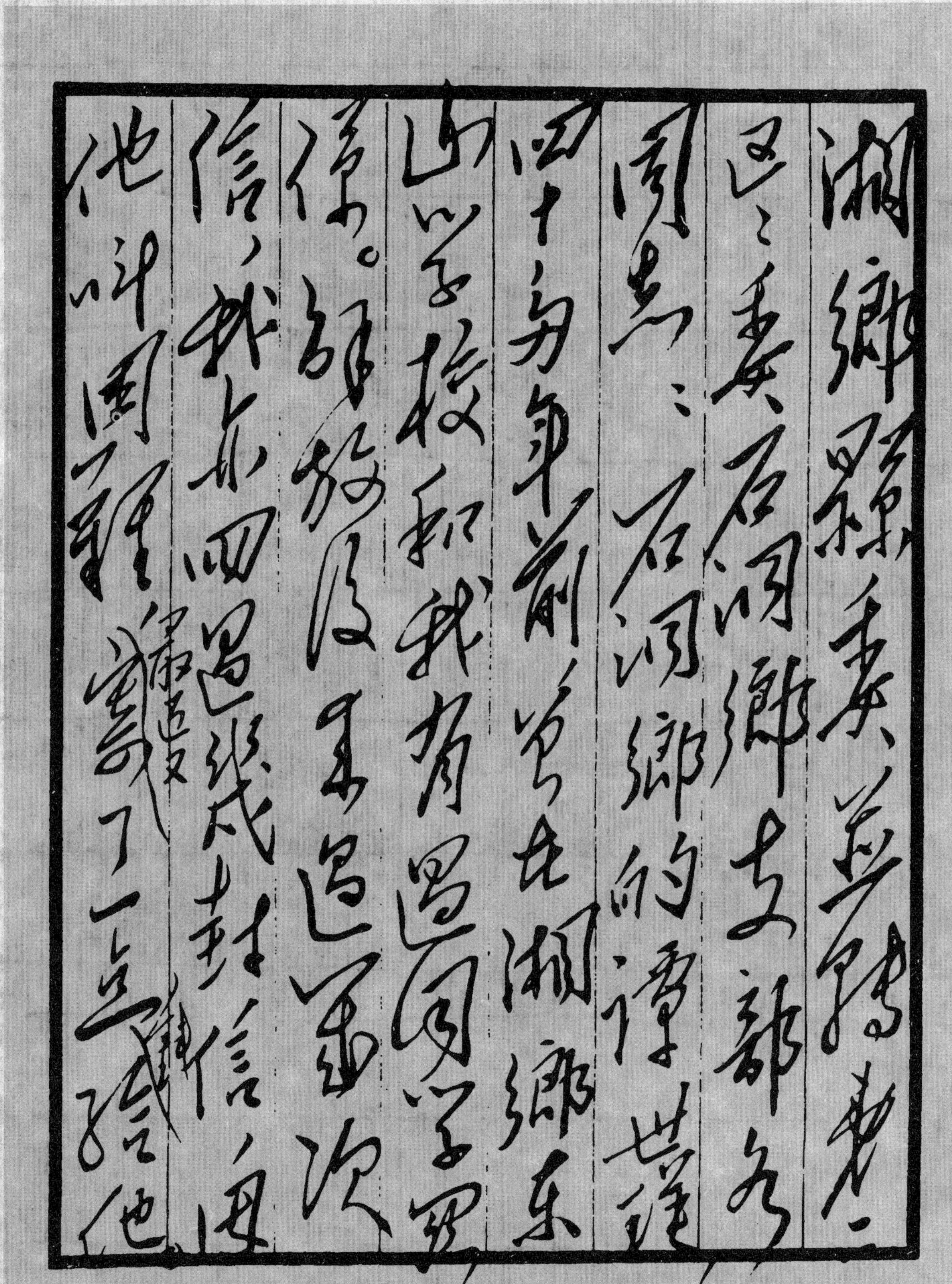

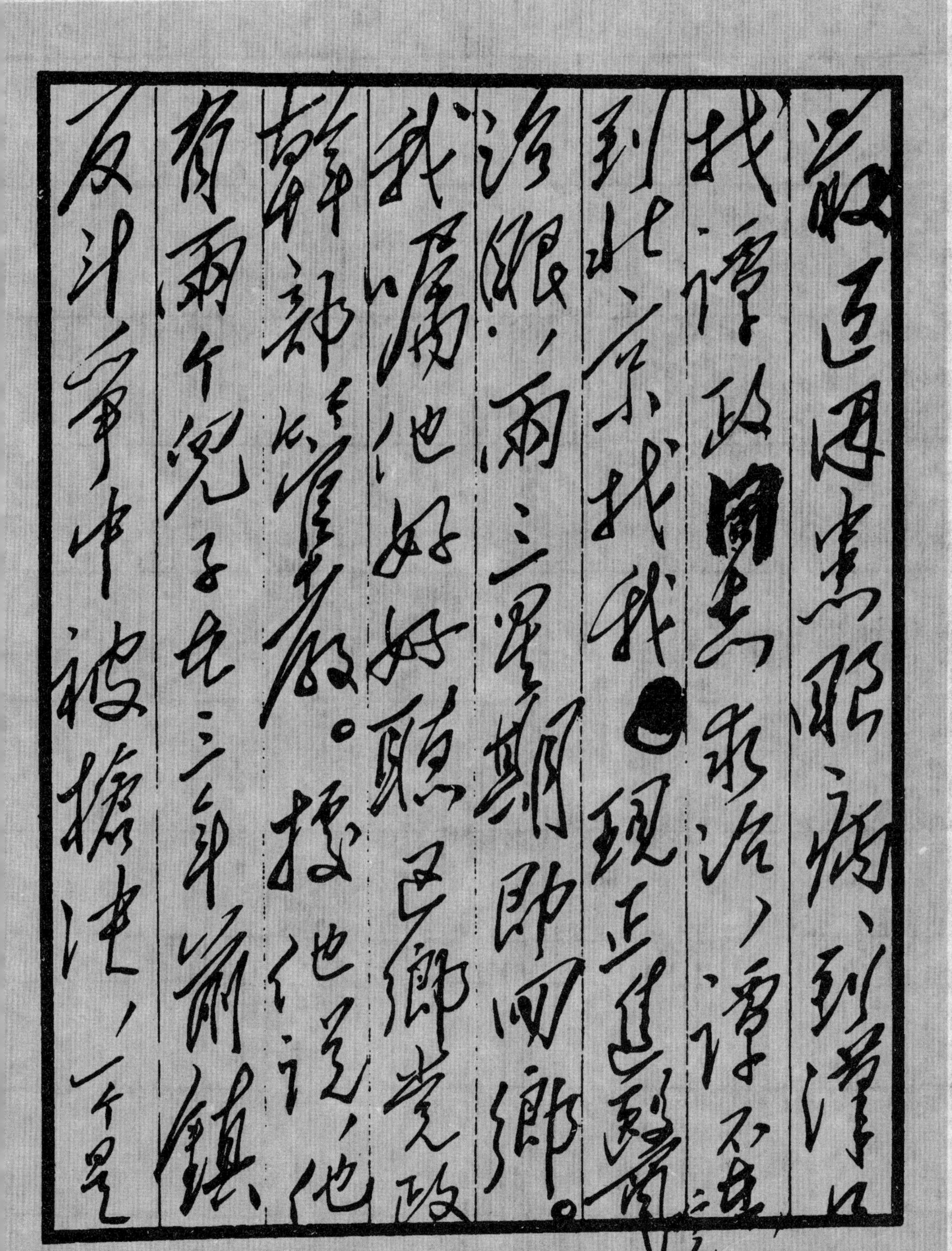

營長，亦是排長，聽說有
血債被槍斃的。他本人也被
剝奪公權，管制一年，現已
解除管制，但仍不能加入農會。他的妻和他的
其他兩個兒子則有公民權
並入了農會。他說，他們的成分是貧
農。他又說，他教了幾十年書，[illegible]
只，在聯保辦公處當過一年

月的科員，並未作過壞事
云云。此人歷史我完全不清
楚，請你們查明告我為
盼。祝你們工作順利。

毛澤東
一九五〇年
五月七日

致黄炎培

一九五五年五月二十六日

任之先生：

五月二十五日惠书收读。凡重要问题不厌求详地征求意见，总是有好处的。最近我又找了十五个省市的负责同志征询了关于粮食、镇反、合作社等项问题的意见，得了更多的材料，证实了我在最高国务会议所说的那些。但还要进一步研究，看到底是否如此。先生此次下去考查，望注意用全面分析方法，民建会议材料我已看过，很有兴趣，拟发各党派参考。顺致敬意。

毛泽东

一九五五年五月廿六日

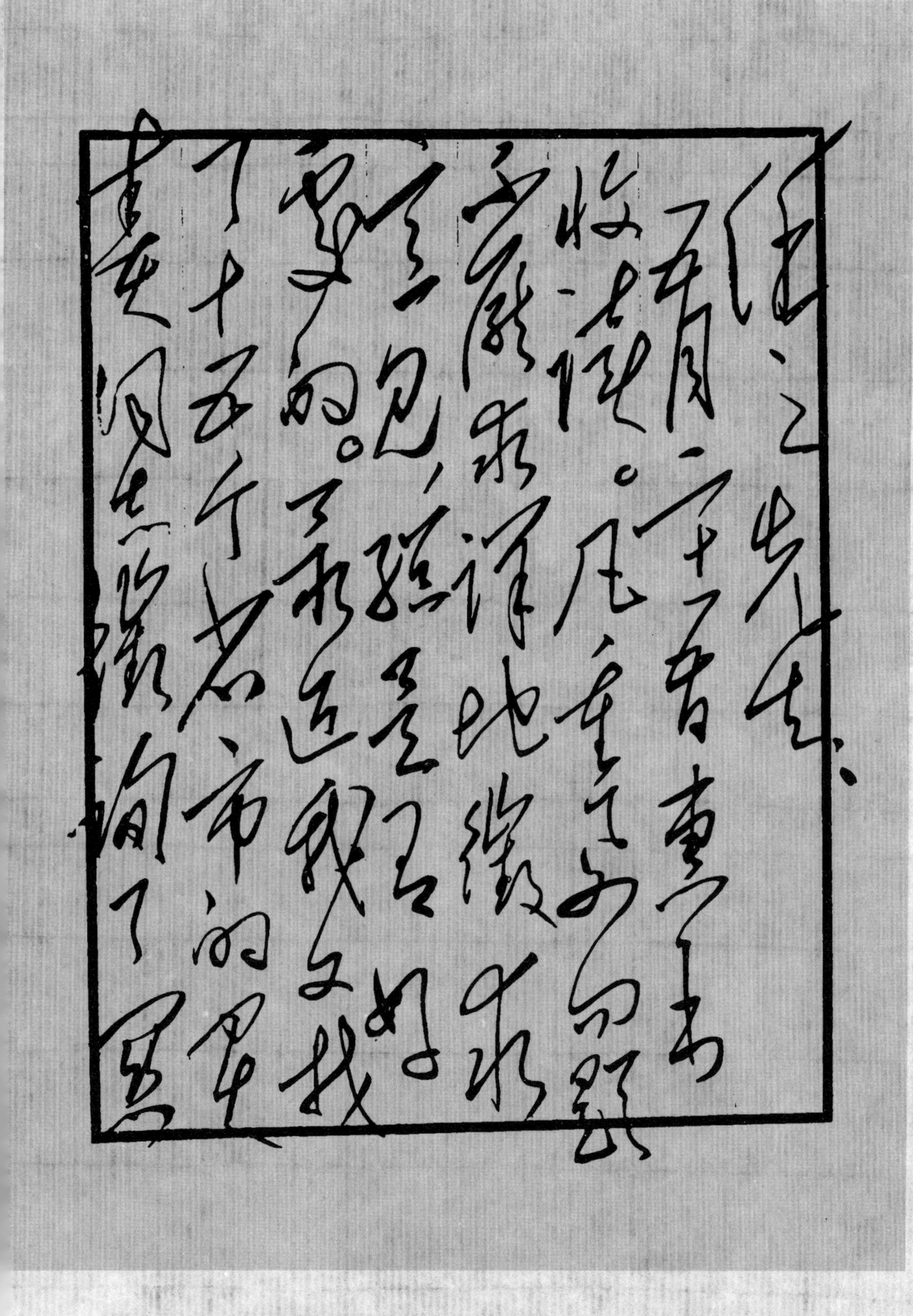

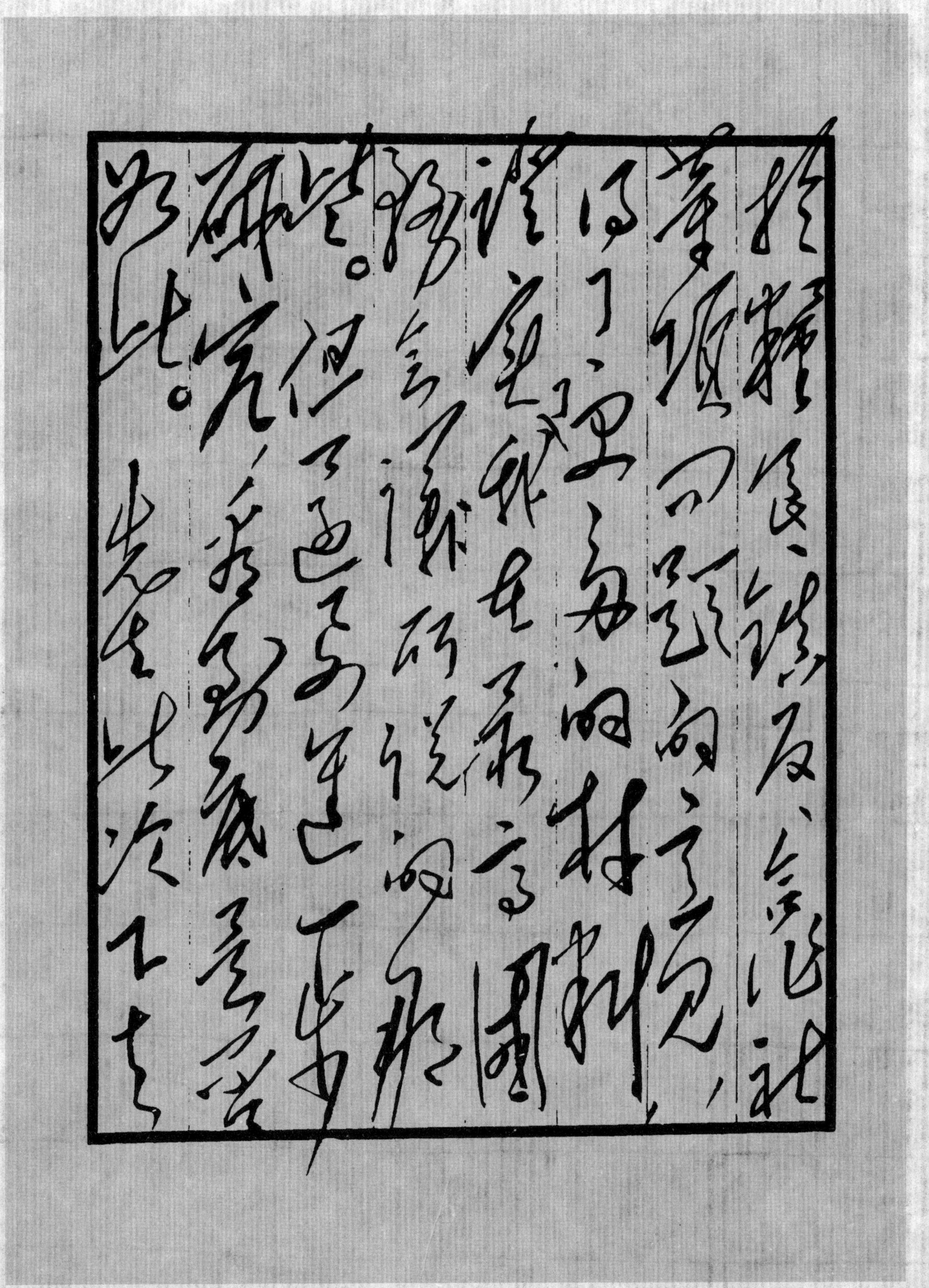

第四时期·书信

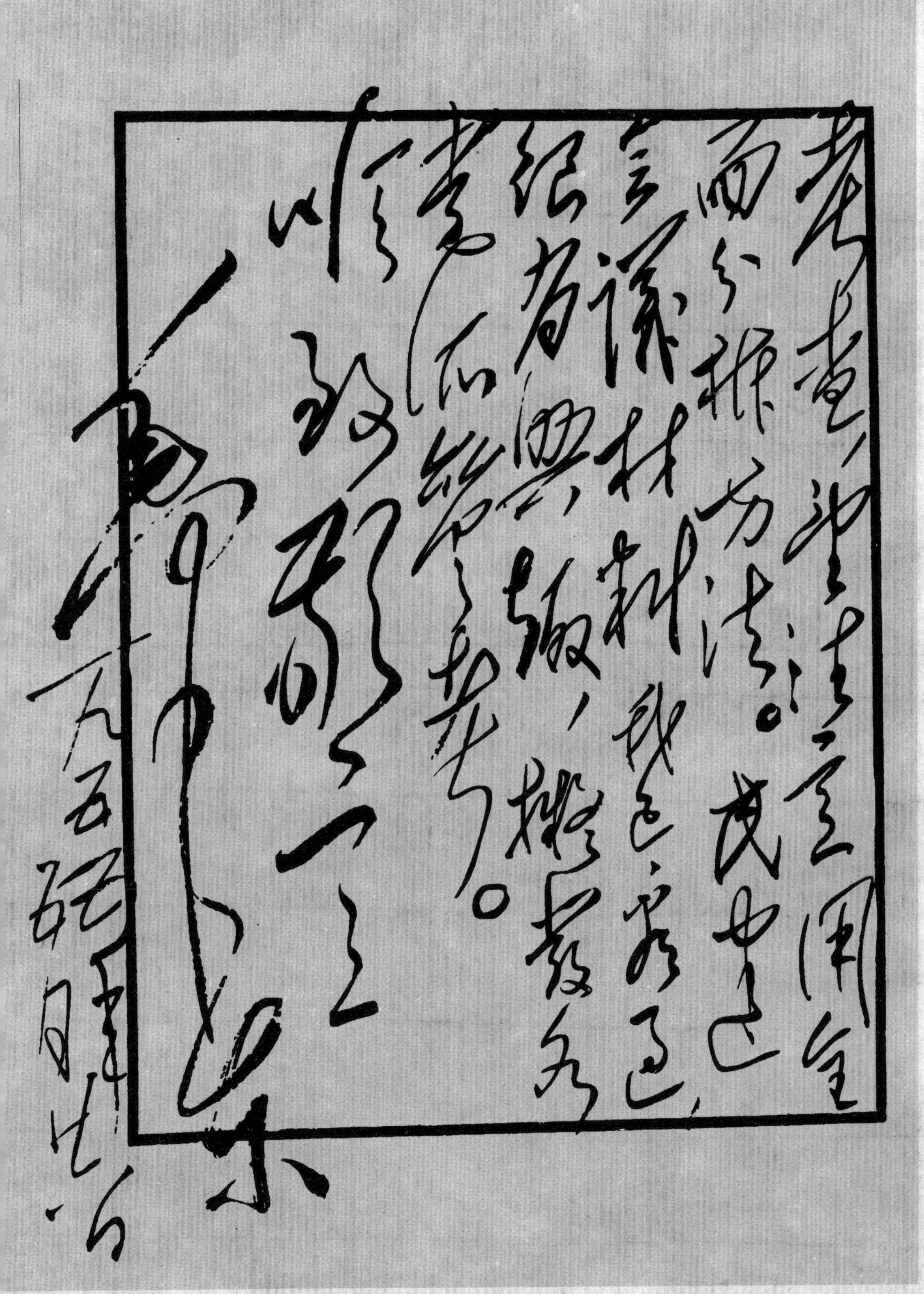

致谭世瑛

一九五五年六月八日

世瑛兄：

六月四日的信及大作一首收到，甚谢！我赞成你于日内返乡。中共湘乡县委有信（乡支部也有一信）给我，对于你家情况有所说明。据称：你的两个儿子确实有罪，这是因为他们在几次宽释之后还要犯罪，而且犯了严重罪行的原故。因此，政府和人民对他们依法处理，是应该的。你则只有一些旧社会带来的缺点和在对待你两个儿子的态度上有些不当，故给以一年管制，现已解除。县委来信认为你无其他罪行。我认为县

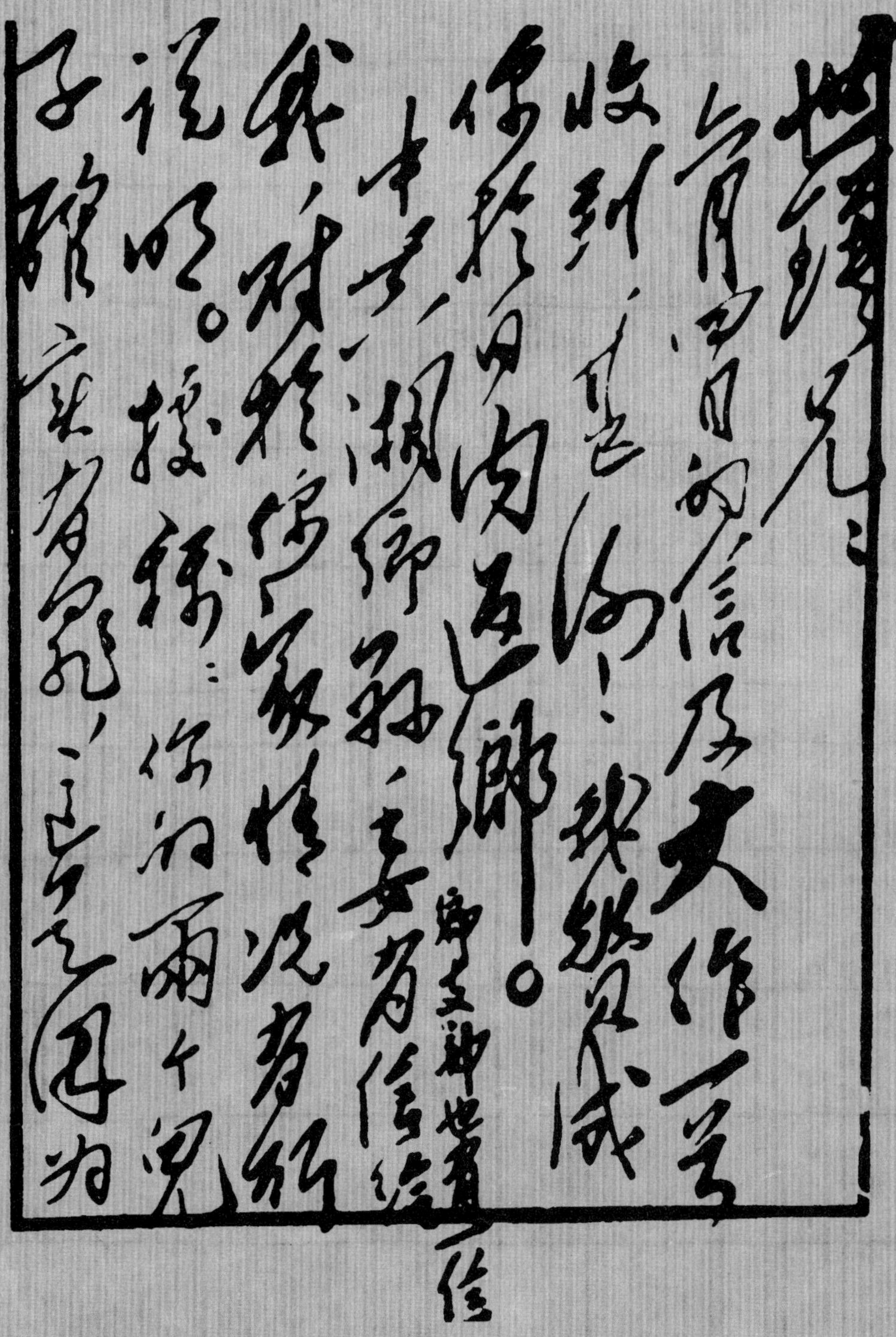
世瑛兄：六月四日的信及大作一首收到，甚谢！我赞成你於日内返鄉。中共湘鄉縣委有信（鄉支部也有一信）給我，對於你家情況有所說明。據稱：你的兩個兒子確實有罪，這是因為

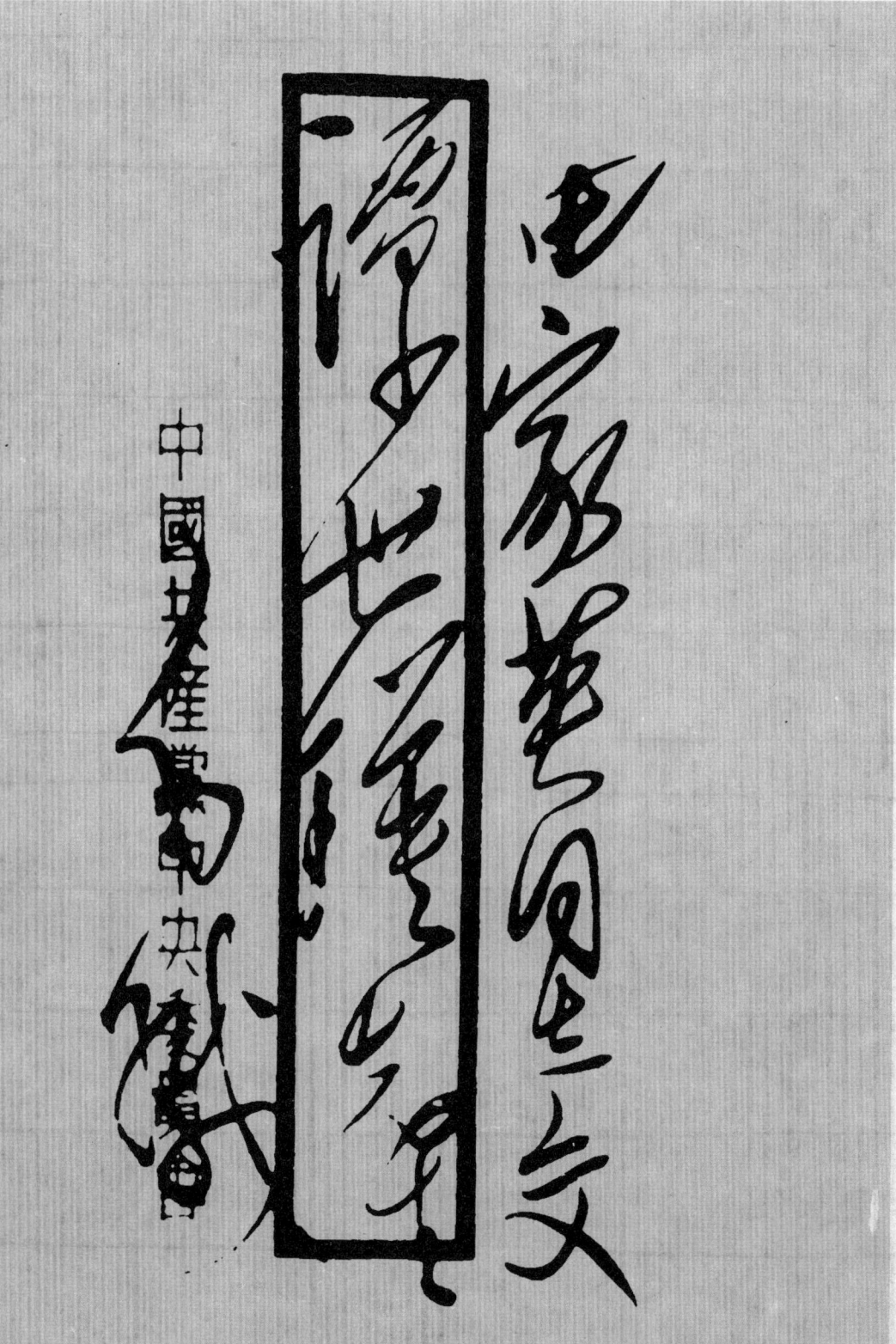

委对你的评语，是公道的。

你应当在新旧社会的根本变化上去看问题，逐步地把你的思想和情绪转变过来。这样就可以想开些，把一些缺点改掉，督促全家努力生产。最要紧的是服从政府法令，听干部们的话。这样，几年之后，人们对你的态度就会更好些了。

如你认为必要的话，此信可给县区乡负责同志一阅。

祝你平安！

毛泽东

一九五五年六月八日

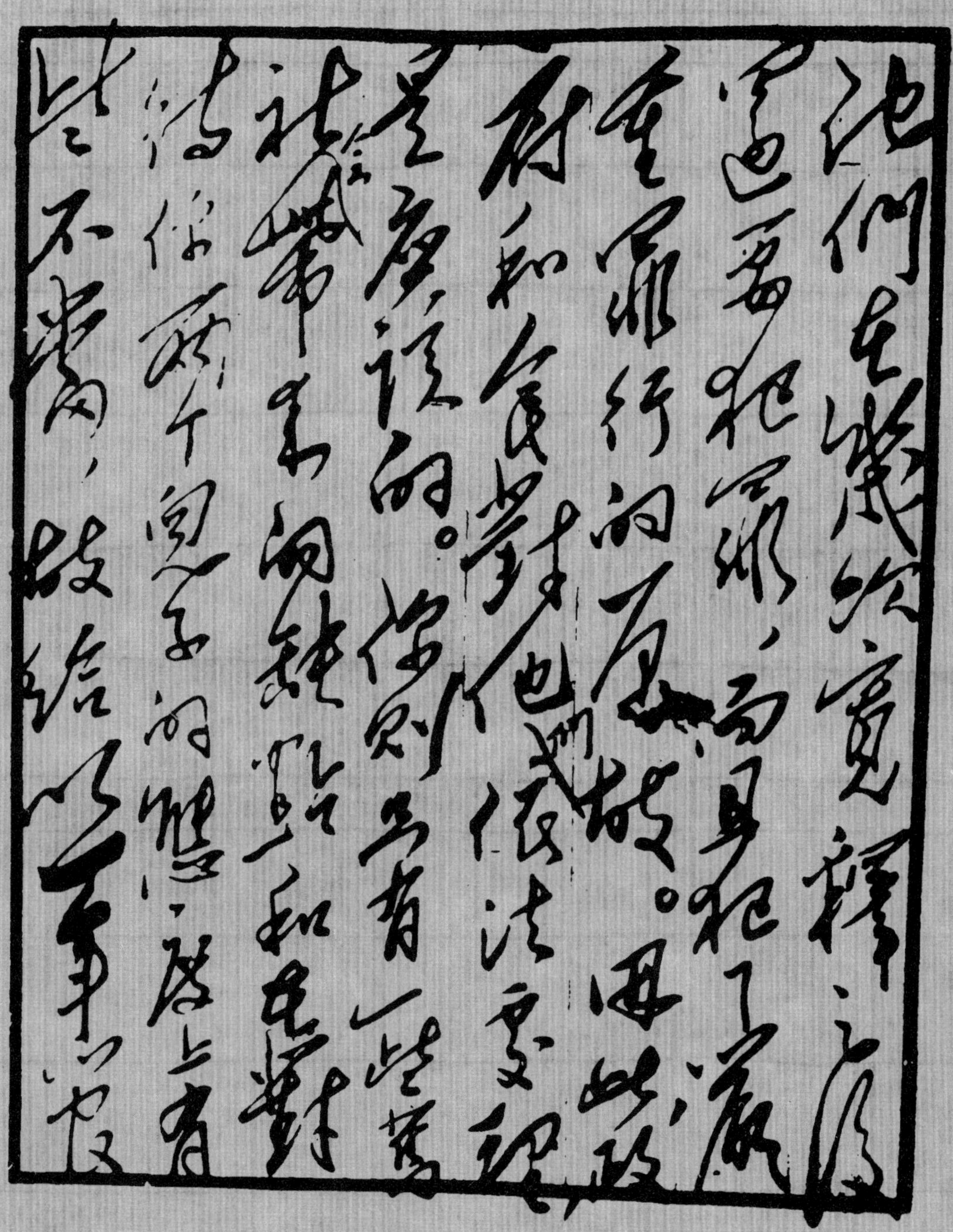

第四时期·书信

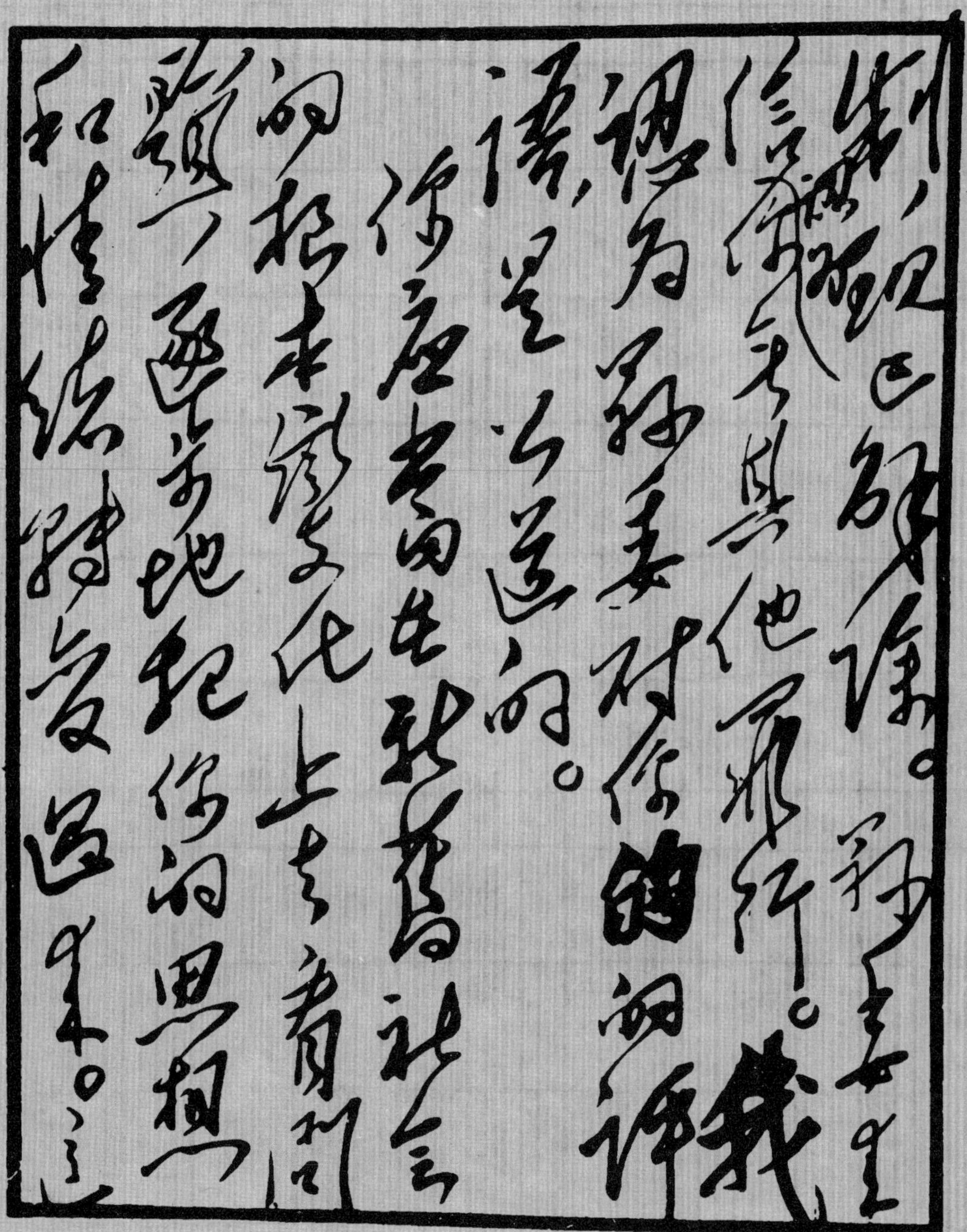

样期同相同些，把上半期政绩，特信告知，努力毫无捏。最要跟你问是服从上级命令，听部下们的话。这样，频率交接人们的问怨发动会幹好些了。如你诸内容要问话，此信送一郅区乡复青同志一阅。

祝你军心

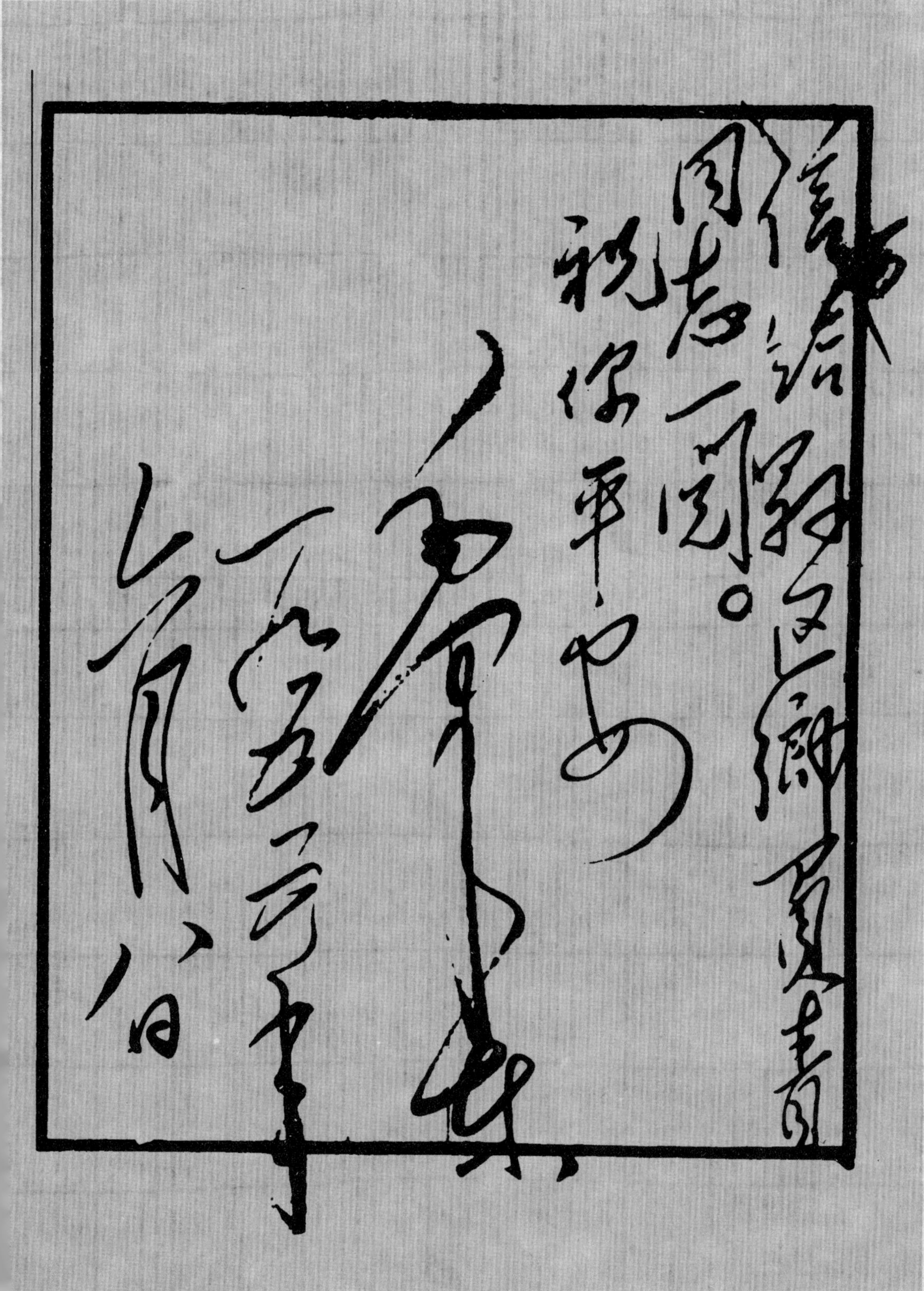

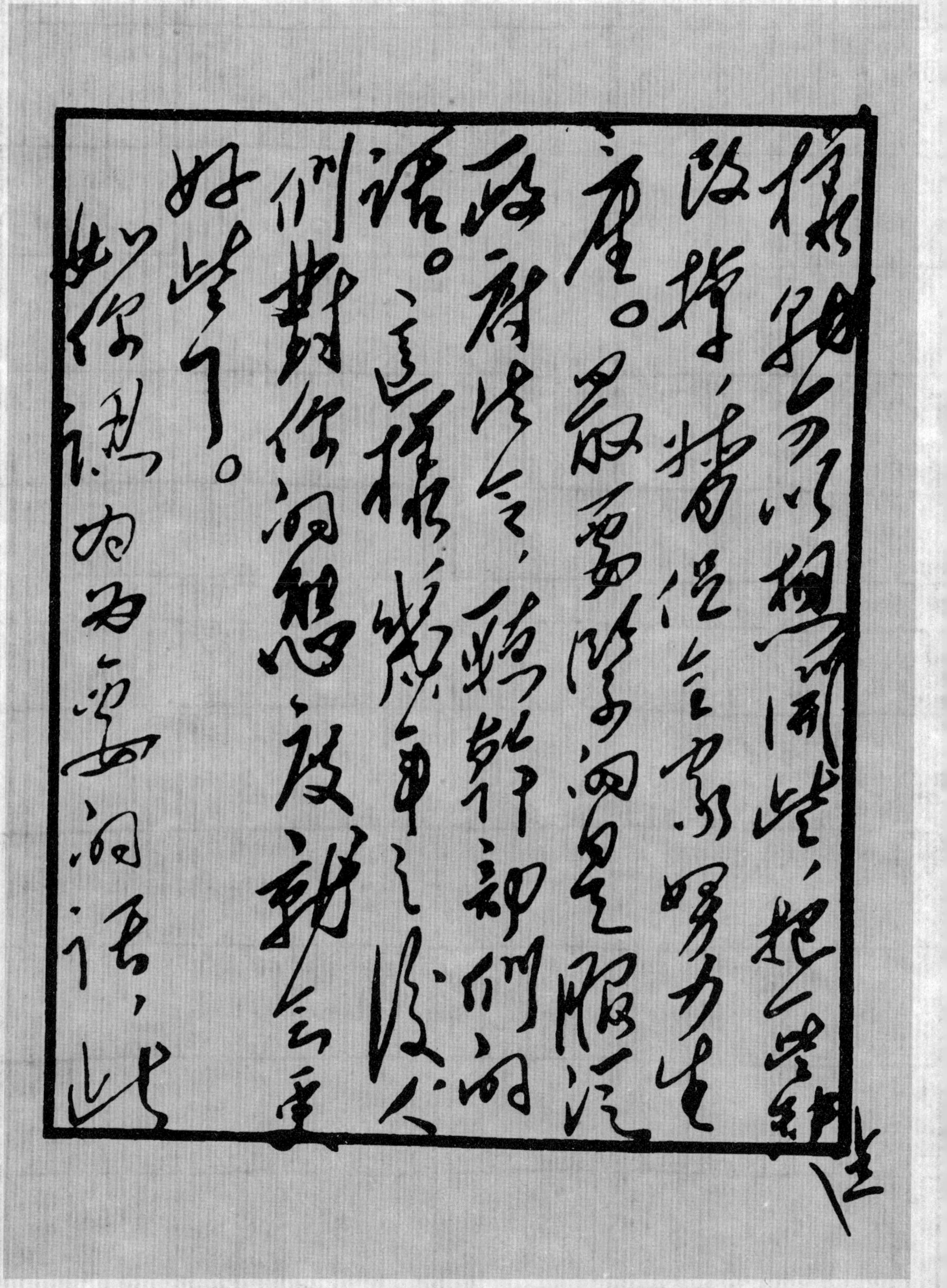

致黄炎培

一九五五年十一月十七日

任之先生：

　　从医院给我的信收到。尊恙全愈，极为高兴。尚望注意保养，恢复健康。工商界改造工作有进步，令人欣慰。惟须加强教育，使之普及到大中小城市的各行各业。看来在工商界是可以采用自我批评这个方法的，这次工商联合会讨论的经验可以推广。因在旅行中，故未能早复。顺致

敬意。

毛泽东

一九五五年十一月十七日

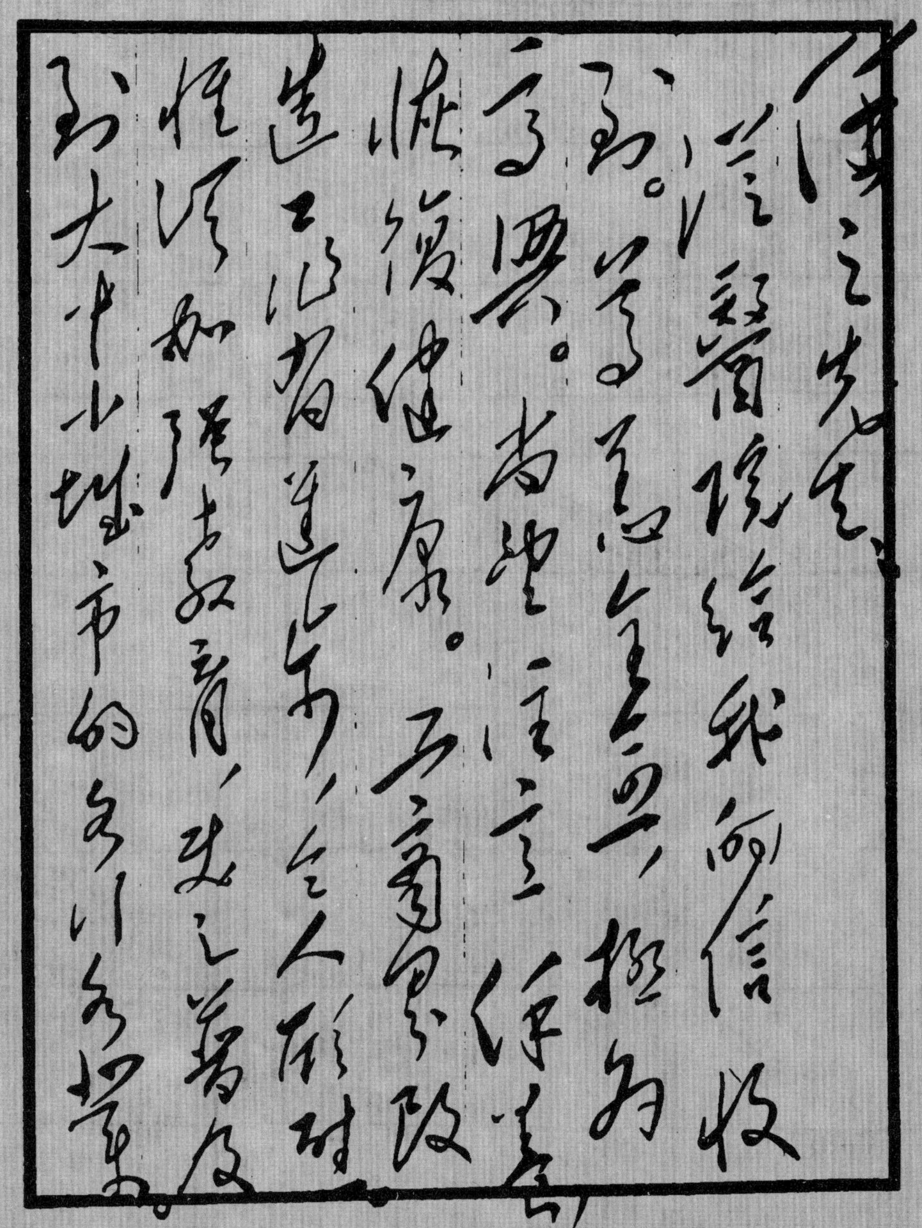

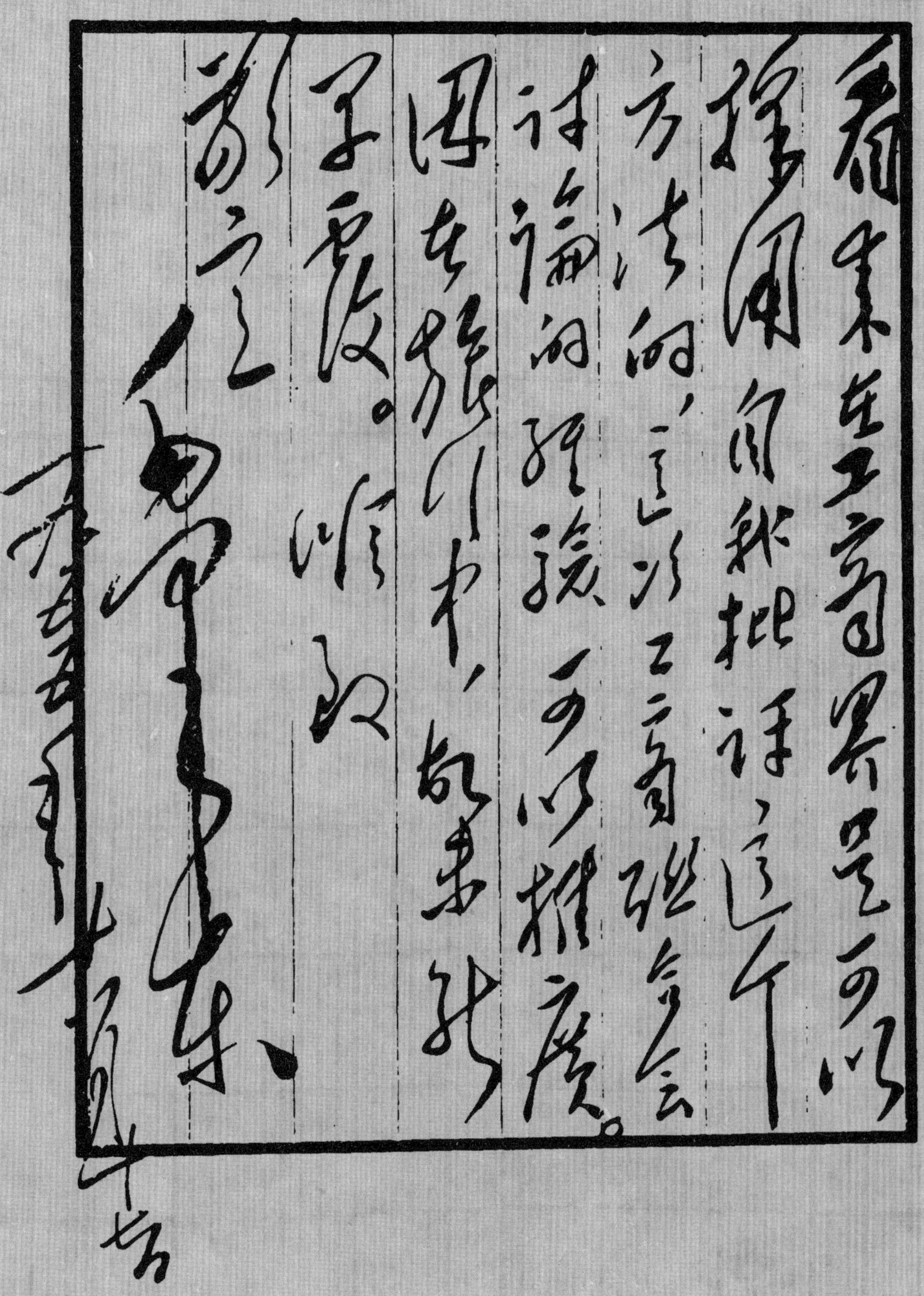

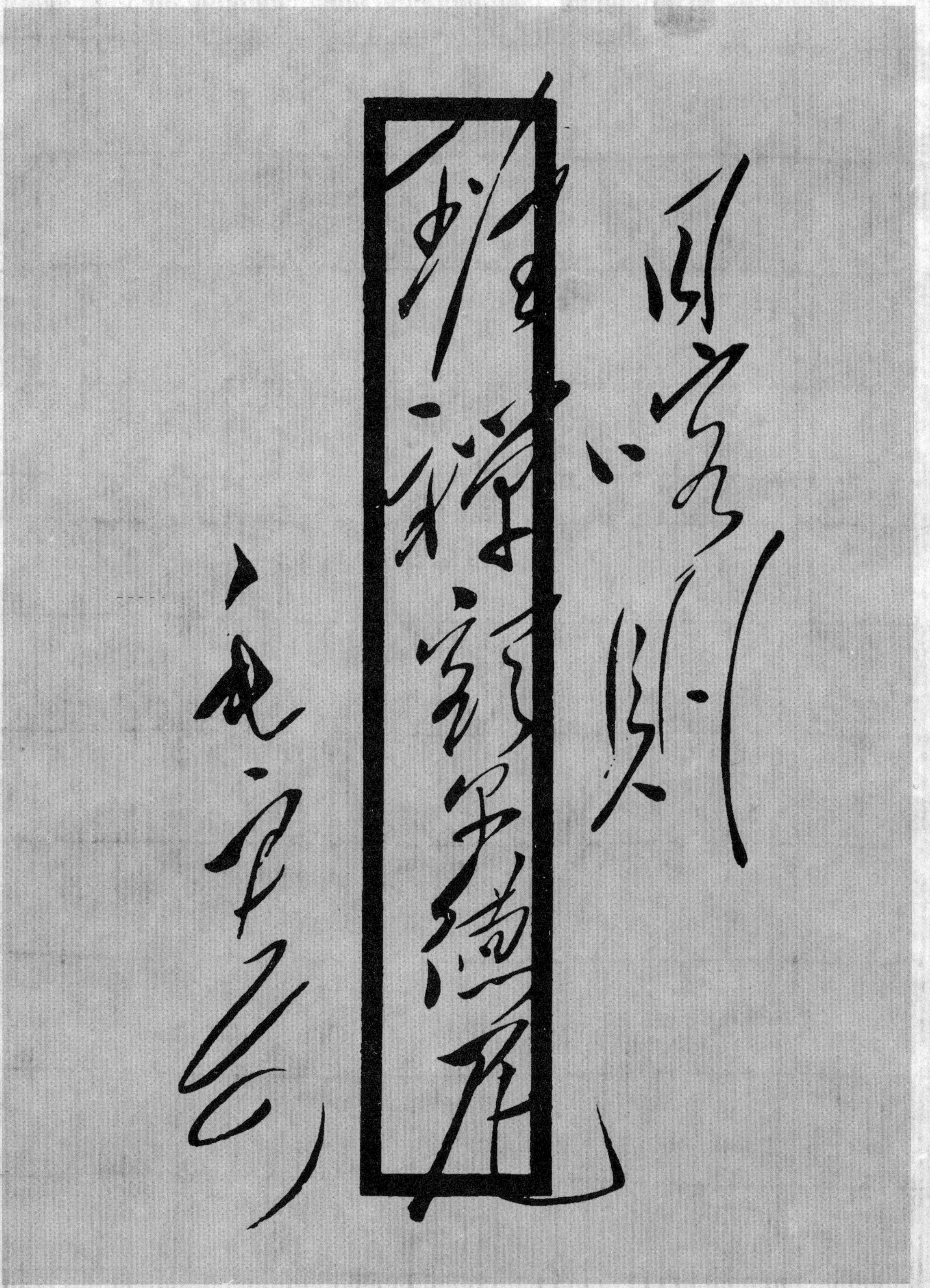

致班禅额尔德尼·却吉坚赞

一九五五年十一月二十四日

亲爱的班禅额尔德尼：

你在一九五五年八月十三日给我的信收到了，很感谢！你们那里工作有进步，听了很高兴。希望你们和拉萨方面的团结日益增进和巩固，希望整个西藏一年一年地兴旺起来。此复。

顺祝

健康！

毛泽东

一九五五年十一月廿四日

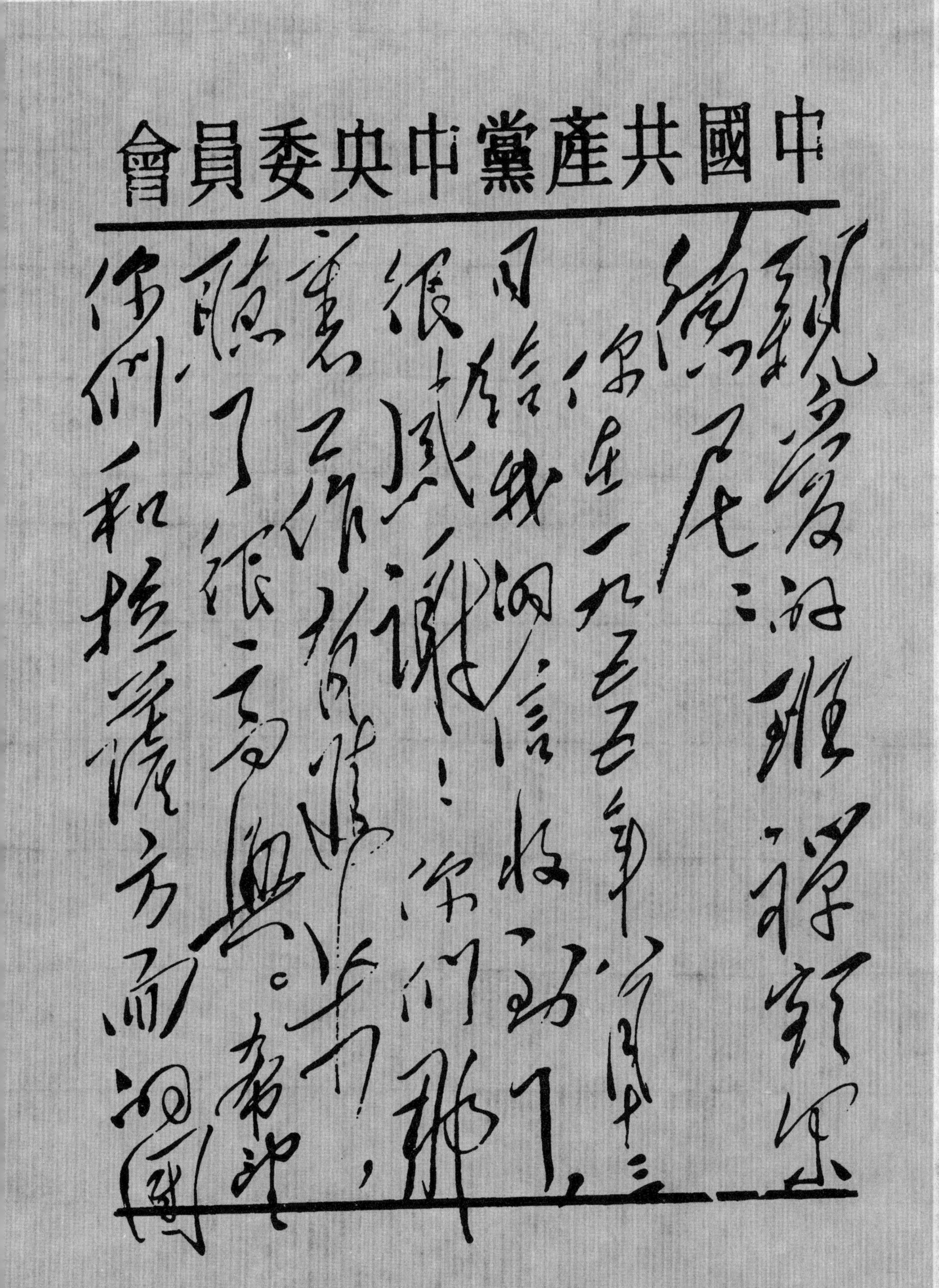

中國共產黨中央委員會

親愛的班禪額爾德尼：

你在一九五五年八月十三日給我的信收到了，很感謝！你們那裡工作有進步，聽了很高興。希望你們和拉薩方面的團

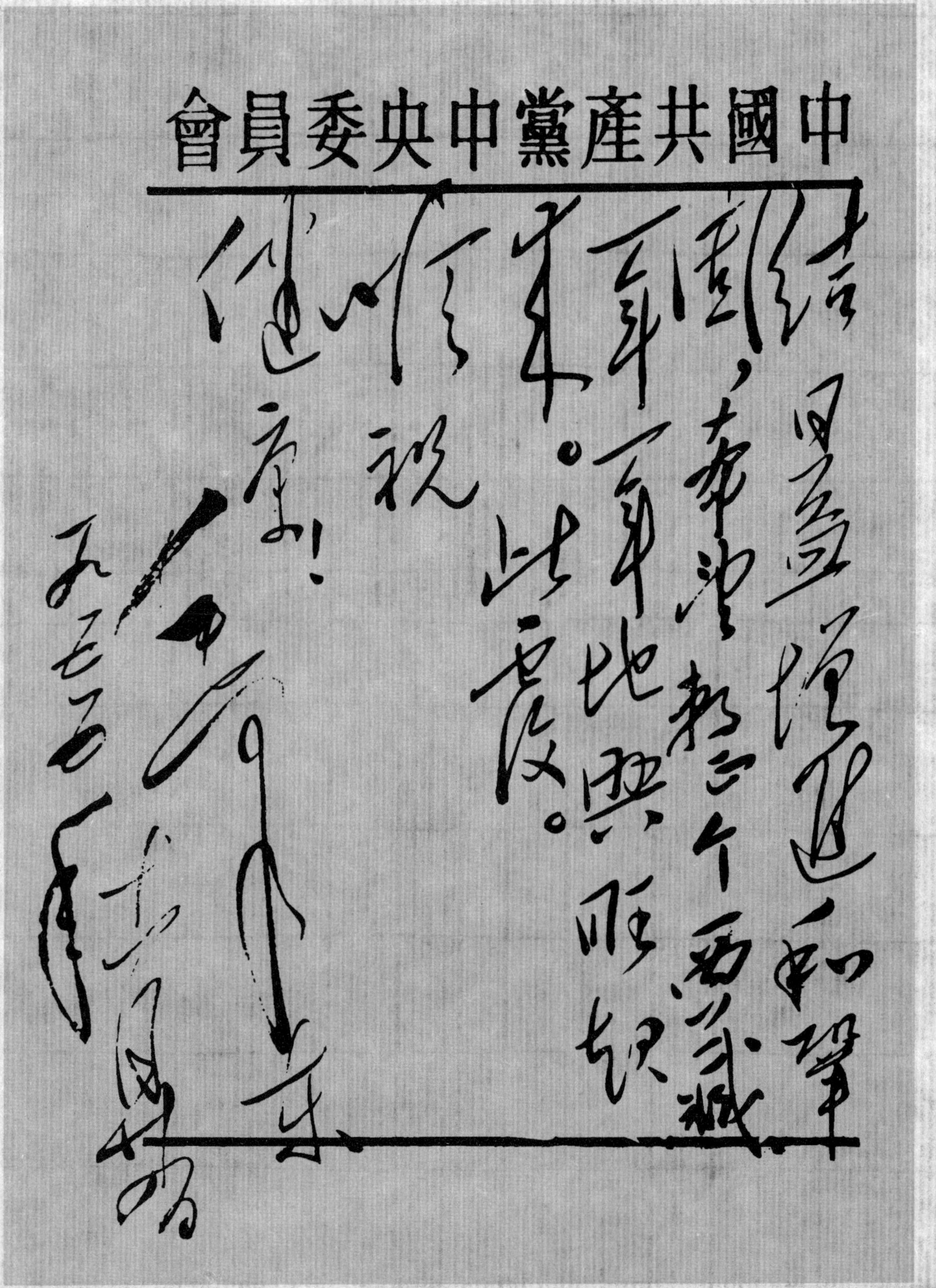
中國共產黨中央委員會

致周世钊

一九五五年十一月二十四日

惇元兄：

你的信好久就收到了，你的大作及附件各种都已读悉，极为感谢！瞩写的字至今未能应命。你那里还不那样急需罢，我想等一等再讲，如何？你下去跑没有？最好一年下去跑几次，每次两三星期也好。我最近出外跑了一次，觉头脑清新得多。你下去时，不只看学校，还可看些别的东西。再谈。

顺问

教安。

毛泽东

一九五五年十一月廿四日

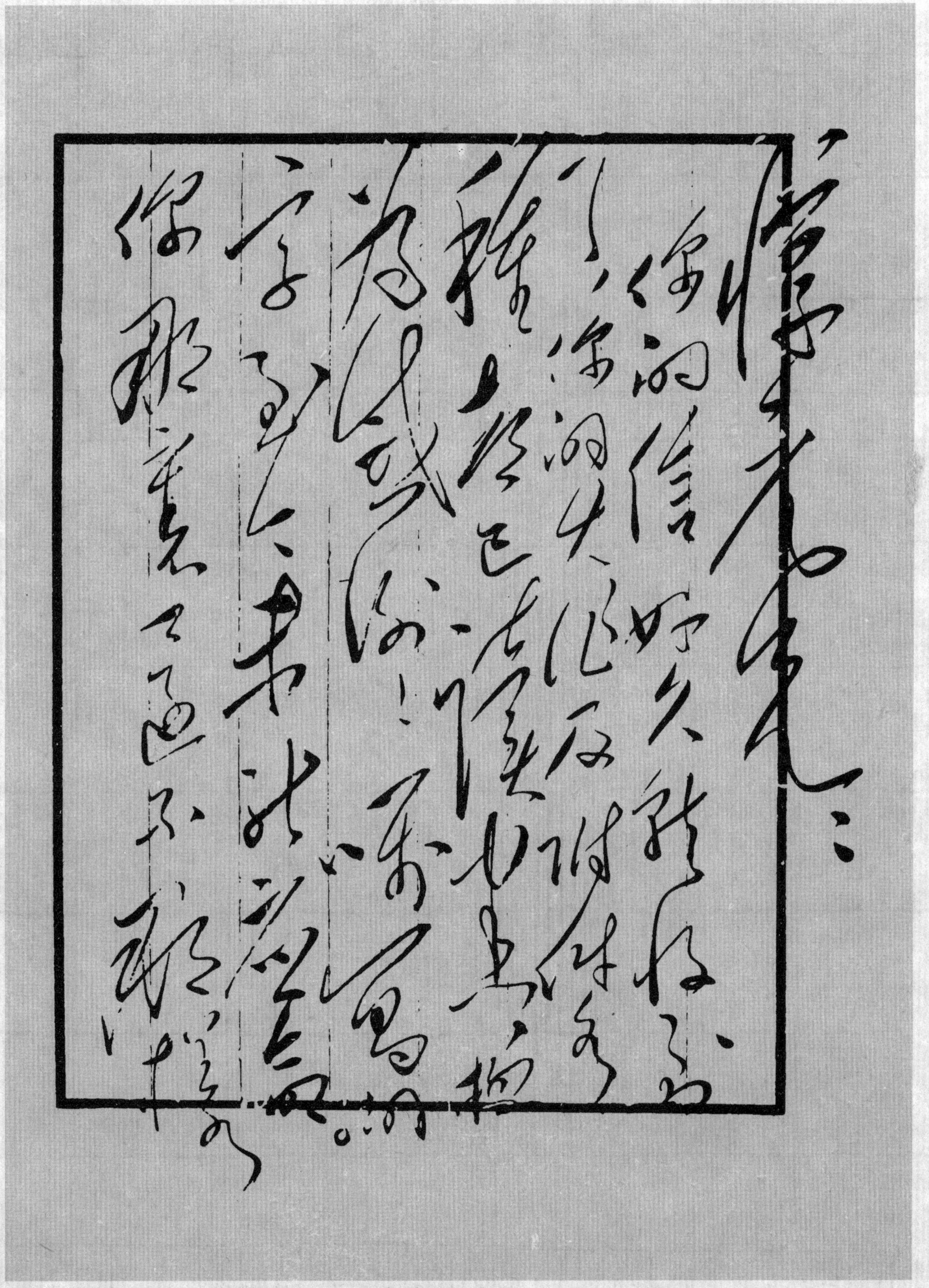

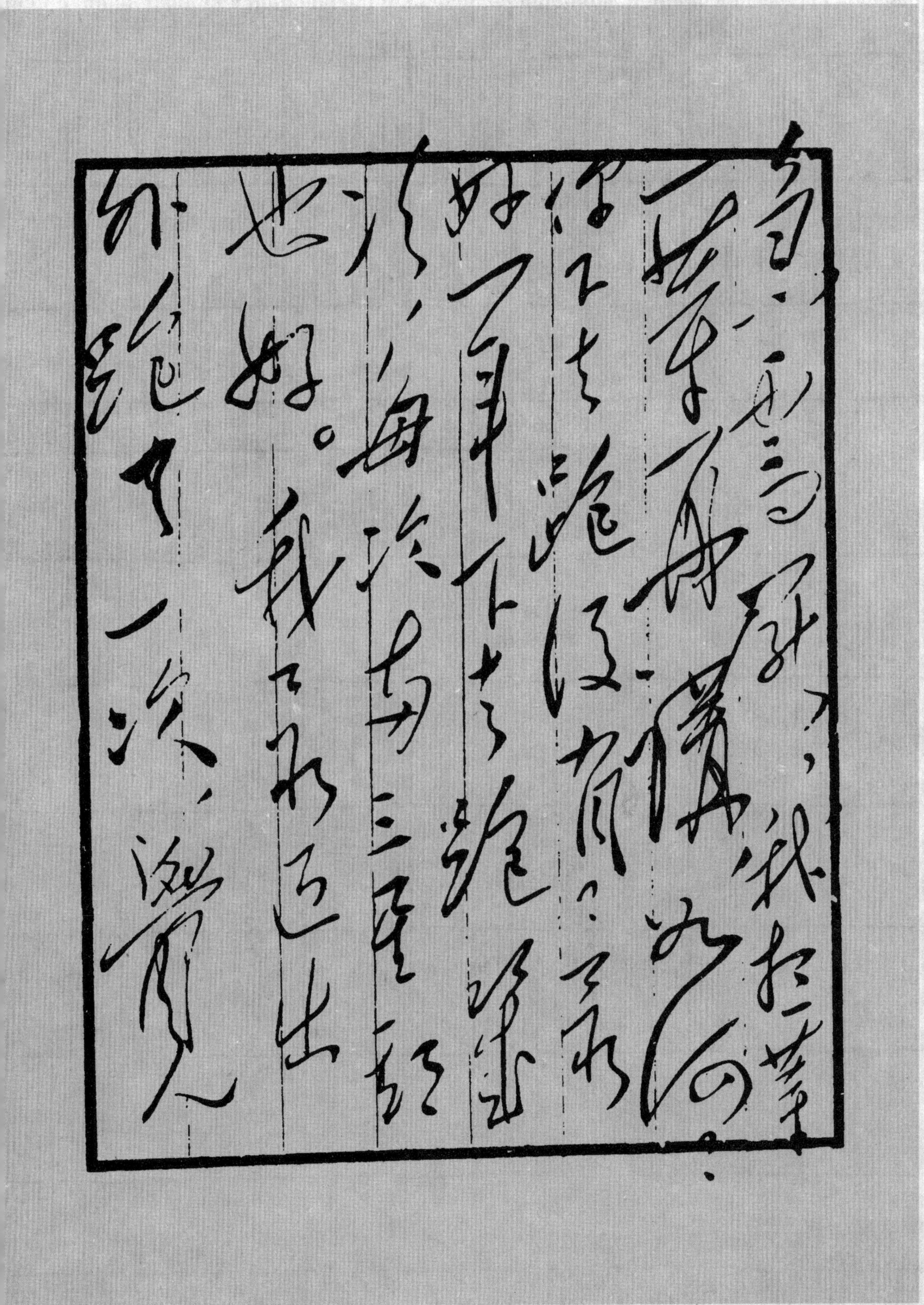

第四时期·书信

致周恩来

（一九五六年一月八日）

恩来同志：

几天来我们和各地负责同志一道，替中央拟出了一个《一九五六年到一九六七年全国农业发展纲要》，现送上三十九本。有些错字，已在一本上改正，请令秘书处照改即可发给政治局委员、在京各中央委员会及其他若干负责同志阅看，请他们提出修改意见。请于知识分子会议开幕以前，召开一次政治局会议，邀请在京中委和若干负责同志参加（云、贵、青、新、蒙、吉、黑、热、京、津各负责同志此次未到杭州的，贵、青等同志已回去者不必来），讨论此件，以便修改后发到省、市、自治区党委讨论，然后召开最高国务会议再讨论一次，然后公布。

毛泽东
一月八日

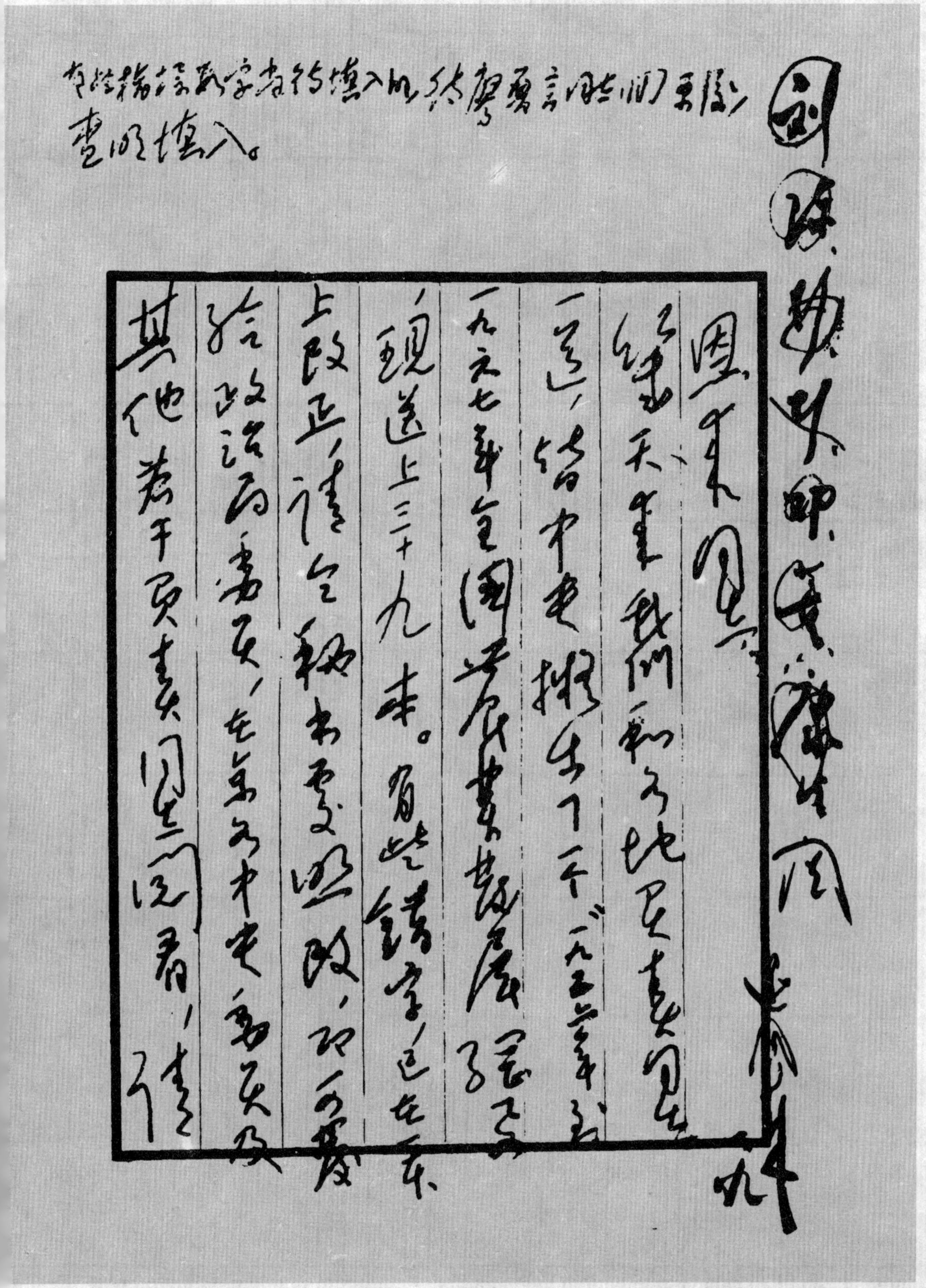

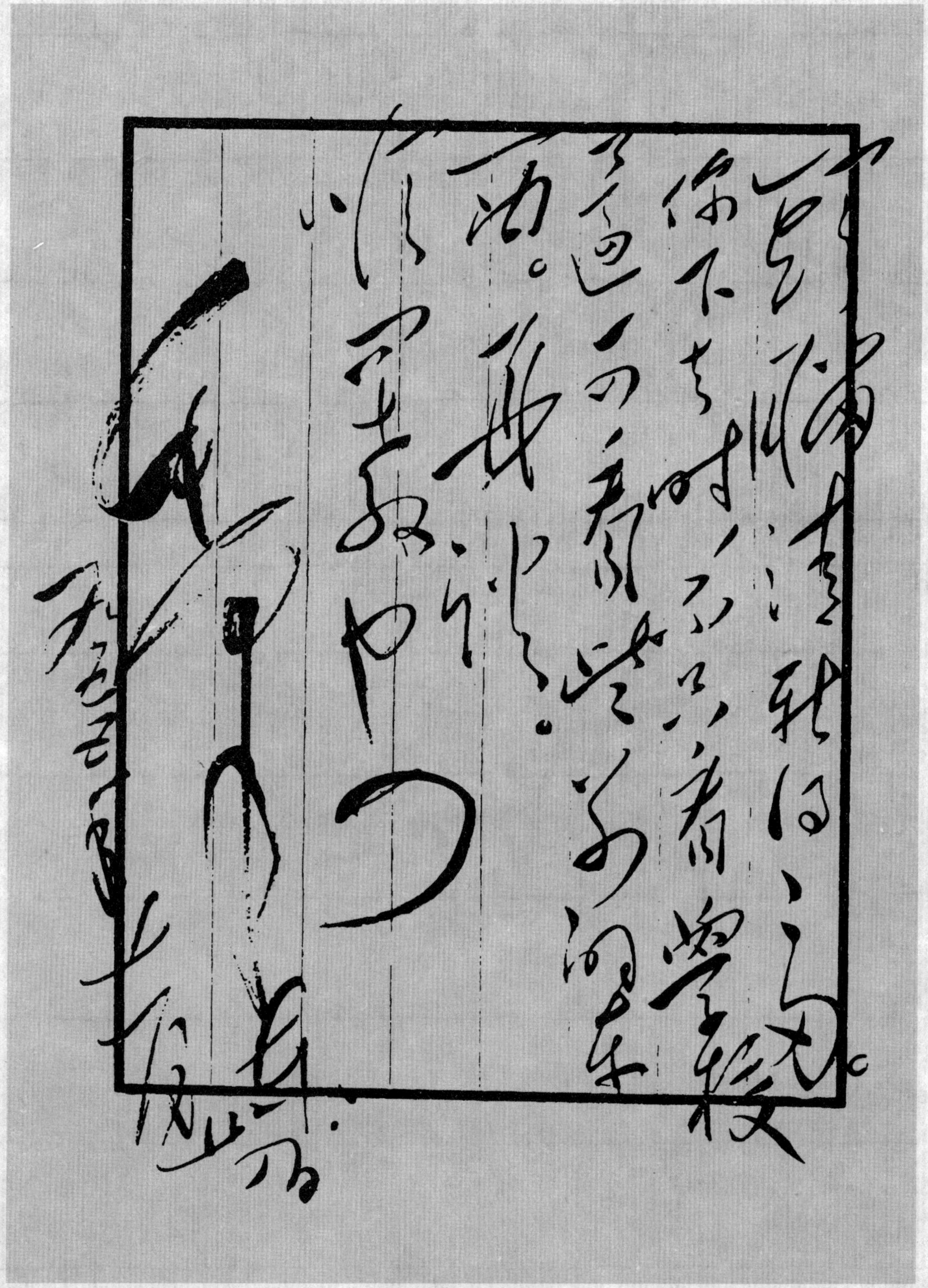

各同志please提出意见，请于此信抄好后，即发出（以次发地委书记、直至支部书记为原则，请他们提出意见。下次中委会议若于二月九日举行，各中央政治局委员、候补委员须参加（罗荣桓、王稼祥、刘伯承、陈毅多病者可不加），加以修改，一次发给知识分子会议，即可发各地方党委，直至支部征求意见。这里的会议，现在是汇报情况，大约九日可完。一部分到京出席会议的同志可于九日晚，或者十日动身赴京。北京的会议改于一月十三日开始，正好接上。

敬礼!

毛泽东
一月八日上午二时

有些指标数字尚待填入的，待廖鲁言同志回京后，查明填入。

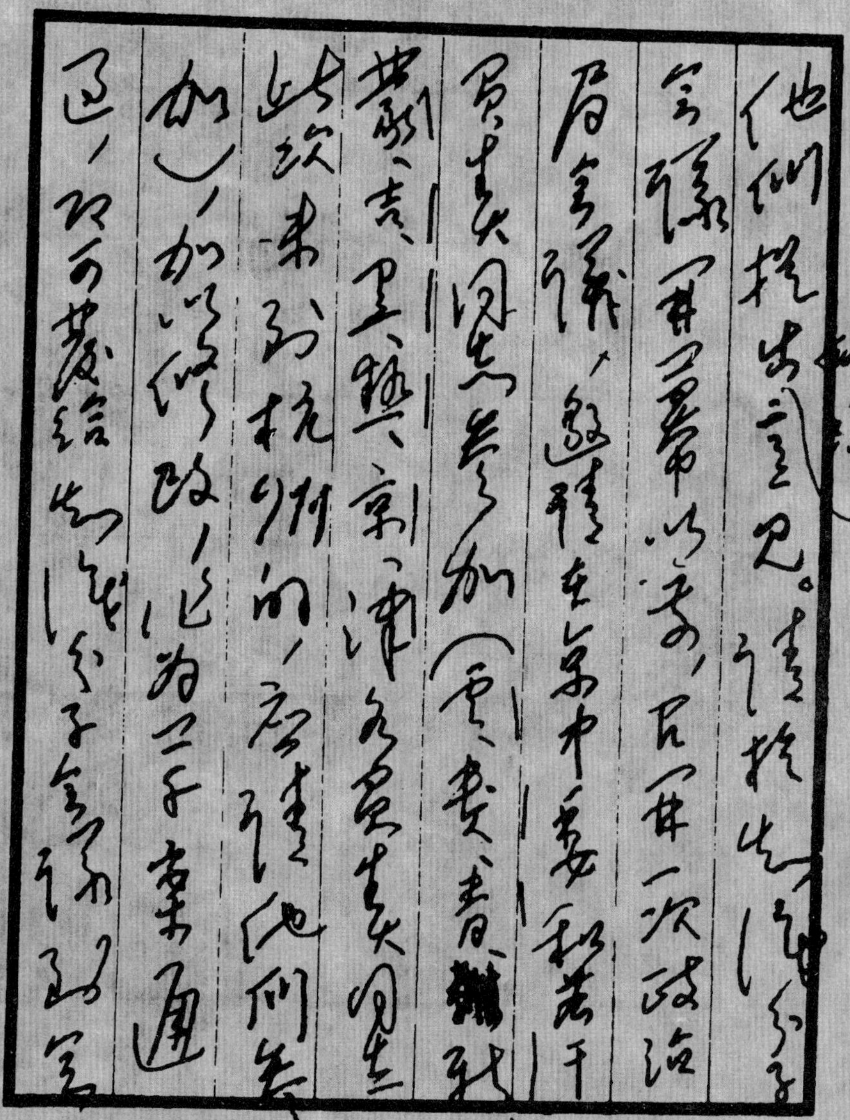

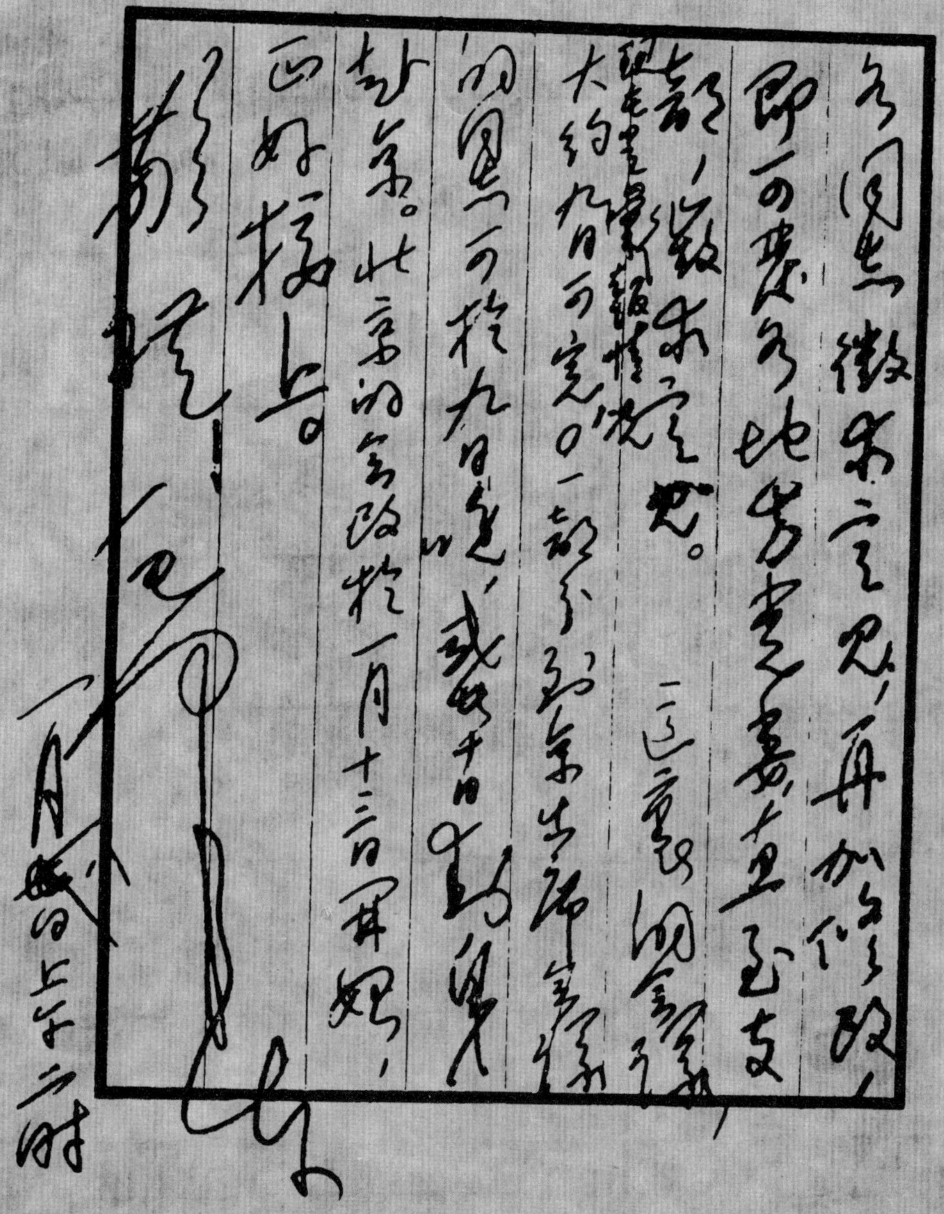

致宋庆龄

一九五六年一月二十六日

亲爱的大姐：

贺年片早已收到，甚为高兴，深致感谢！江青到外国医疗去了，尚未回来。你好吗？睡眠尚好吧。我仍如旧，十分能吃，七分能睡。最近几年大概还不至于要见上帝，然而甚矣吾衰矣。望你好生保养身体。

毛泽东

一九五六年一月廿六日

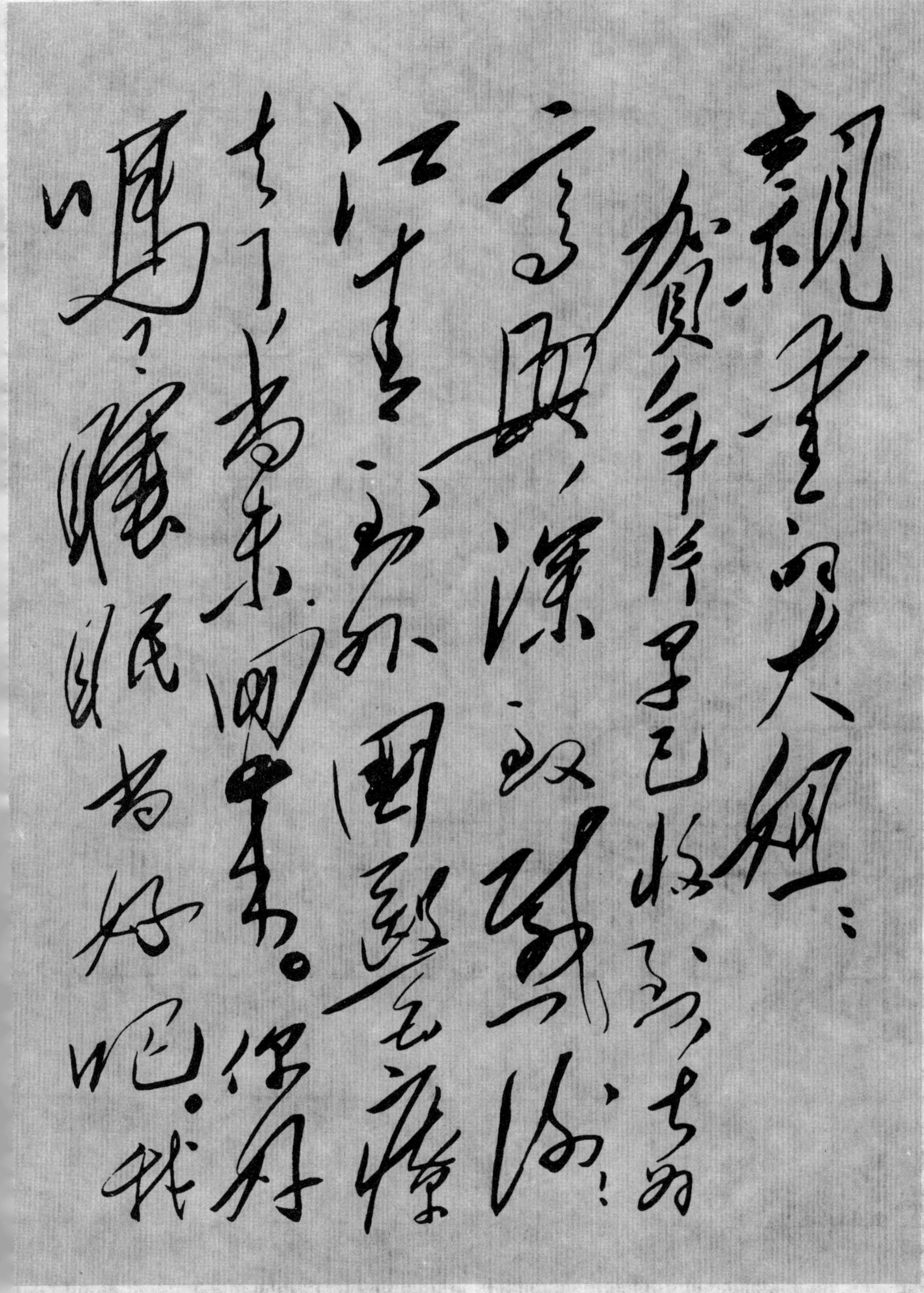
親愛的大姐：賀年片早已收到，甚為高興，深致感謝！江青到外國醫療去了，尚未回來。你好嗎？睡眠尚好吧。我

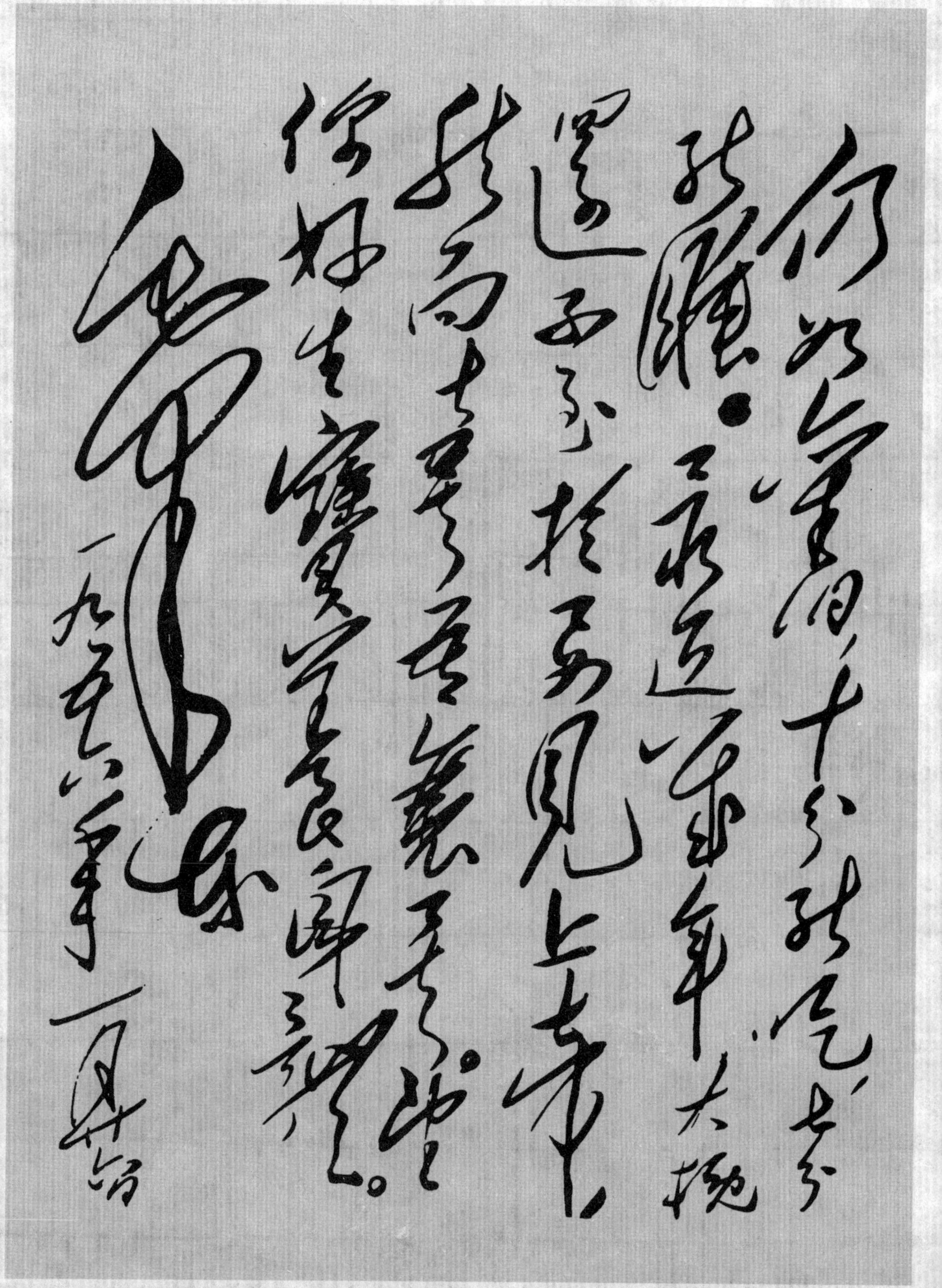

给堂弟毛泽荣的信

一九五六年四月二十日

泽荣贤弟：

多次来信，均收到了。你今年不要来京，明年再讲吧。

顺祝

健康！

毛泽东

一九五六年四月二十日

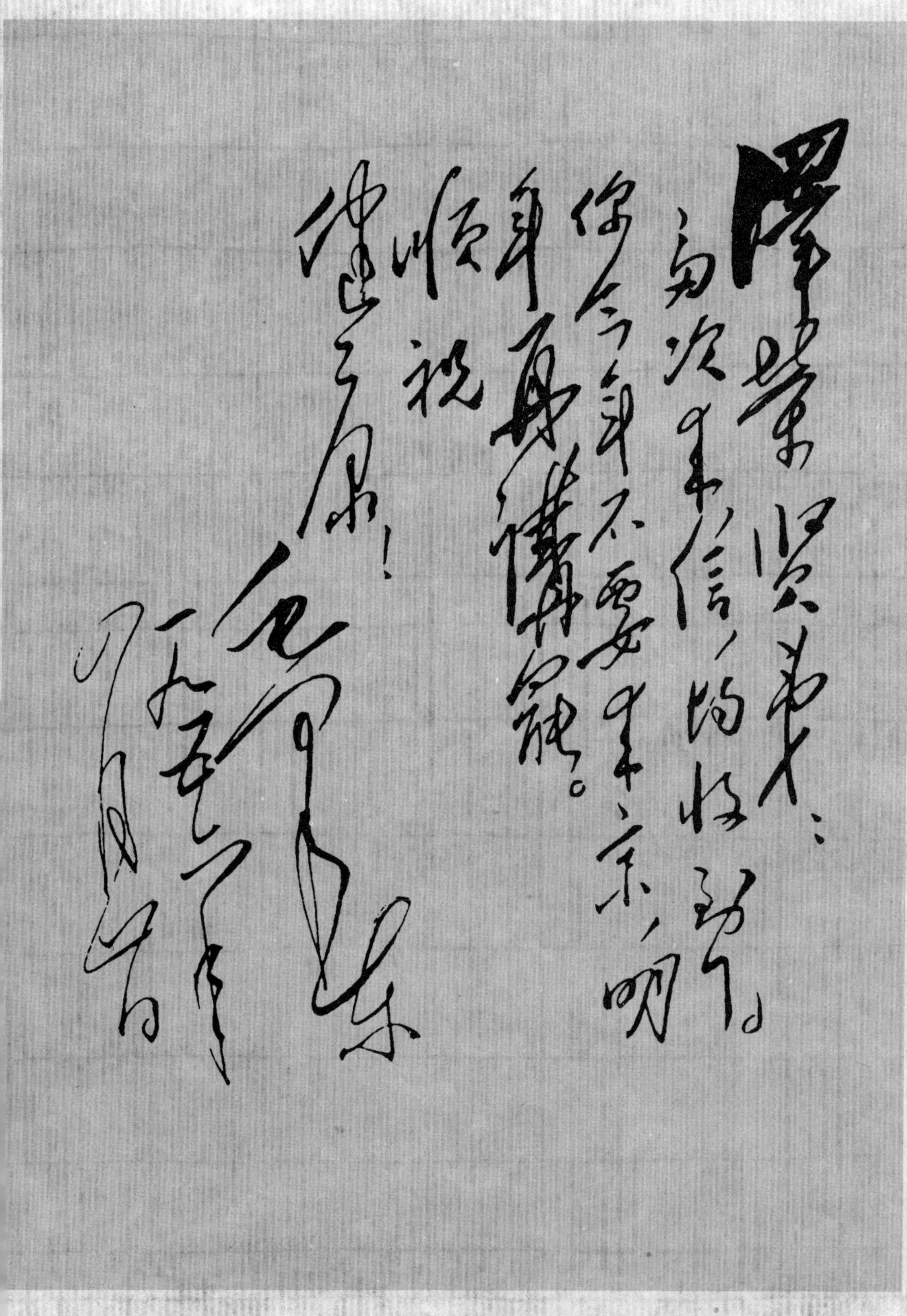

第四时期·书信

致曹云芳

一九五六年八月十一日

云芳同志：

七月八日的信收到，甚慰。罗哲同志英勇牺牲，早就听到一些消息。一九四五年在重庆的时候，见到张维兄，曾打听你们的下落，他只告知你姐姐王夫人已故，你的情形他不知道。现知你仍健在，并有两个女儿能继承罗哲遗志，我很高兴。罗哲为党艰苦工作，我可作证，当时没有别的证件。恤金由谁领的问题，应由当地政府去作决定。如果决定给继子，不给女儿，也就算了，不必为此去争论。坟墓可由家属修理。现寄上三百毛，请你酌量处理。今后如果还有困难，可以告我设法。你见过的两个孩子，一个在战争中牺牲了，一个也已病废。你们在贵阳工作有成绩，向你们致贺。

顺祝康吉。

毛泽东

一九五六年八月十一日

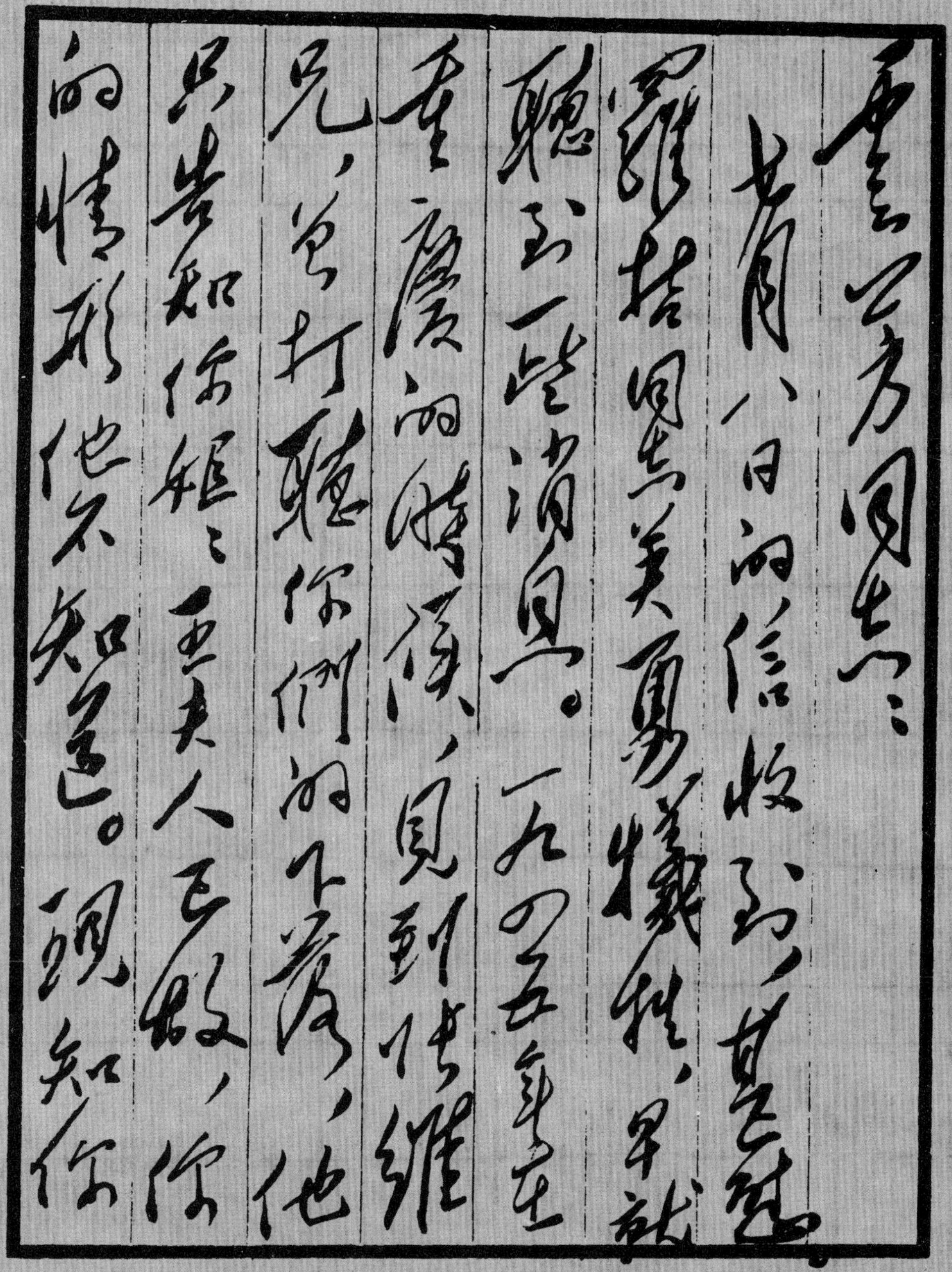

云芳同志：七月八日的信收到，甚慰。罗哲同志英勇牺牲，早就听到一些消息。一九四五年在重庆的时候，见到张维兄，曾打听你们的下落，他只告知你姐姐王夫人已故，你的情形他不知道。现知你

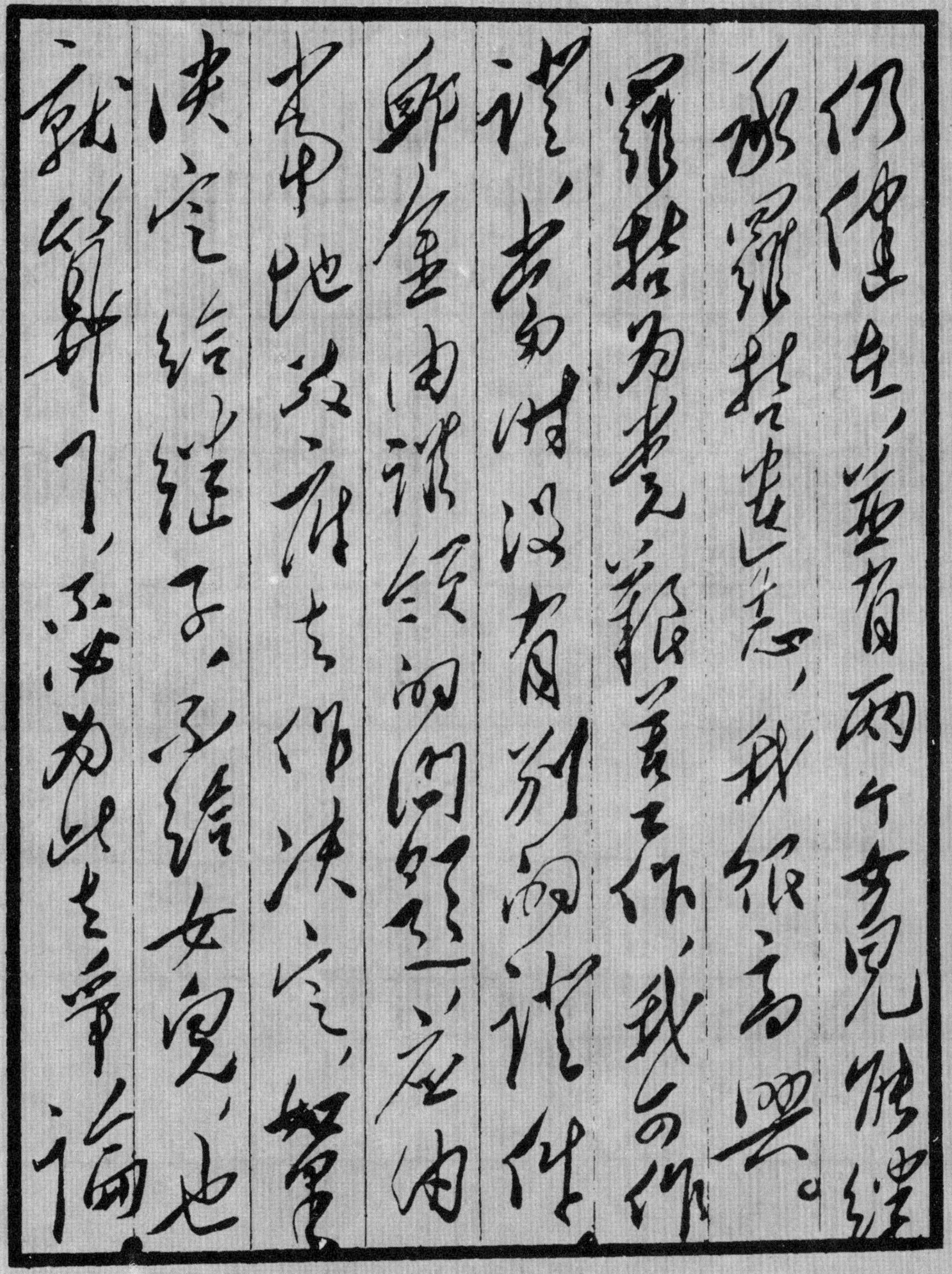

仍健在，并有两个女儿能继承罗哲遗志，我很高兴。罗哲为党艰苦工作，我可作证，当时没有别的证件。恤金由谁领的问题，应由当地政府去作决定。如果决定给继子，不给女儿，也就算了，不必为此去争论

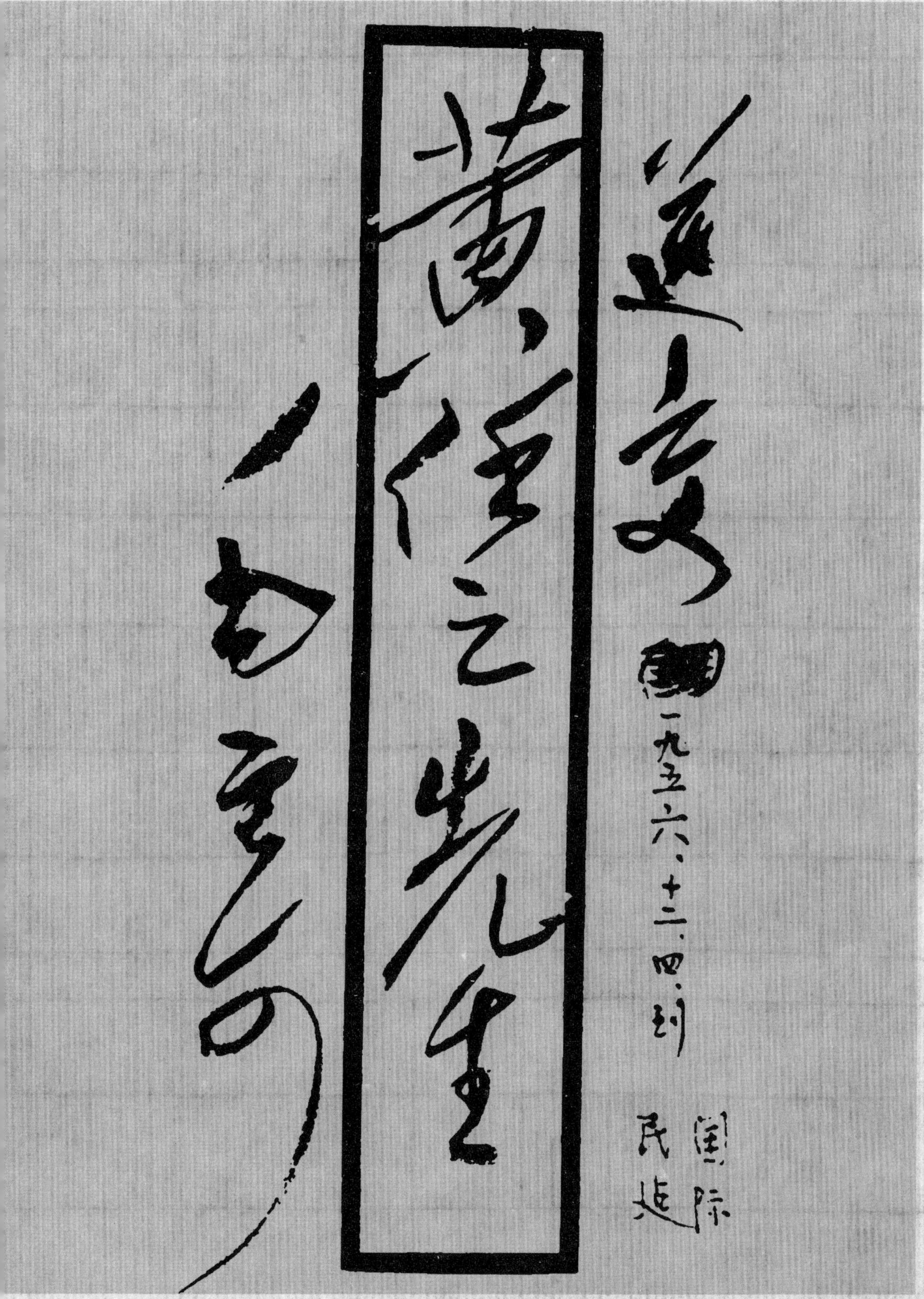

送交

黄任之先生

毛寄

一九五六、十二、四、到

国际 民运

毛澤東手書真迹

第四时期·书信

第四时期·书信

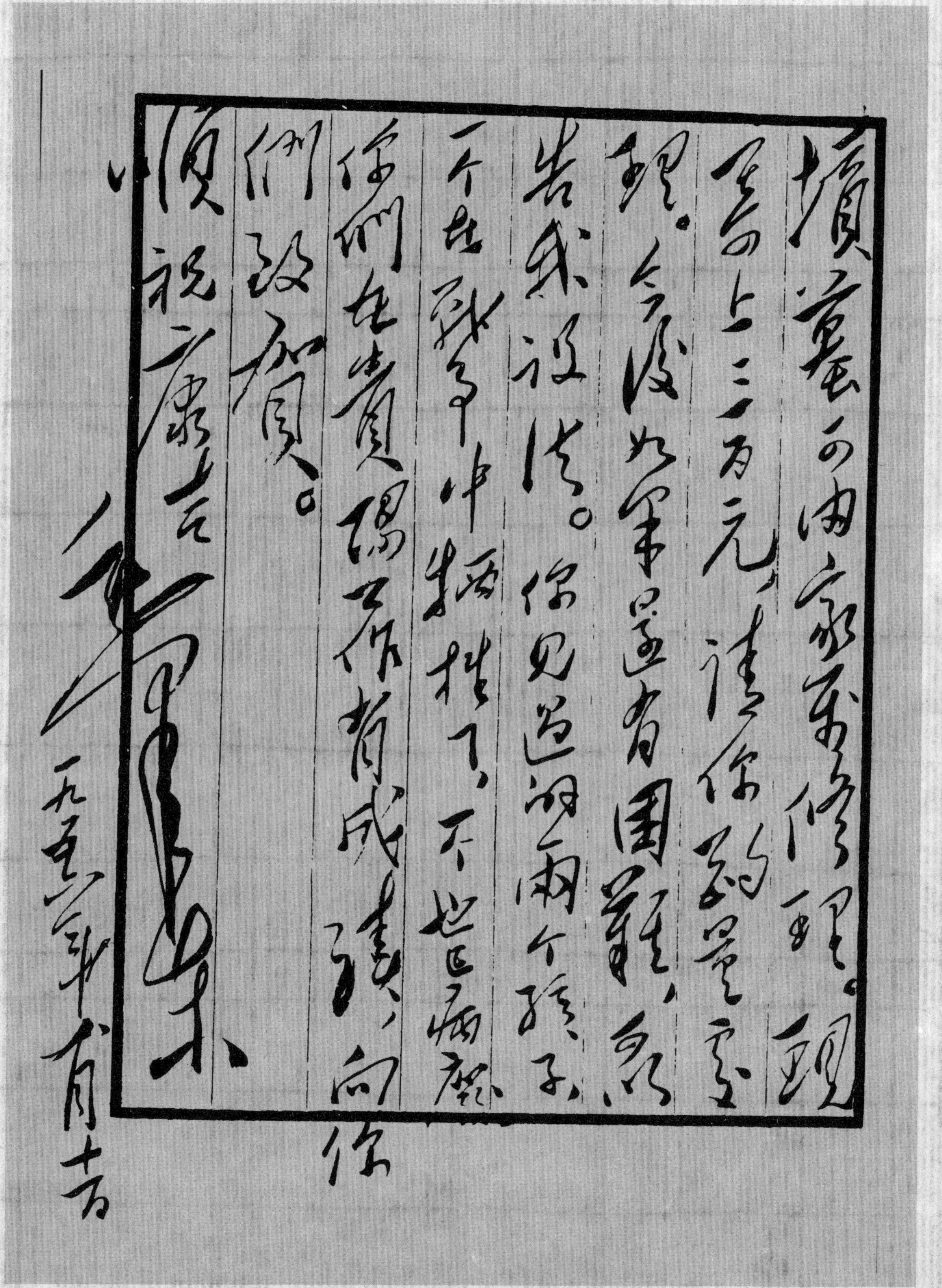

墳墓已由家鄉修理，現
寄上三万元，請你酌量處
理。今後如軍屬遇有困難，盼
告我設法。你見過的兩個孩子，
一在戰爭中犧牲了，一在病廢。
你們在貴縣工作有成績，向你
們致賀。
順祝康吉
毛澤東
一九五〇年十一月十[illegible]

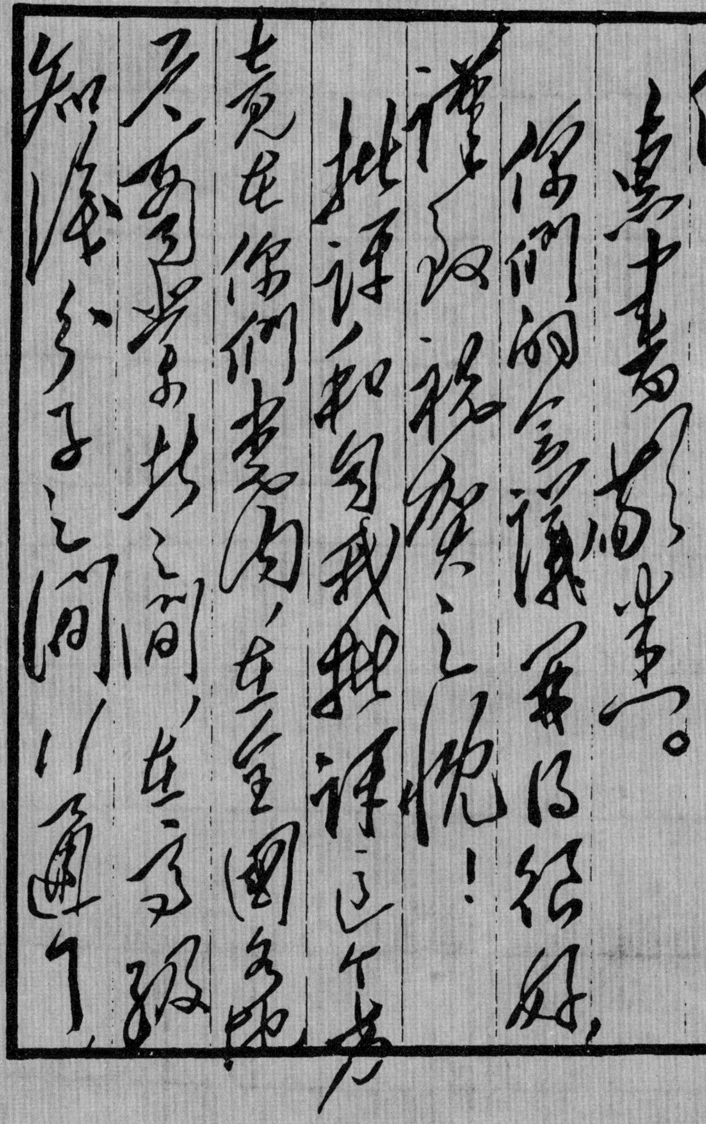

任之先生：

惠书敬悉。你们的会议开得很好，谨致祝贺之忱！批评和自我批评这个方法竟在你们党内，在全国各地工商业者之间，在高级知识分子之间，行通了，

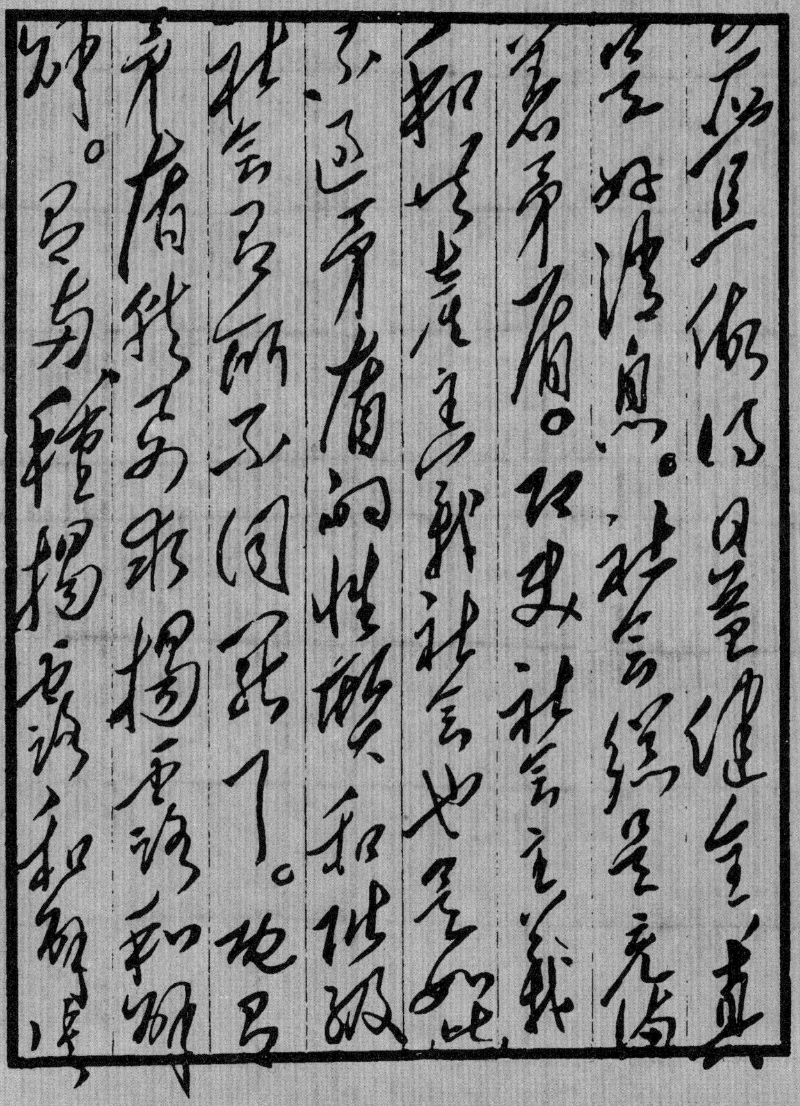

并且做得日益健全，真是好消息。社会总是充满着矛盾。即使社会主义和共产主义社会也是如此，不过矛盾的性质和阶级社会有所不同罢了。既有矛盾就要揭露和解决。有两种揭露和解决的方

第四时期・书信

第四时期·书信

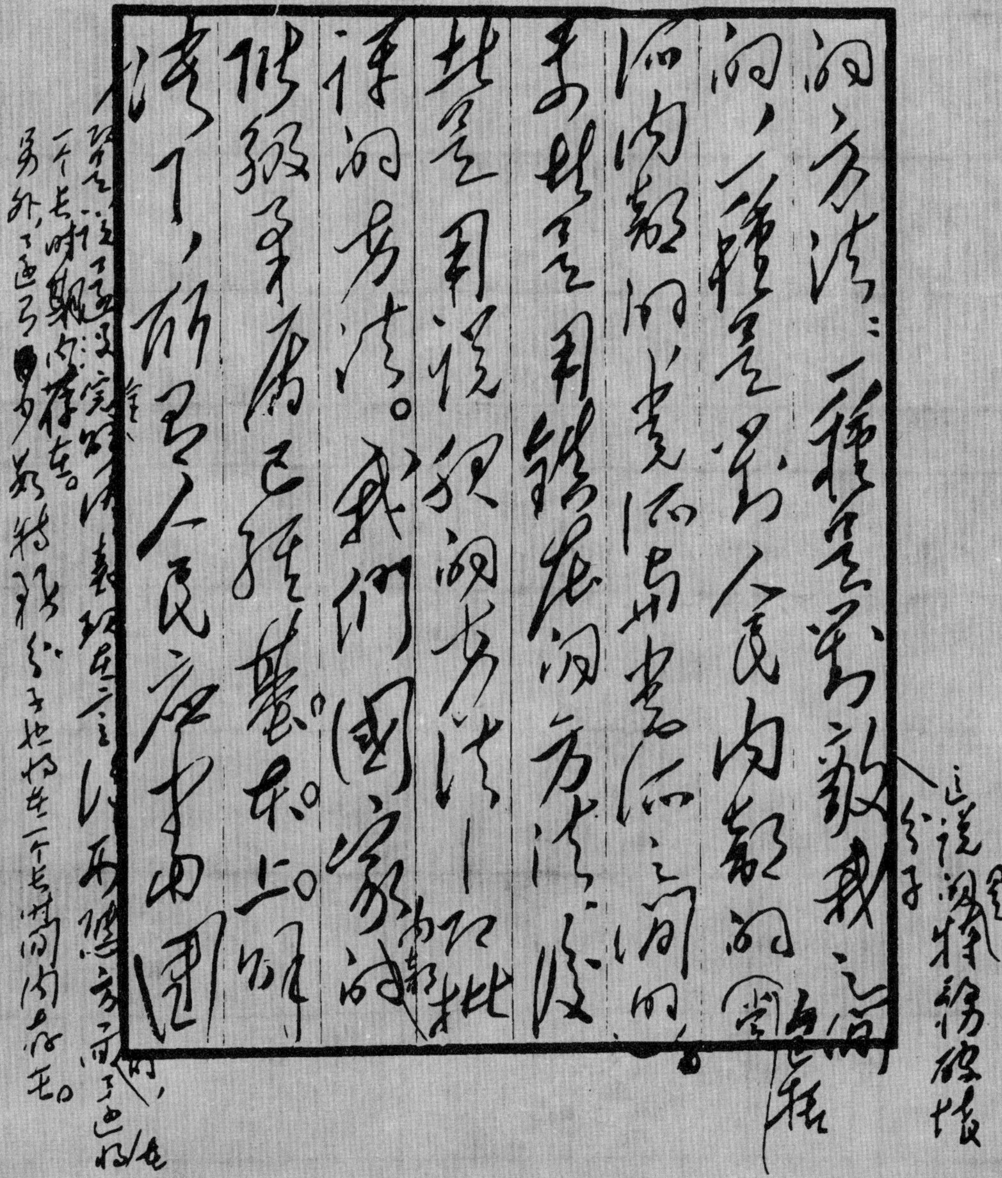

的方法：一种是对敌我之间的（这是说对特务破坏分子），一种是对人民内部的，团结的内部的，党内的，党外的。前者是用镇压的方法，后者是用说服的方法，即批评的方法。我们的国家内部阶级矛盾已经基本上解决了，所以人民内部团

另外还有一部分特务分子也将在一个长时期内存在。

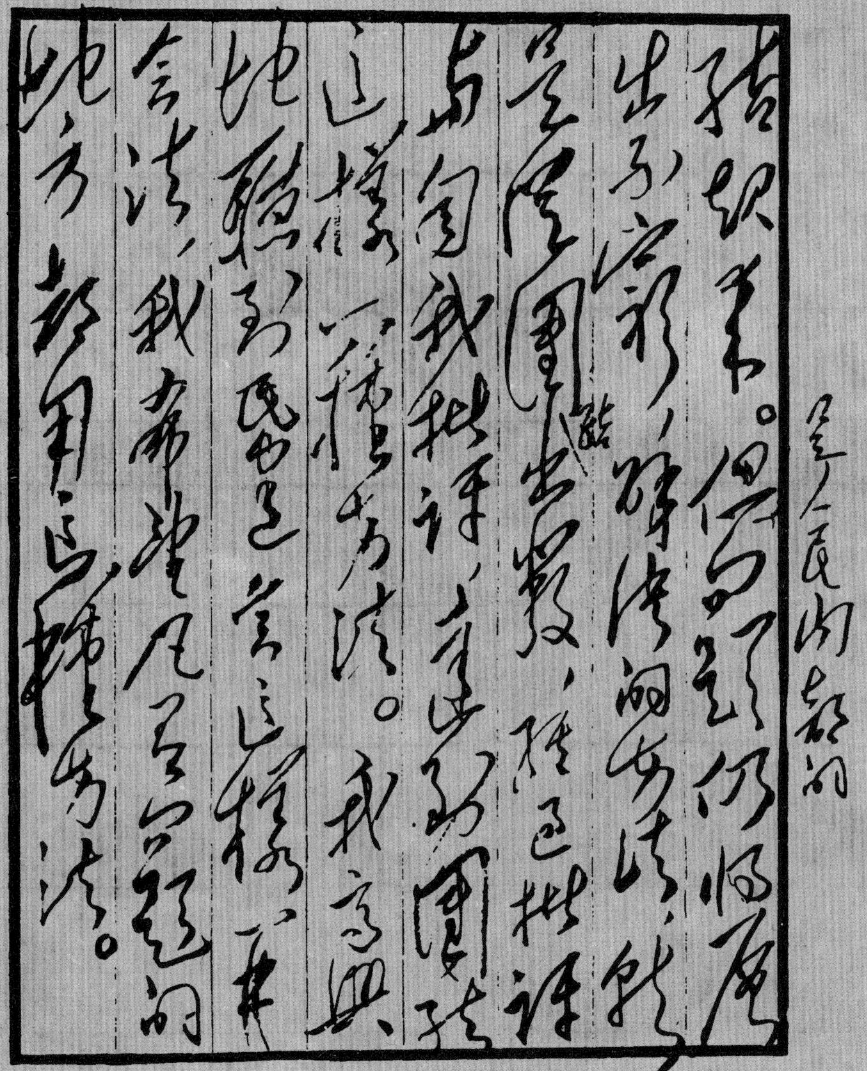

结是基本的。但是仍有属于人民内部的些不安定，解决的方法，就是从团结出发，经过批评或自我批评，达到团结，这样一种方法。我高兴地听到[illegible]这样一种会谈，我希望凡是有问题的地方都采用这样的方法。

致黄炎培

一九五六年十二月四日

任之先生：

惠书敬悉。

你们的会议开得很好，谨致祝贺之忱！

批评和自我批评这个方〔法〕竟在你们党内，在全国各地工商业者之间，在高级知识分子之间行通了，并且做得日益健全，真是好消息。社会总是充满着矛盾。即使社会主义和共产主义社会也是如此，不过矛盾的性质和阶级社会有所不同罢了。既有矛盾就要求揭露和解〔决〕。有两种揭露和解决的方法：一种是对敌（这说的是特务破坏分子）我之间的，一种是对人民内部的（包括党派内部的，党派与党派之间的）。前者是用镇压的方法，后者是用说服的方法——即批评的方法。我们国家内部的阶级矛盾已经基本上解决了（即是说还没完全解决，表现在意识形态方面的，还将在一个长时期内存在。另外，还有少数特务分子也将在一个长时间内存在）所有人民应当团结起来。但是人民内部的问题仍将层出不穷，解决的方法，就是从团结出发，经过批评与自我批评，达到团结这样一种方法。我高兴地听到民建会这样开会法，我希望凡有问题的地方都用这种方法。

国际间麻烦问题不少，但是总有办法解决的。我是乐观主义者，我想先生也会是这样的。

顺致

敬意！

毛泽东

一九五六年十二月四日

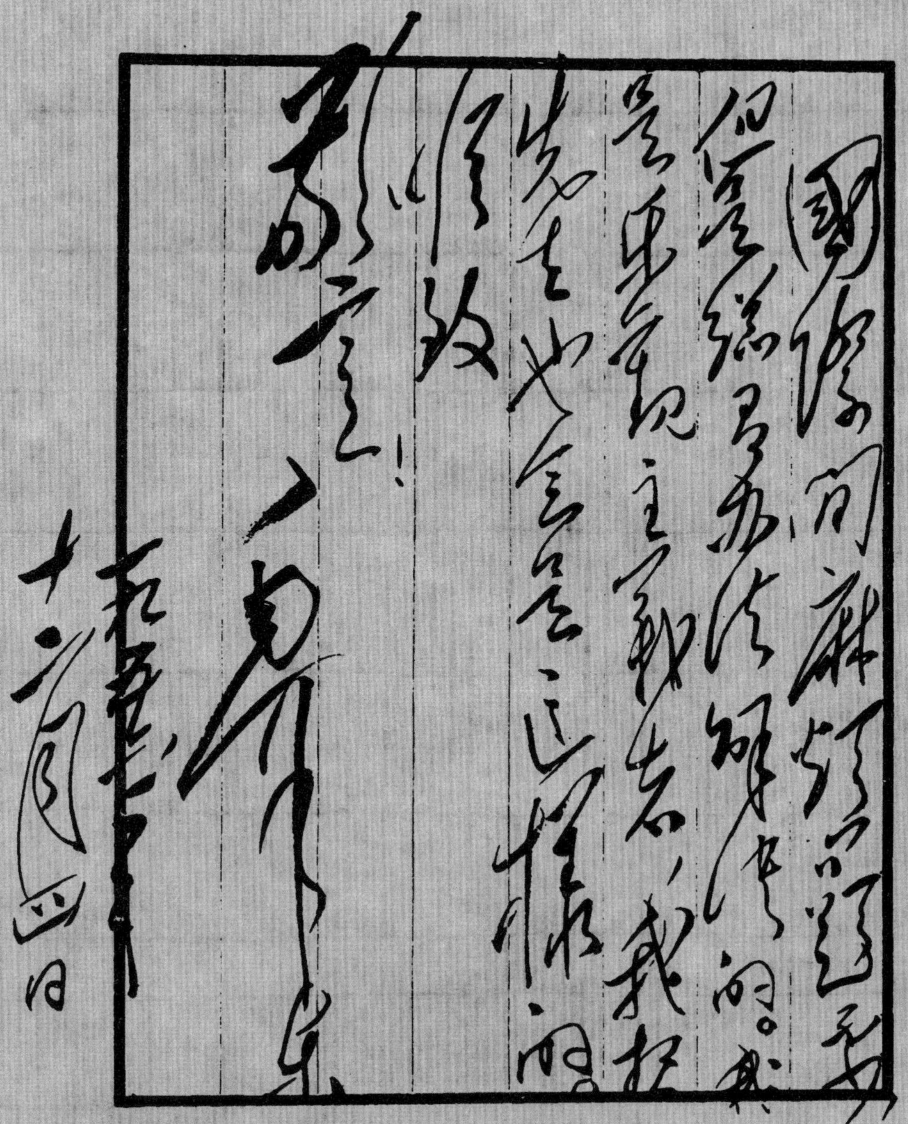
国际间麻烦问题不少，但是总有办法解决的。我是乐观主义者，我想先生也会是这样的。
顺致
敬意！
毛泽东
十二月四日

致周恩来等

一九五七年三月十七日

恩来、陈云、彭真、定一同志：

大学、中学都要求加强思想、政治领导和改进思想、政治教育，要削减课程，要恢复中学方面的政治课，取消宪治课，要编新的思想、政治课本，要下决心从党政两系统抽调几批得力而又适宜于做学校工作的干部去大、中学校工作，要赋予高等教育部和教育部以领导思想政治工作的任务。以上各点，请中央讨论一次，并作出决定。我已到天津。

毛泽东

一九五七年三月十七日

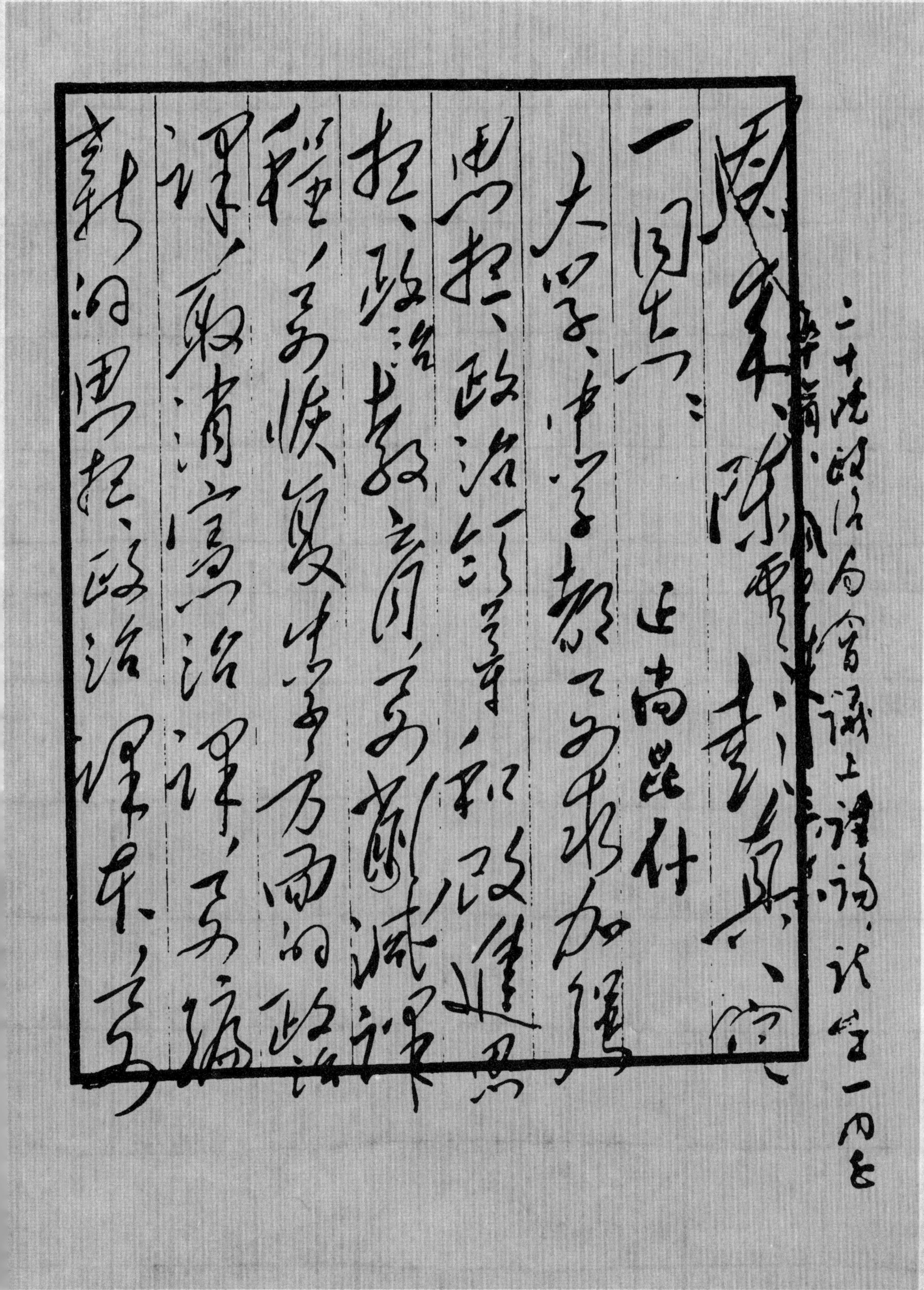

第四时期・书信

第四时期·书信

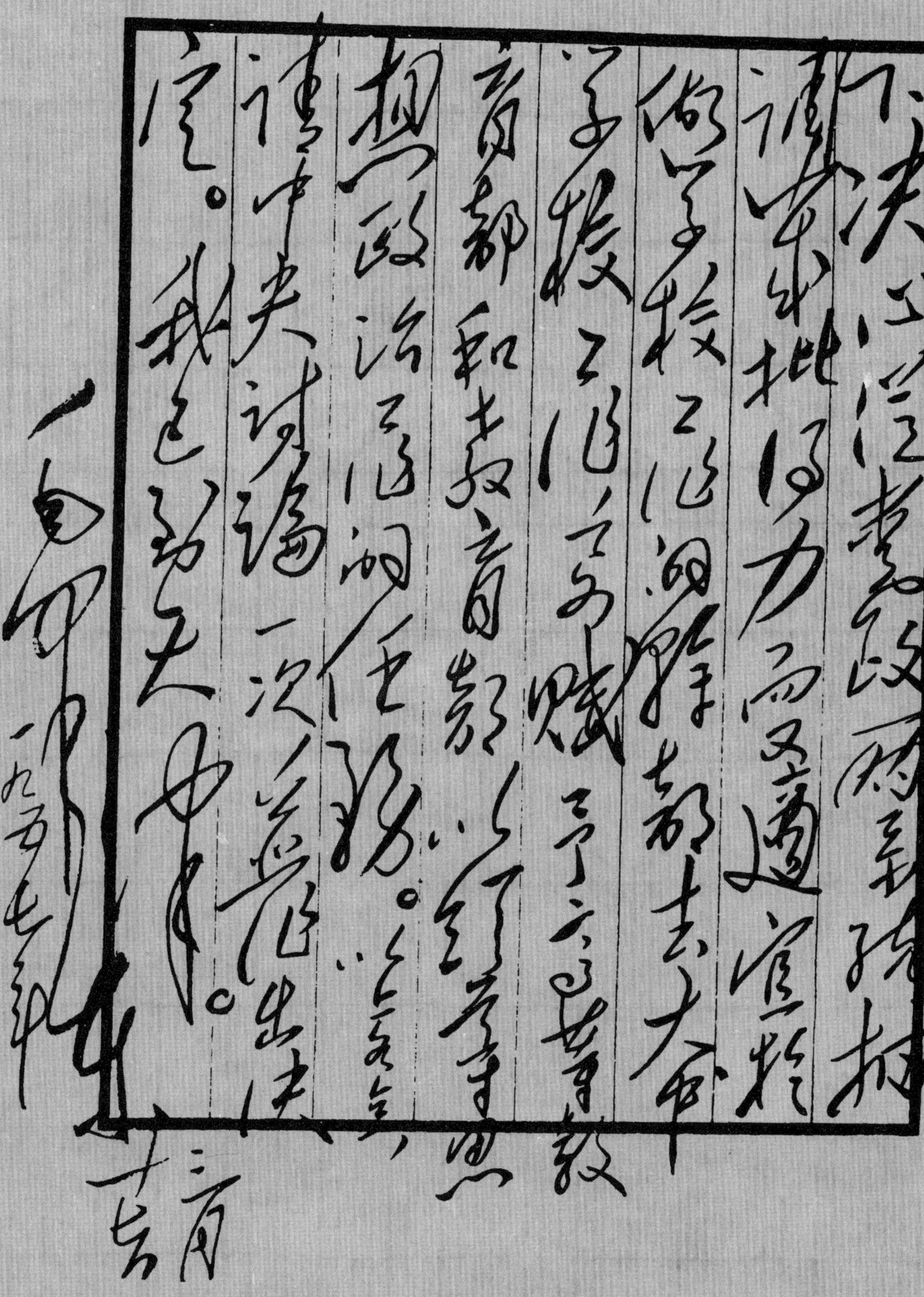

致张治中

一九五八年五月二十二日

文伯先生：

五月三日的信早已收到。原封不动，直到今天，打开一看，一口气读完了《六十岁总结》，感到高兴。我的高兴，不是在你的世界观方面。在这方面，我们是有距离的。高兴是在作品的气氛方面，是在使人能看到作者的心的若干点方面，是在你还有向前进取的意愿方面。我猜想，这一年多的时间内，害苦了你，一个老人遇到的这样的大风浪。这种心情，我们理解的。觅暇当约大

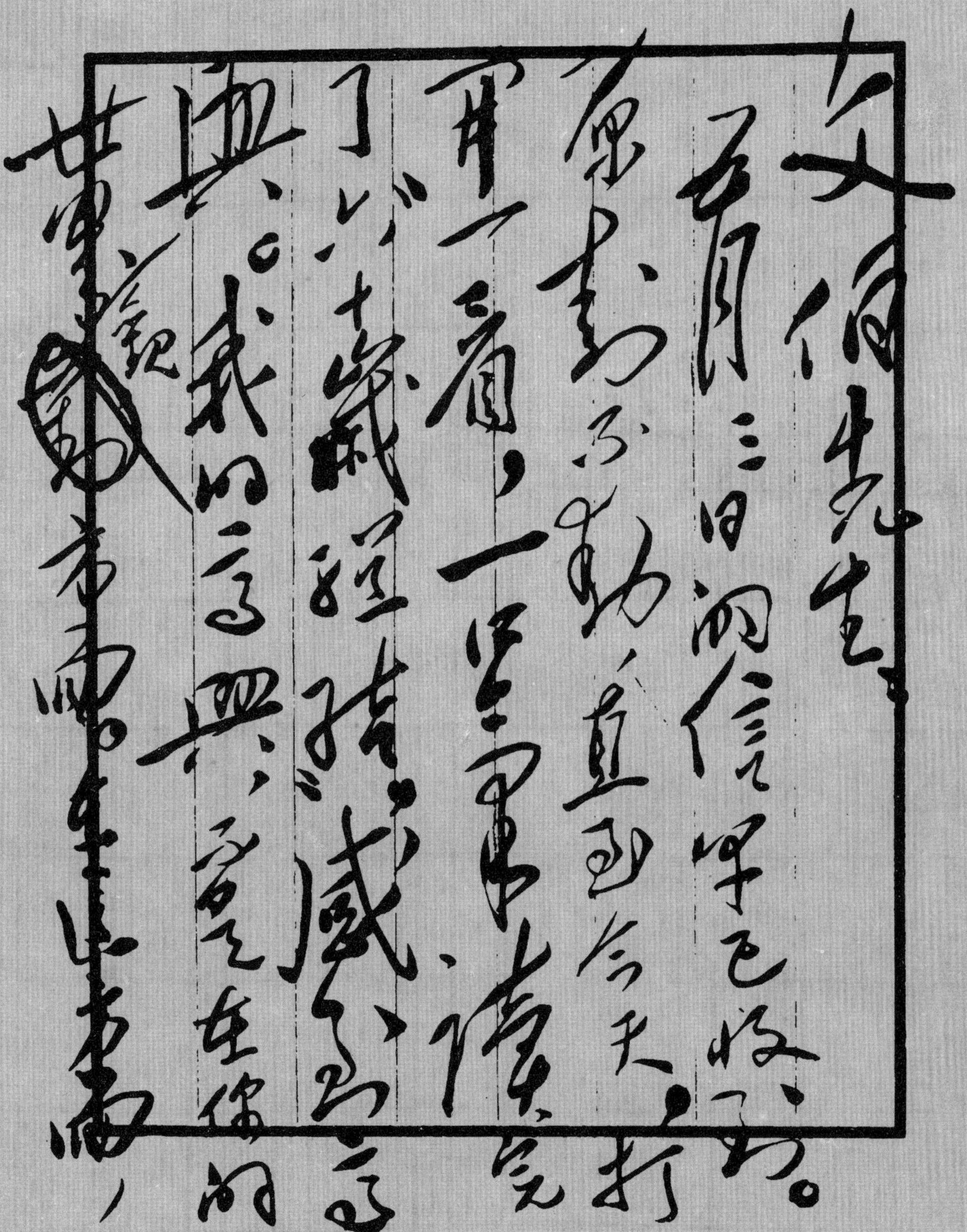

驾一谈。这几天尚不可能。

祝安好！问候你的夫人和孩子们！

毛泽东

五月廿二日上午七时

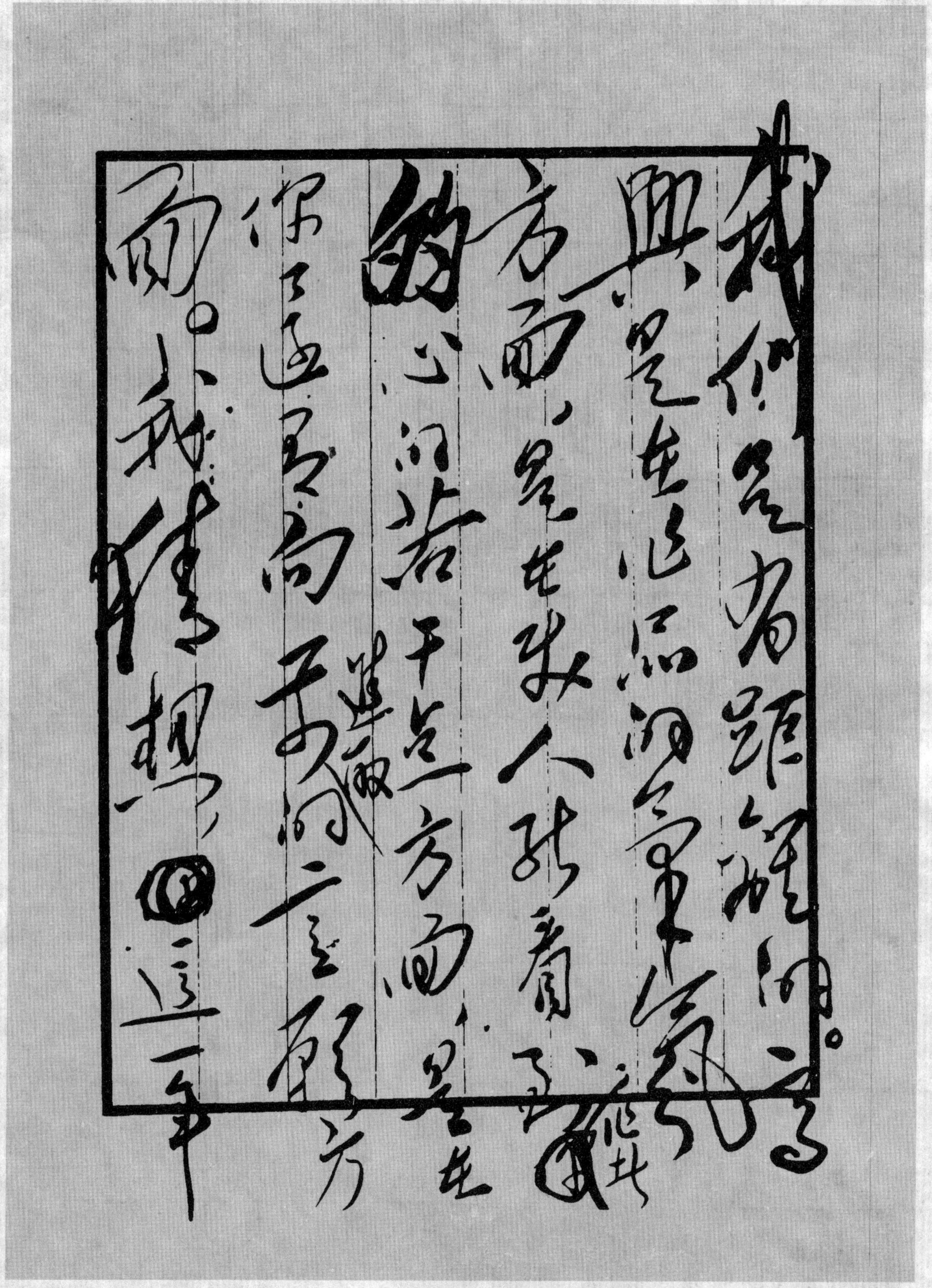

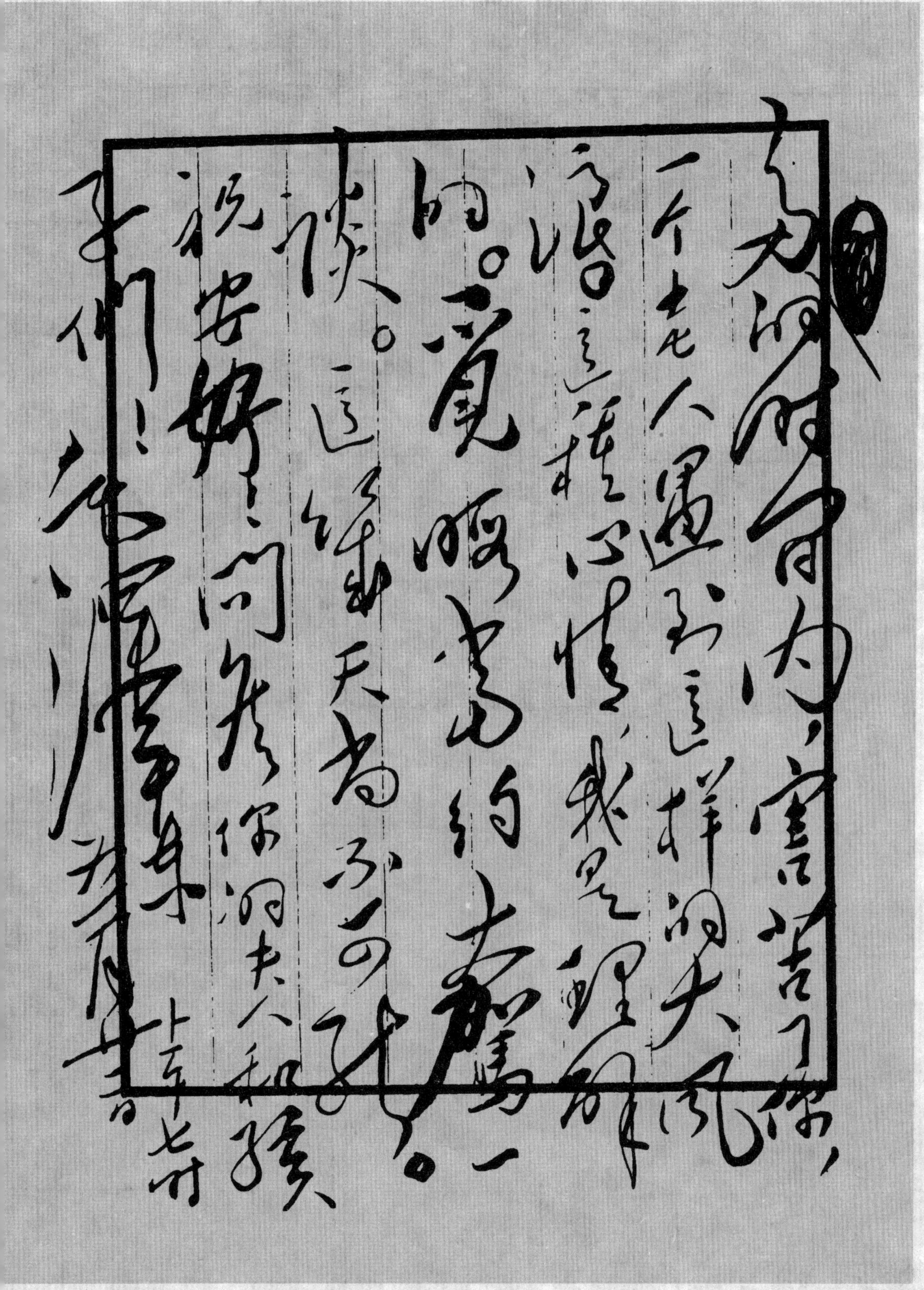

致章士钊

一九五九年六月七日

行严先生：

各书都收，读悉，甚谢！实事求是，用力甚勤，读金著而增感，欲翻然而变计，垂老之年，有此心境，敬为公贺。既有颇多删补，宜为几句说明。即借先生之箸，为之筹策：

《逻辑指要》一书是一九××年旧作。一九五九年，中国共产党的中央政治研究室有编逻辑丛书之举，拙作在征求之列。于是以一个月工夫，躬自校勘一遍。因原稿不在手边，臆核颇为吃力。全稿计削去不合时宜者大约二十分之一，增补者略

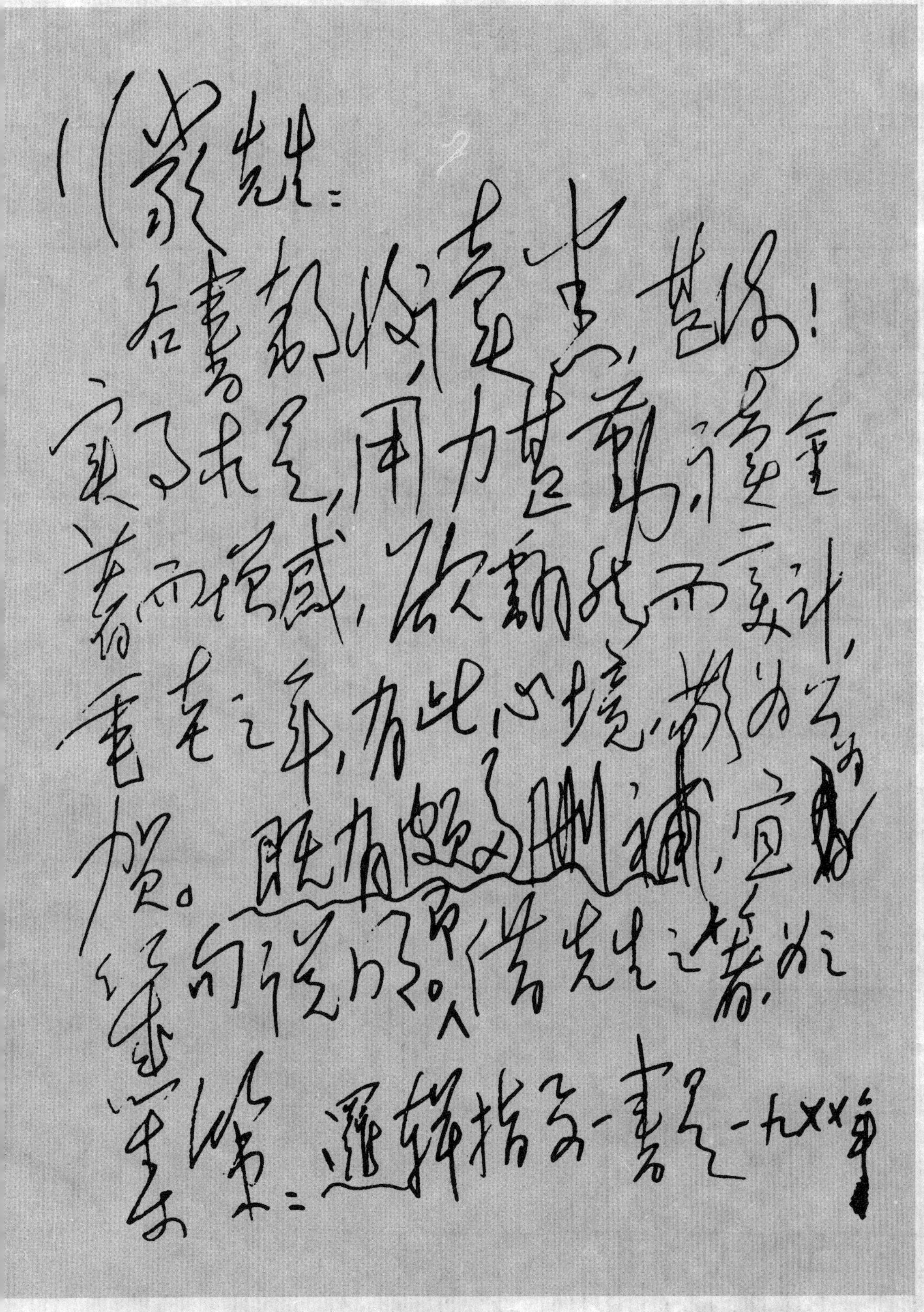

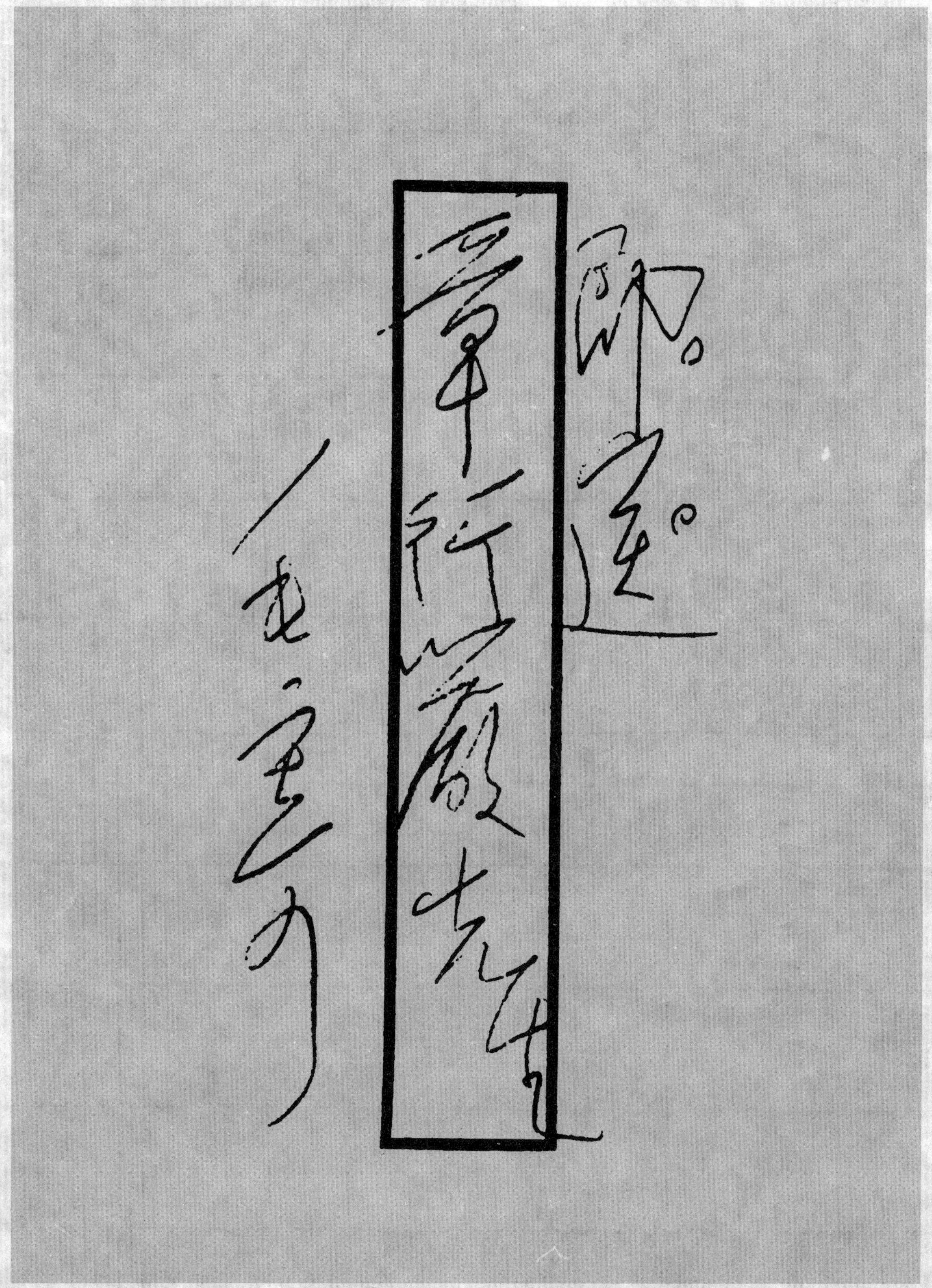

行翁。近年以来，逻辑一学引起了学术界的极大兴趣，于逻辑学的范围及其与唯物辩证法的关系，争论繁兴，甚盛事也。鄙人对此，未能参战，然亦不是没有兴趣的。旧作重印，不敢说对于方今各派争论有裨益，作为参考材料之一，或者竟能引起读者对拙作有所批判，保卫正确论点，指出纰谬地方，导致真理之日益明白，则不胜馨香祷祝之至！

一九五九年，六月×日
章士钊

这样一来，我看有很大好处，尊意以为如何？先生如果不高兴这样办，我的建议作罢。

我害了一个月感冒，前疏未复，方以为歉，忽得六日信，极为高兴，倚枕奉复，敬颂
教安。

毛泽东
一九五九年六月七日上午八时

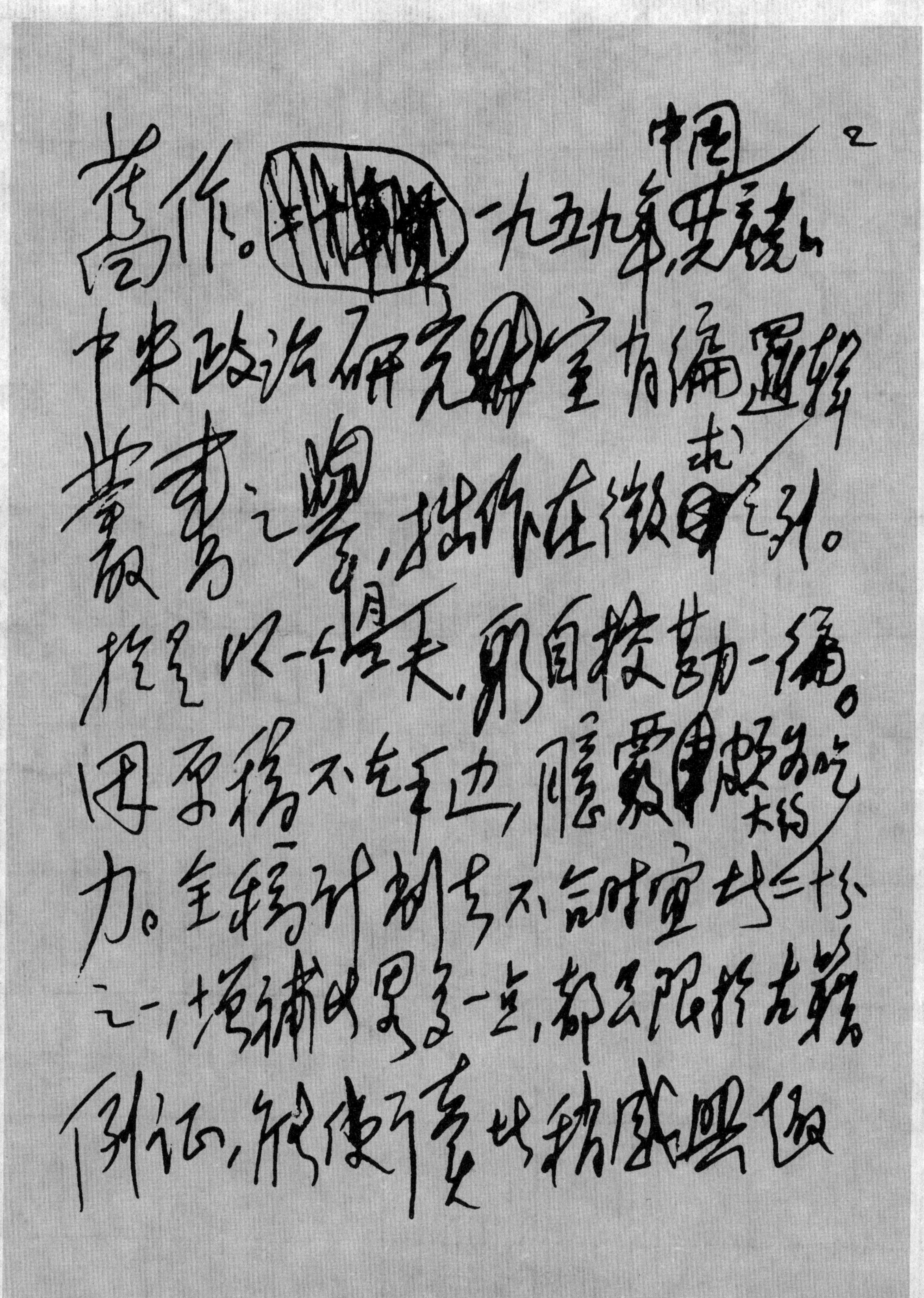

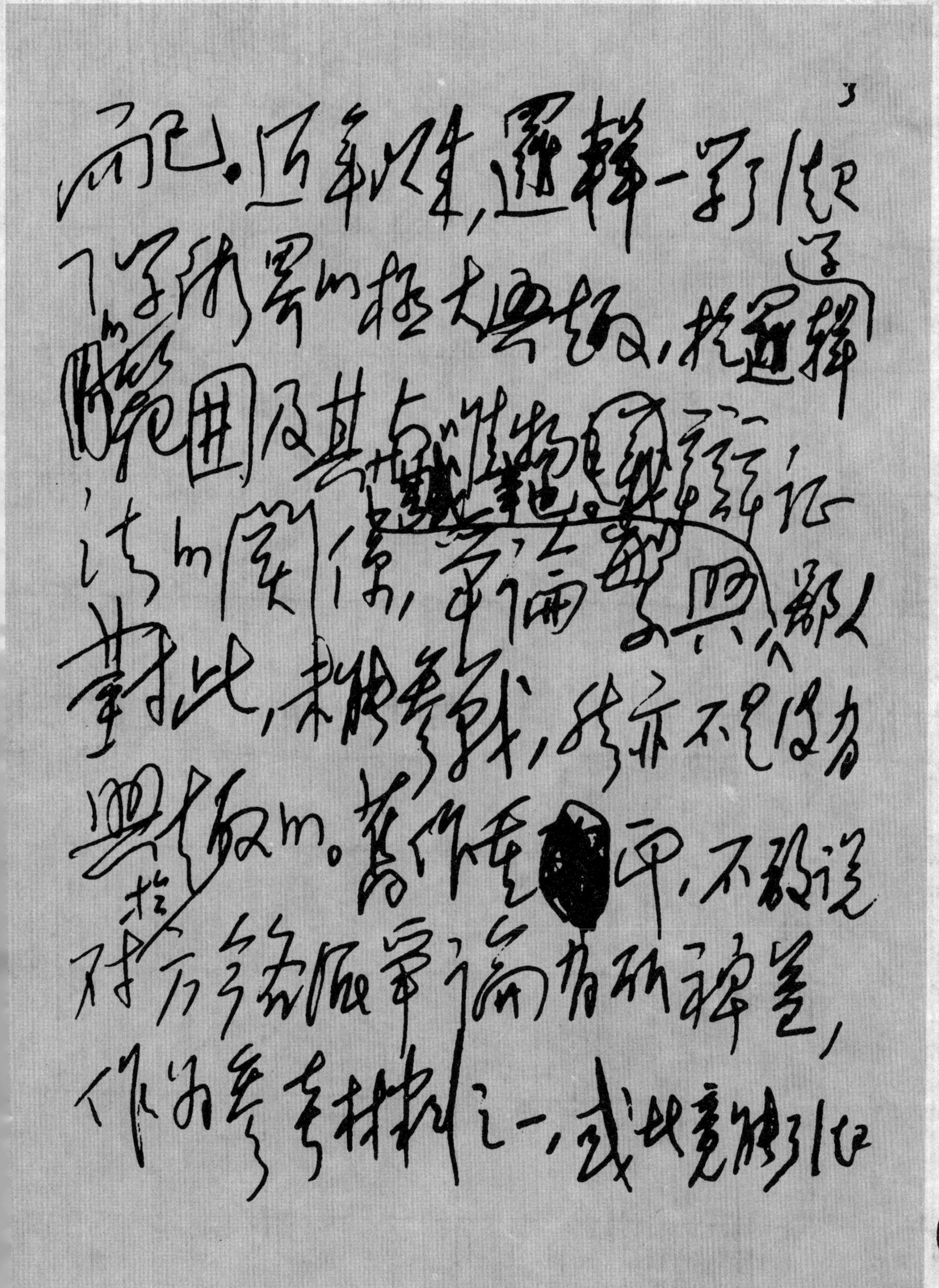

大作 ~~中国~~ 一九五九年要送中央政治研究室有编逻辑丛书之举，拙作在徵集之列。因系稿本多年边随意更改吃力。全稿计划写不少于三十余万字，增补内容多一点，都不限于古籍例证，能使读者稍感兴趣而已。近年以来，逻辑一学引起了学术界的极大兴趣，于逻辑学的范围及其与唯物辩证法的关系，争论繁兴，甚盛事也。鄙人对此，未能参战，然亦不是没有兴趣的。旧作重印，不敢说对于方今各派争论有裨益，作为参考材料之一，或者竟能引起

我害了一个月感冒，前書未覆，方以為歉。忽得來信，極為高興，信挽章度，敬頌教安

毛澤東

1959年6月7日上午八时。

第四时期·书信

保衛工[redacted]，指出此譯本也有

所批評，導致真理

讀者之日益明白，則不勝

馨香禱祝之至！

一九五九年六月×日

章士釗

這樣一來，我看有很大好處，高見以為如何？先生如果不高興這樣去，我的建議作罷。

致钟学坤

一九五九年十二月二十九日

学坤同志：

信收到了，谢谢你。九派，湘、鄂、赣三省的九条大河。究竟哪九条，其说不一，不必深究。三吴，古称苏州为东吴，常州为中吴，湖州为西吴。我甚好，谢谢你的关心。你的工作和学习如何？尽心工作，业余学习，真正钻进去，学一点真才实学，为人民服务，是为至盼！

毛泽东

十二月廿九日

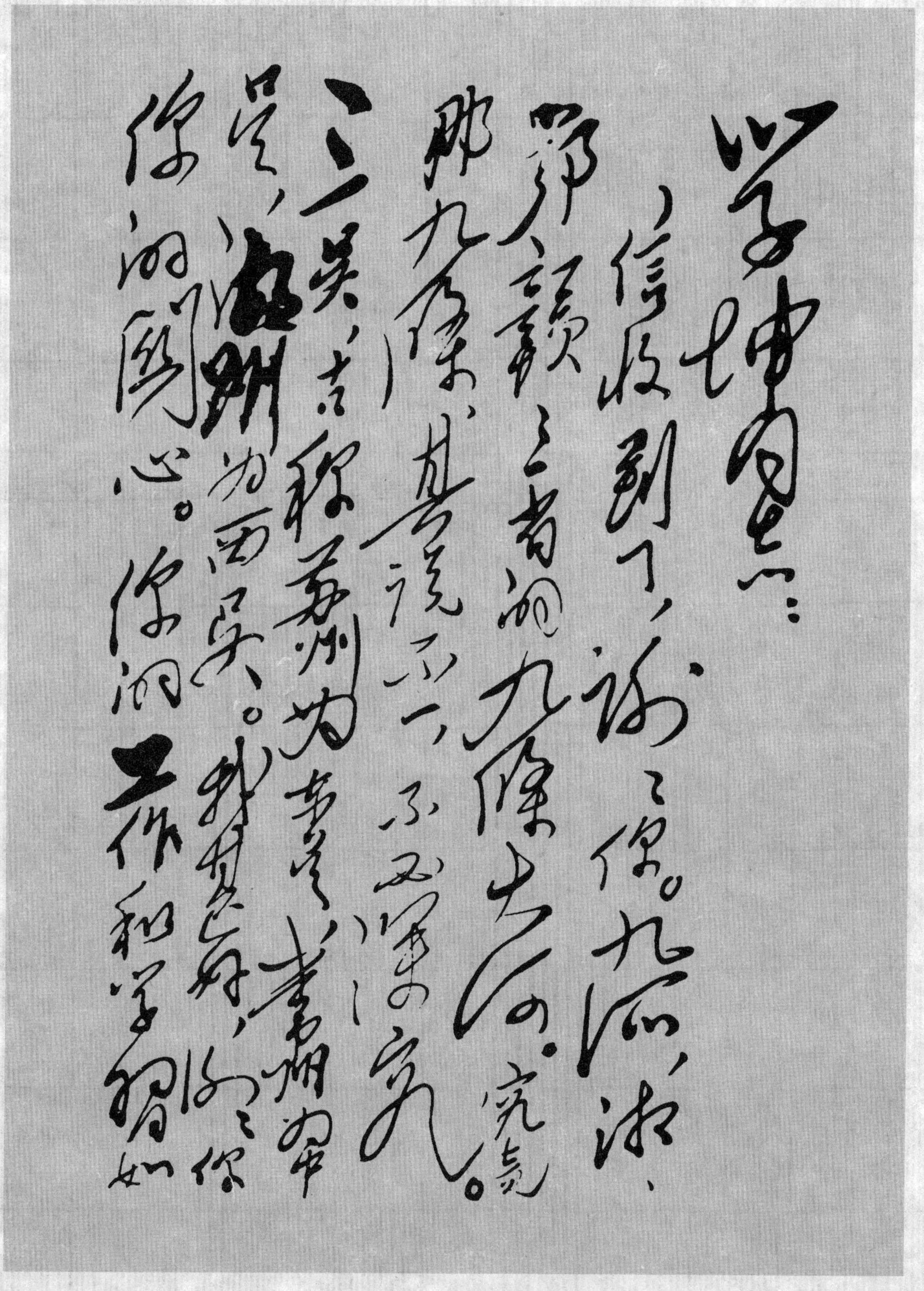

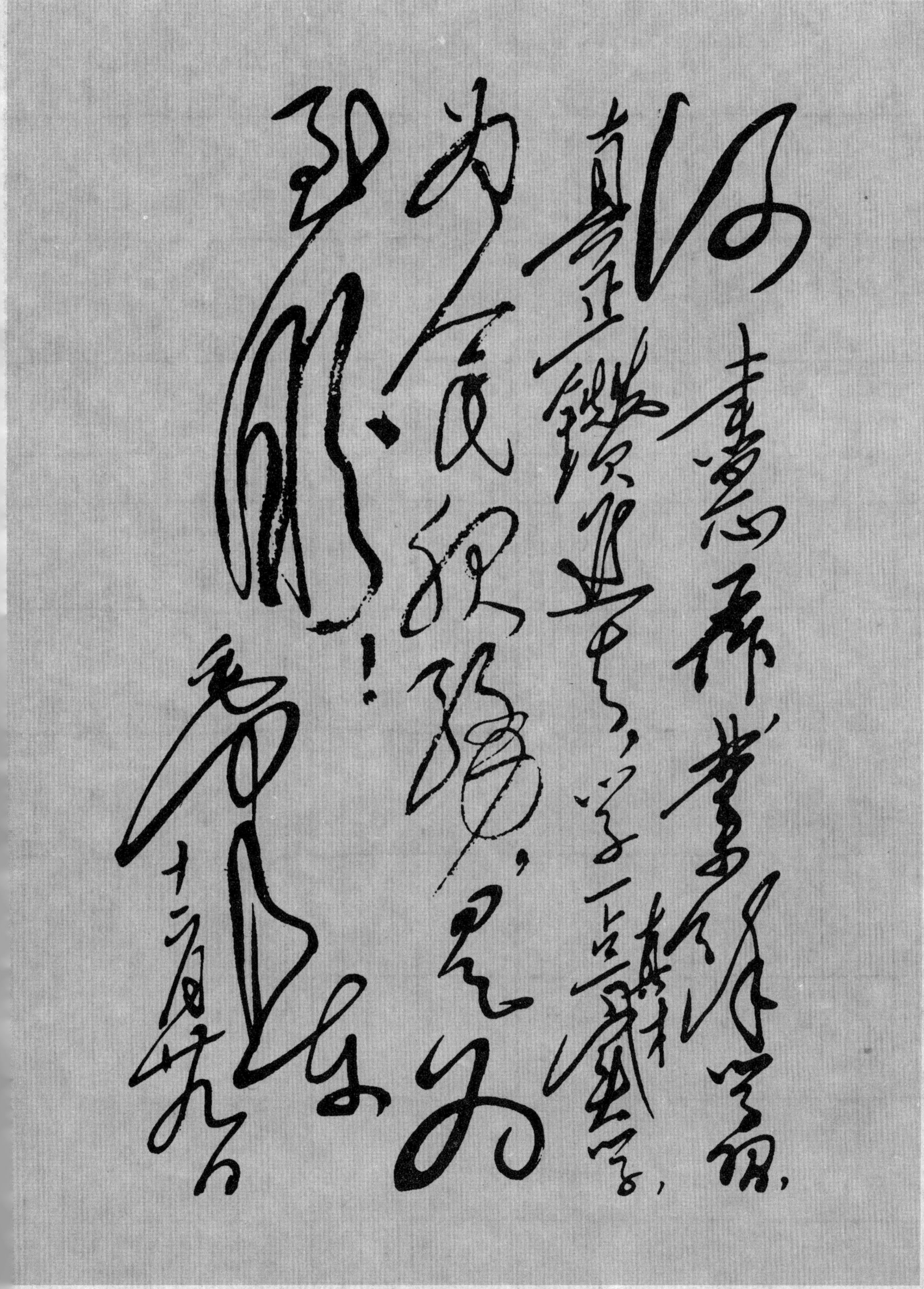

第四时期·书信

致陈云

一九五九年十二月三十日

陈云同志：

信收到。病有起色，十分高兴。我走时，约你一叙，时间再定。心情要愉快，准备持久战，一定会好的。

毛泽东

十二月卅日

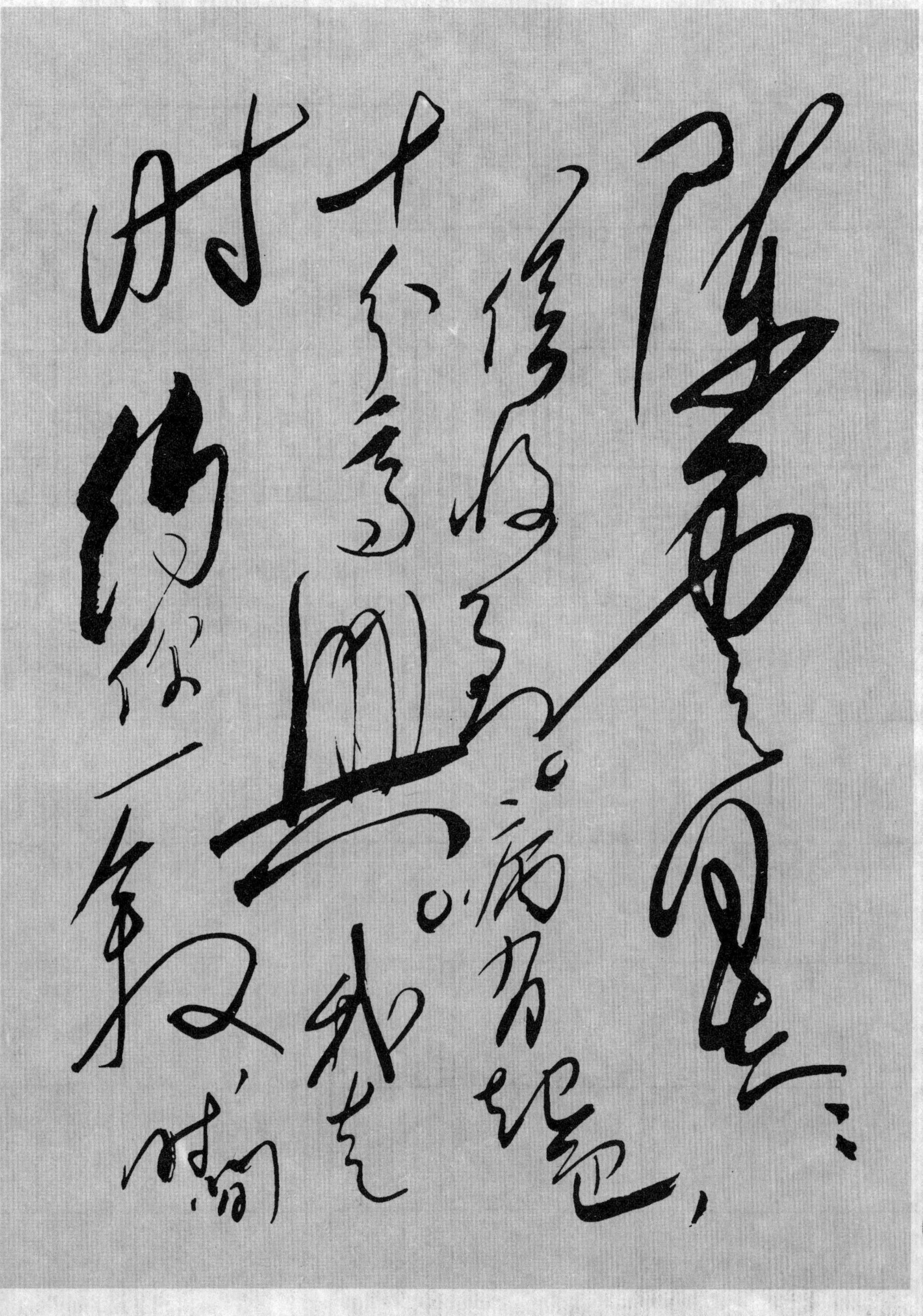

第四时期·书信

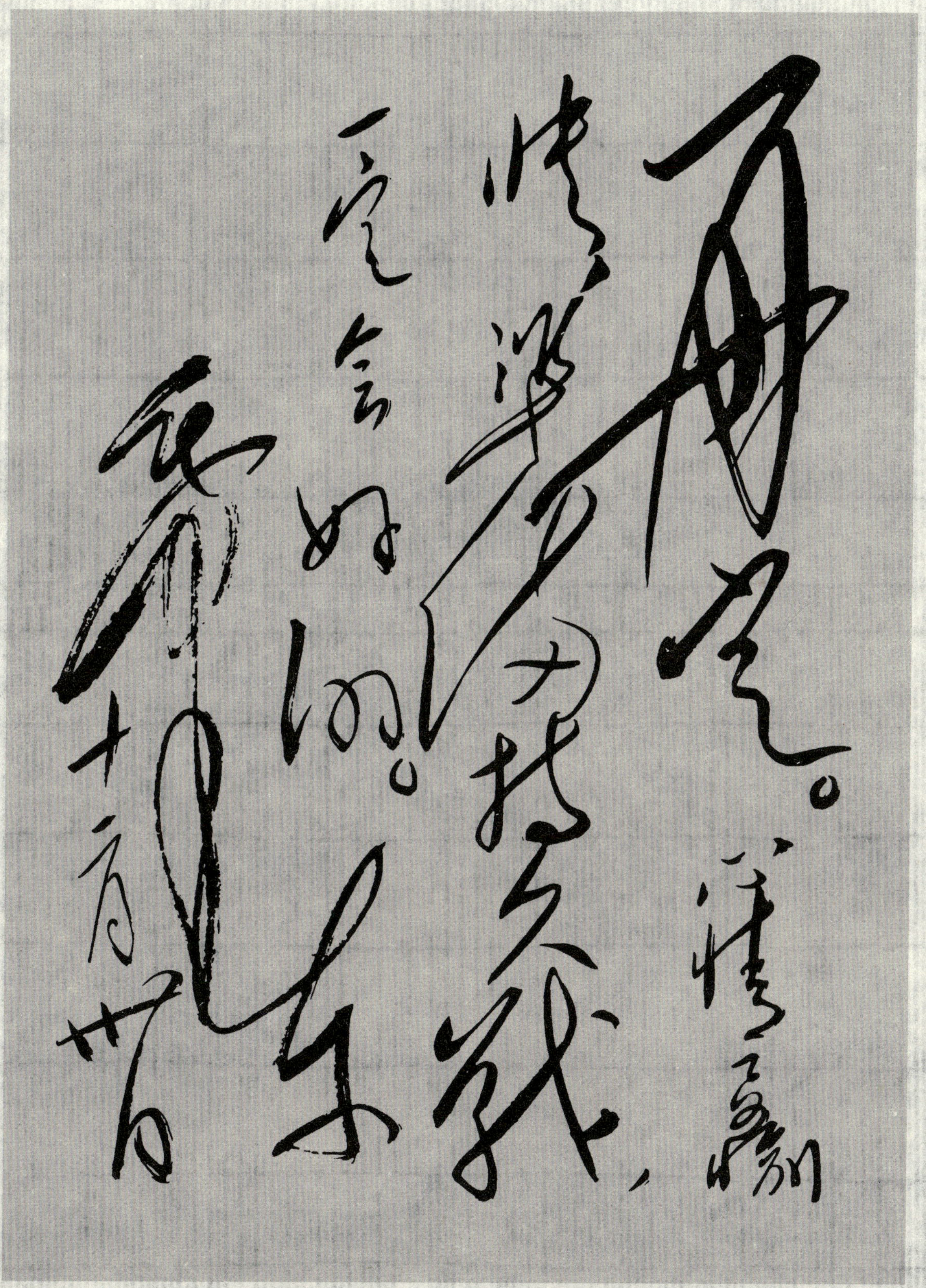

第四时期·书信

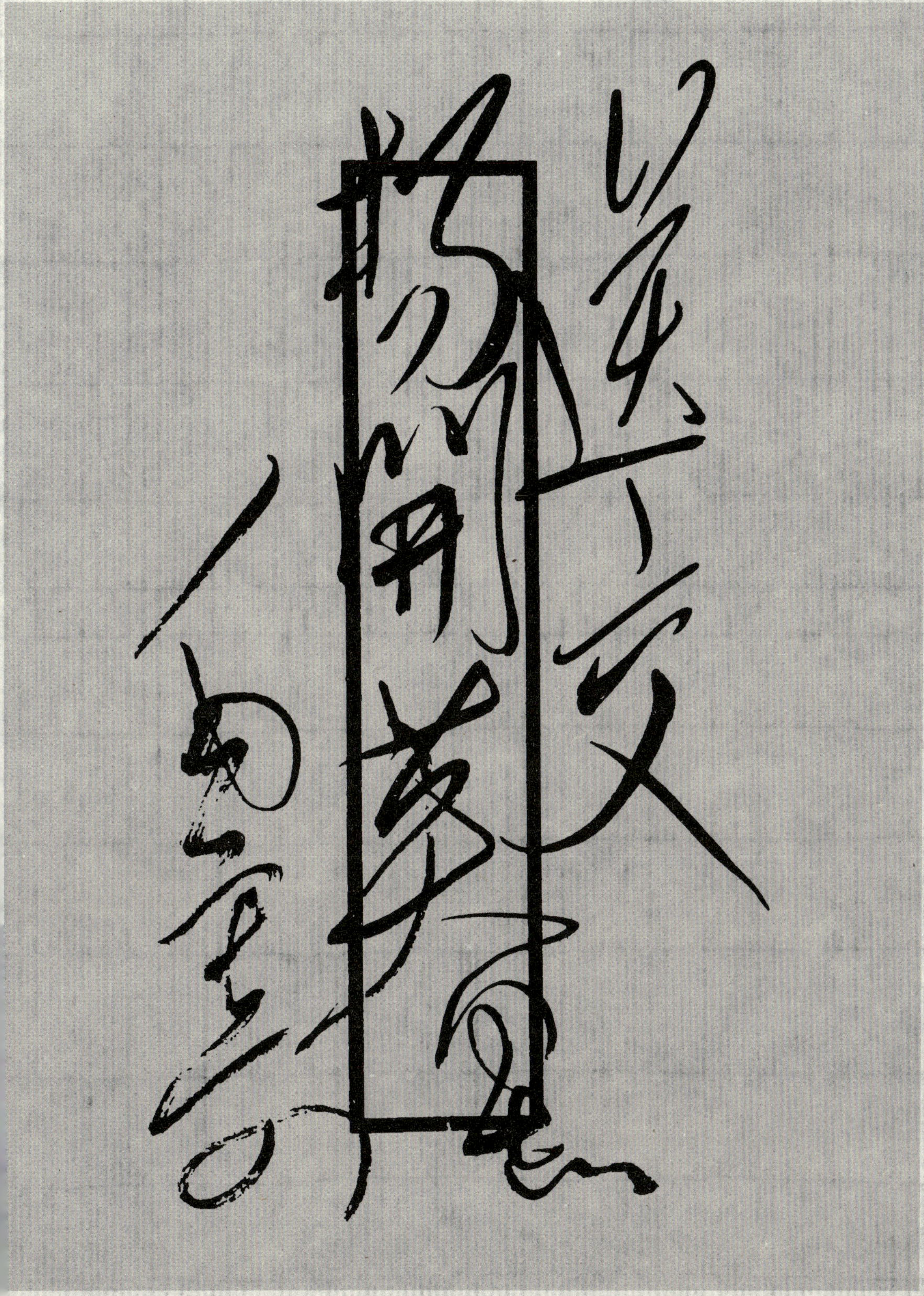

致杨开英

一九六〇年四月二十五日

开英同志：

杨老太太（岸英的外婆）今年九十寿辰，无以为敬，寄上贰百元，烦为转致。或买礼物送去，或直将二百元寄去，由你决定。劳神为谢！顺致问候！

毛泽东

一九六〇年四月廿五日

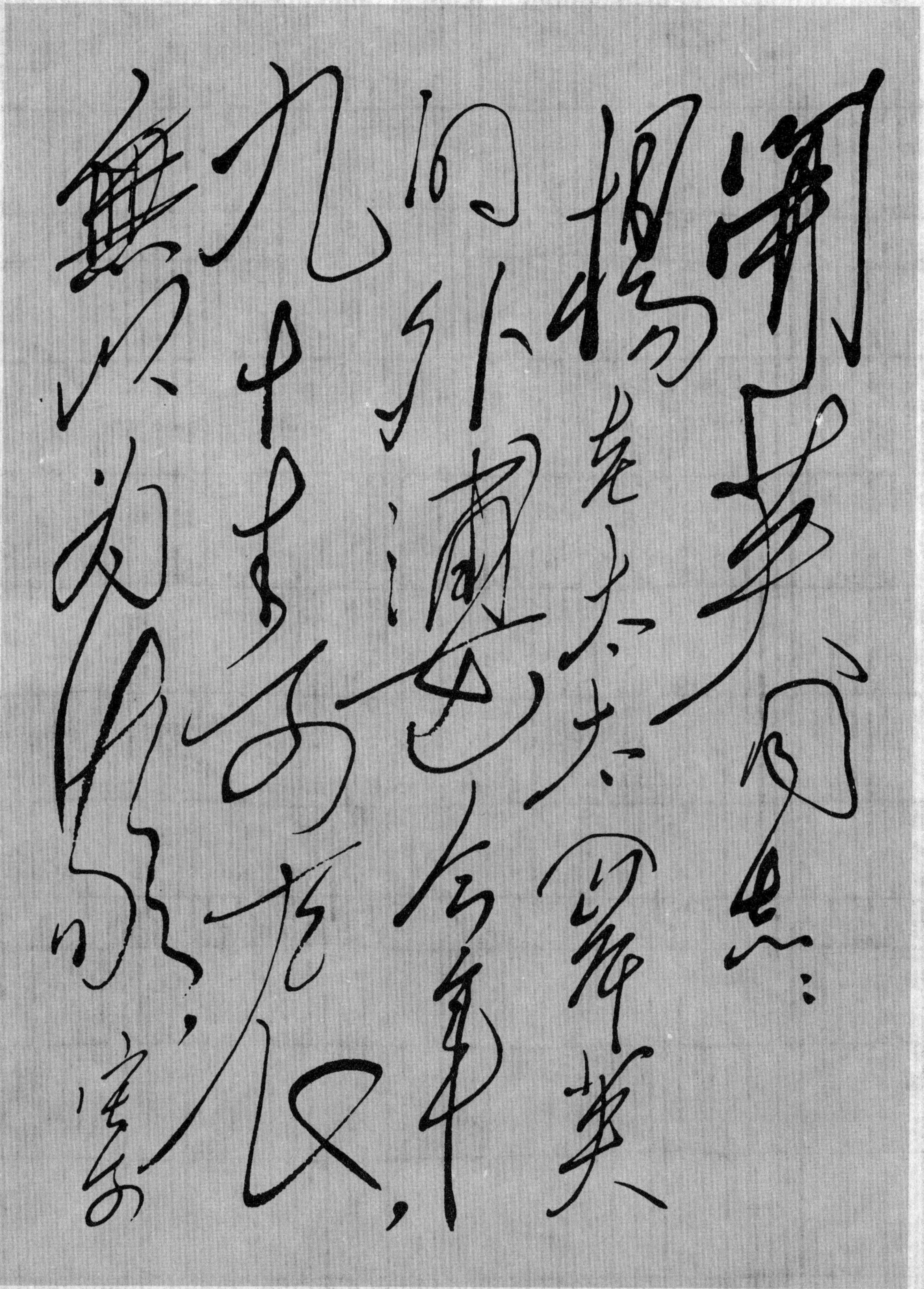

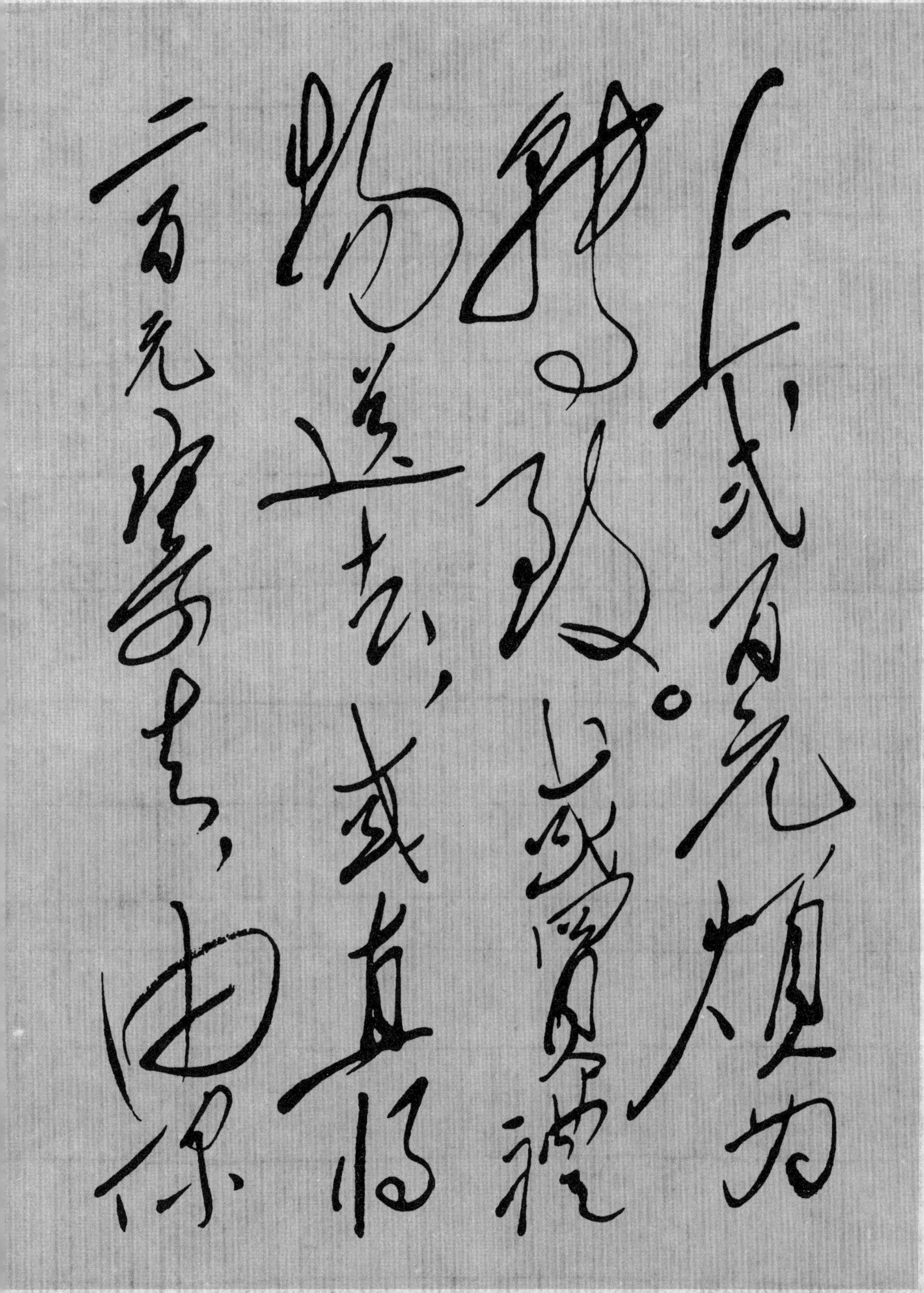

致田士清

一九六〇年九月二日

懋斋学兄：

前后收到两信，极感高谊。『欲东』之志，已与周东园兄筹商，并已致函湖南省委统一战线部，请其酌情处理。专此敬复。

毛泽东

一九六〇年九月二日

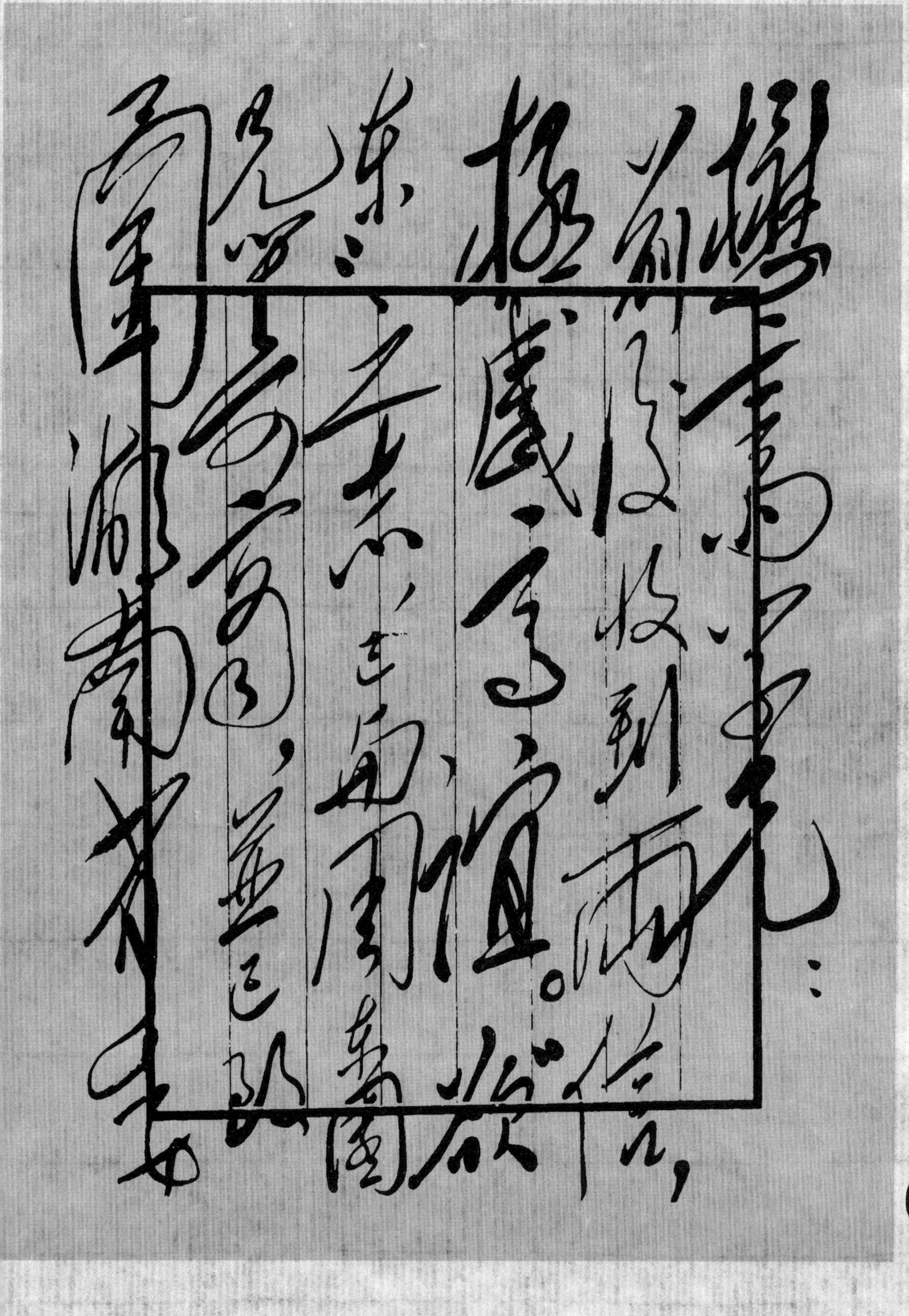

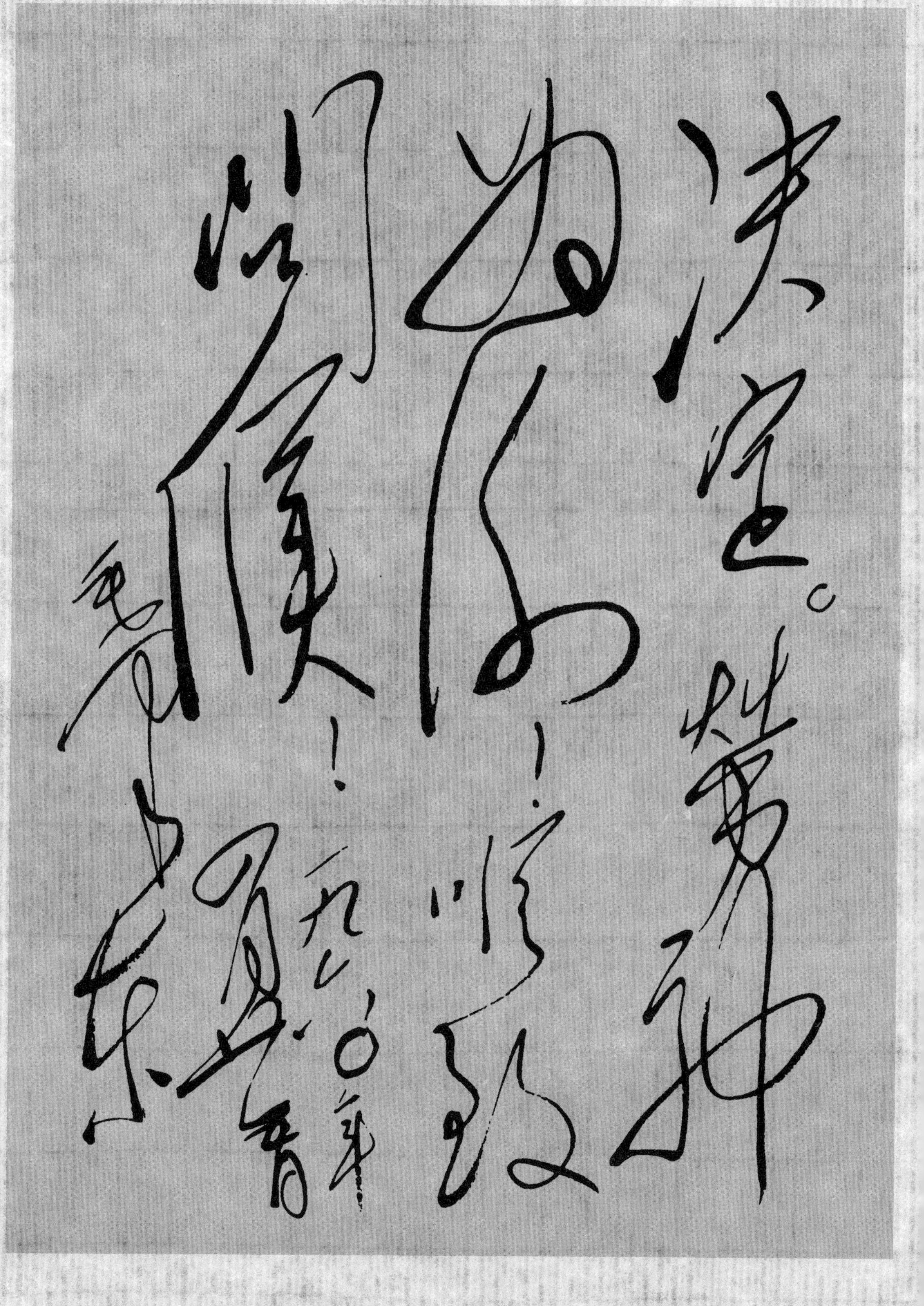

第四时期·书信

第四时期・书信

致林克等

一九六〇年十二月二十六日

林克、高智、子龙、李银桥、王敬先、小封、汪东兴七同志认真一阅。除汪东兴外，你们六人都下去，不去山东，改去信阳专区，那里开始好转，又有救济粮吃，对你身体会要好些。我给你们每人备一份药包，让我的护士长给你讲一次如何用药法。淮河流域气候暖些，比山东好。一月二日去北京训练班上课两星期，使你们有充分的精神准备。请汪东兴同志准备。你们如果饥饿，我给你们送牛羊肉去。

毛泽东

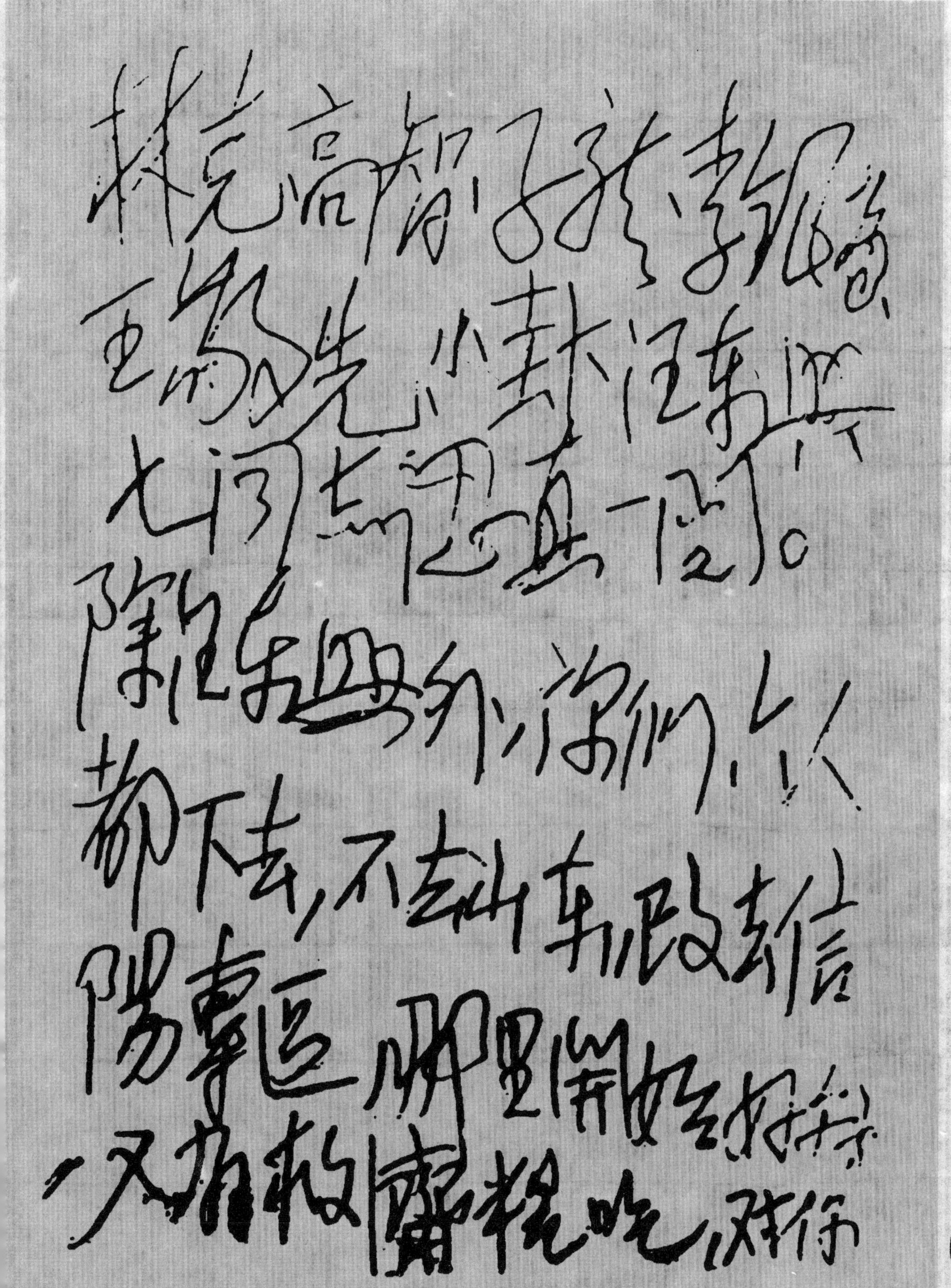

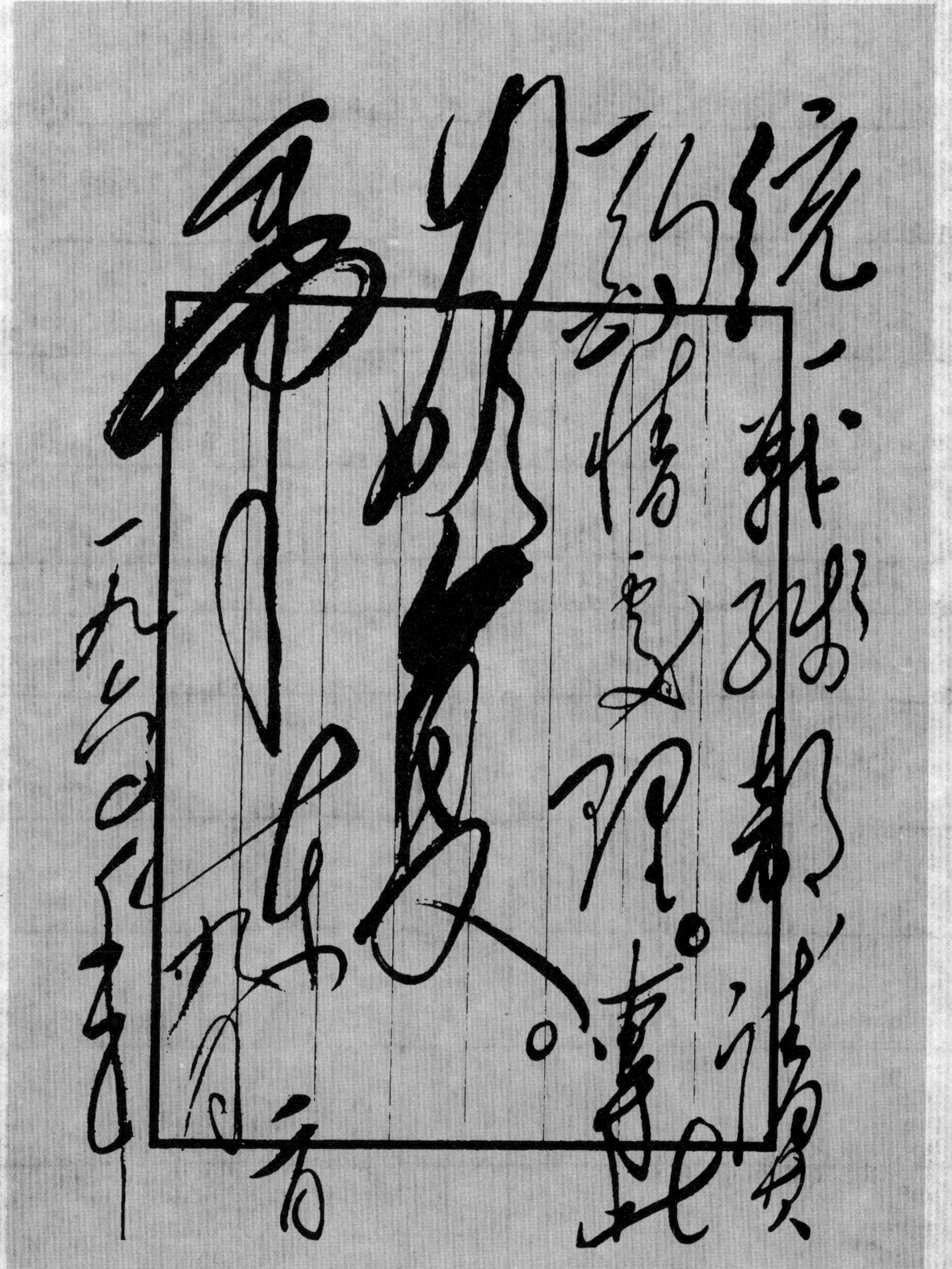

十二月二十六日，我的生辰，明年我就满六十七岁了，老了，你们大有可为。

信阳报告一件，认真一阅。

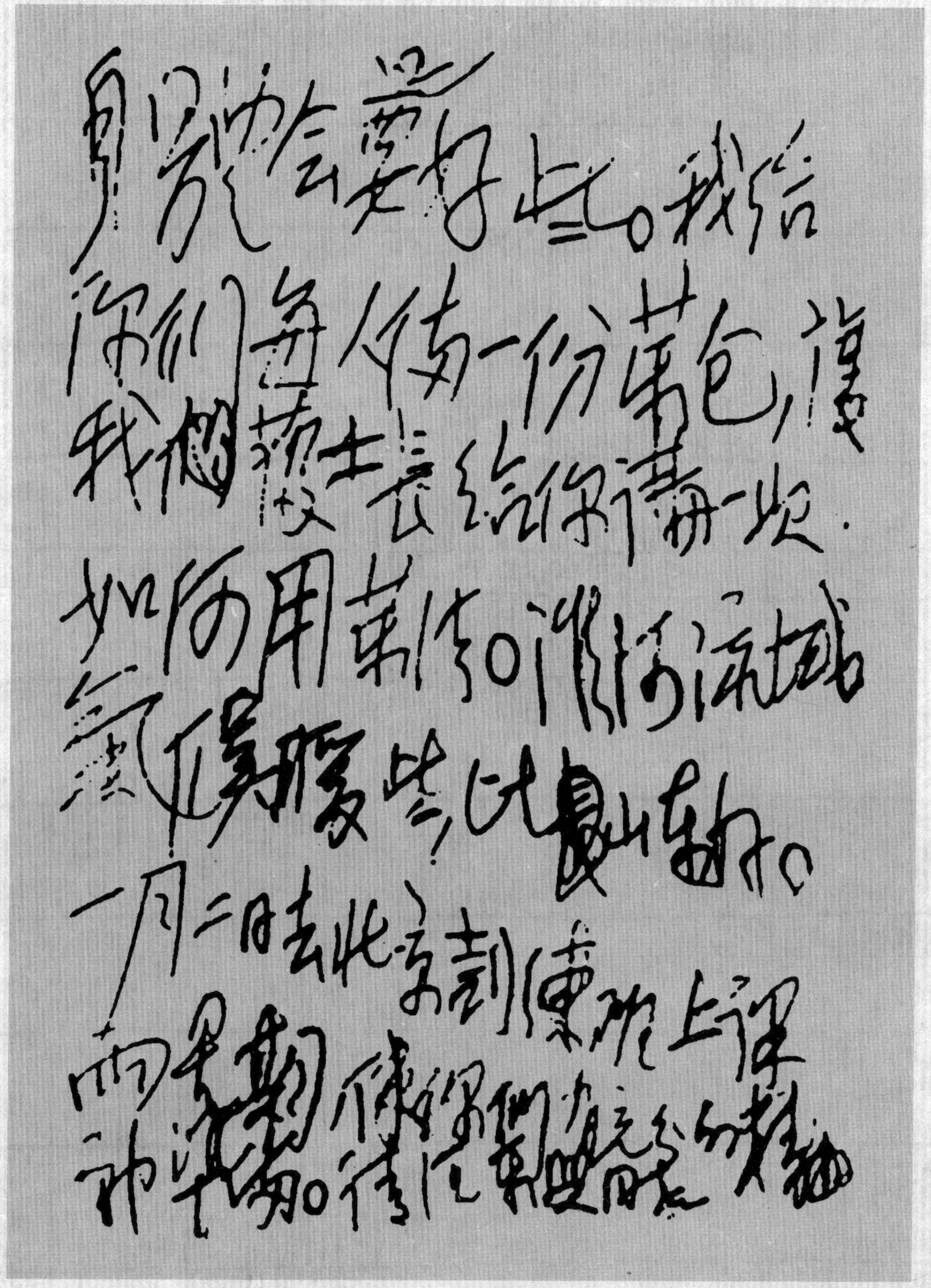

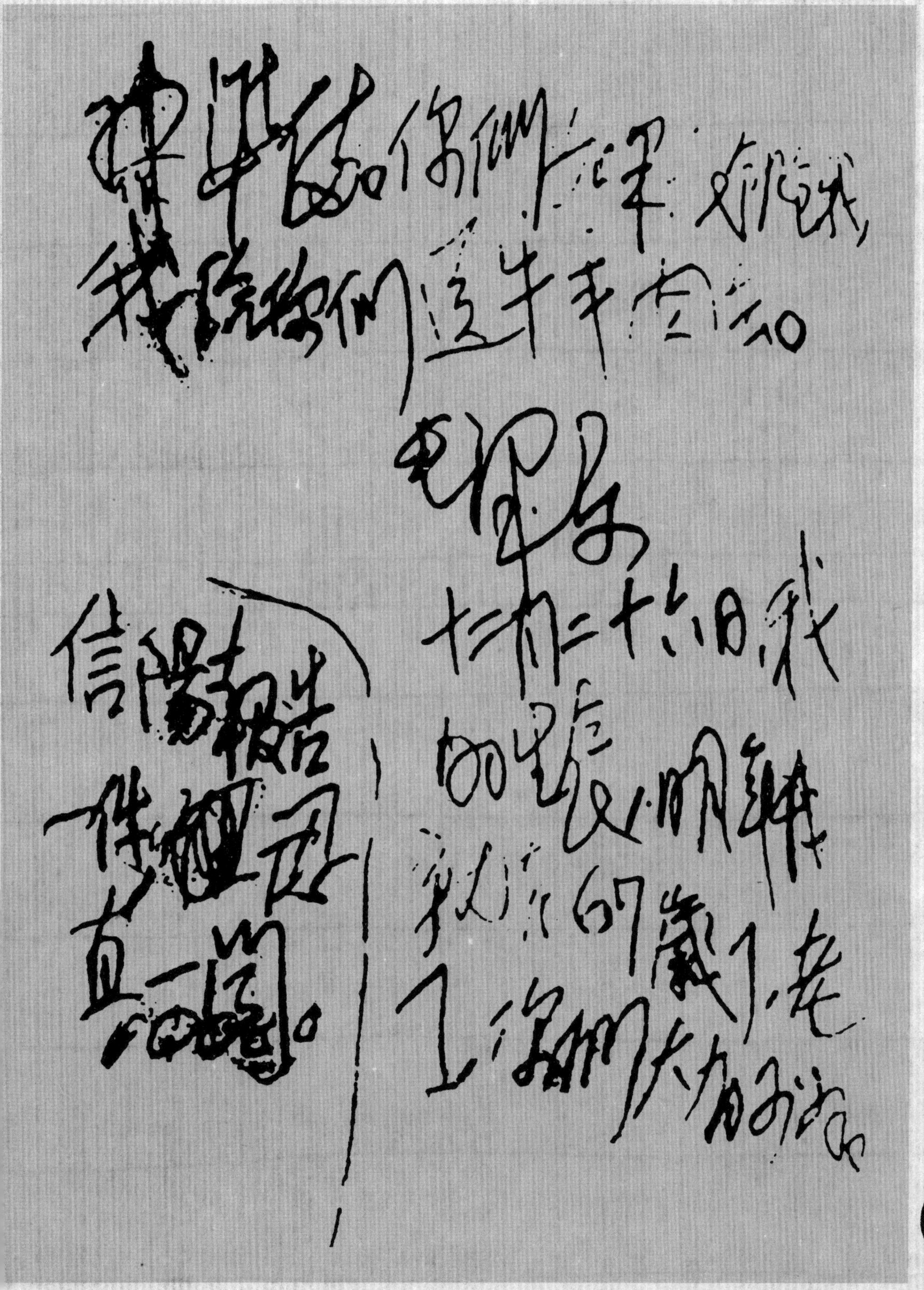

第四时期·书信

致胡乔木

一九六一年八月二十五日

乔木同志：

八月十七日信收到，甚念。你须长期休养，不计时日，以愈为度。曹操诗云：盈缩之期，不独在天。养怡之福，可以永年。此诗宜读。你似以迁地疗养为宜，随气候转移，从事游山玩水，专看闲书，不看正书，也不管时事，如此可能好得快些。作一、二、三年休养打算，不要只作几个月打算。如果急于工作，恐又将复发。你的病近似陈云、林彪、康生诸同志，林、康因长期休养，病已好了，陈病亦有进步，可以效法。问谷羽好。如你转地疗养，谷宜随去。以上建议，请你们二人商量酌定。我身心尚好，顺告，勿念。

毛泽东

一九六一年八月二十五日

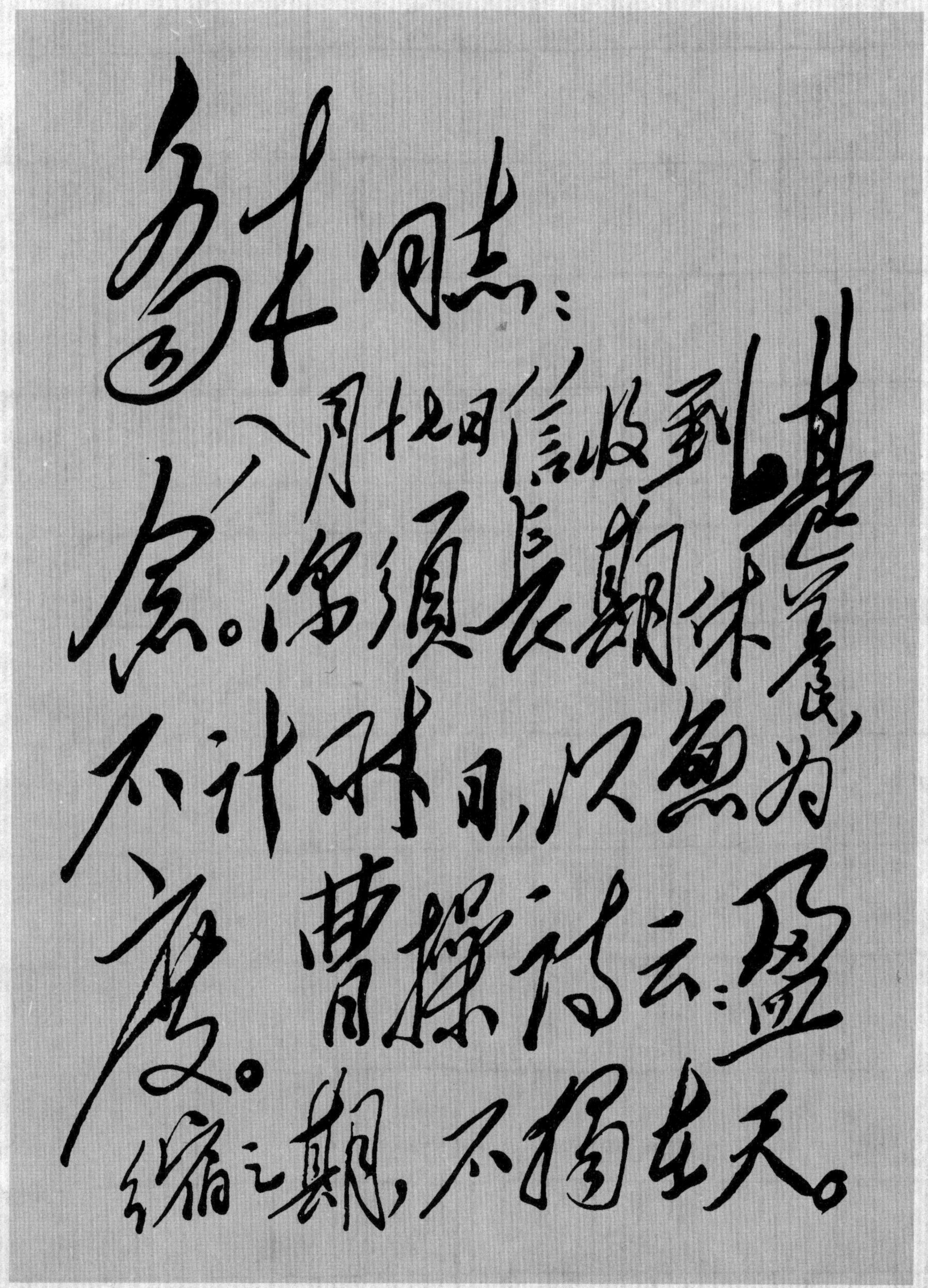

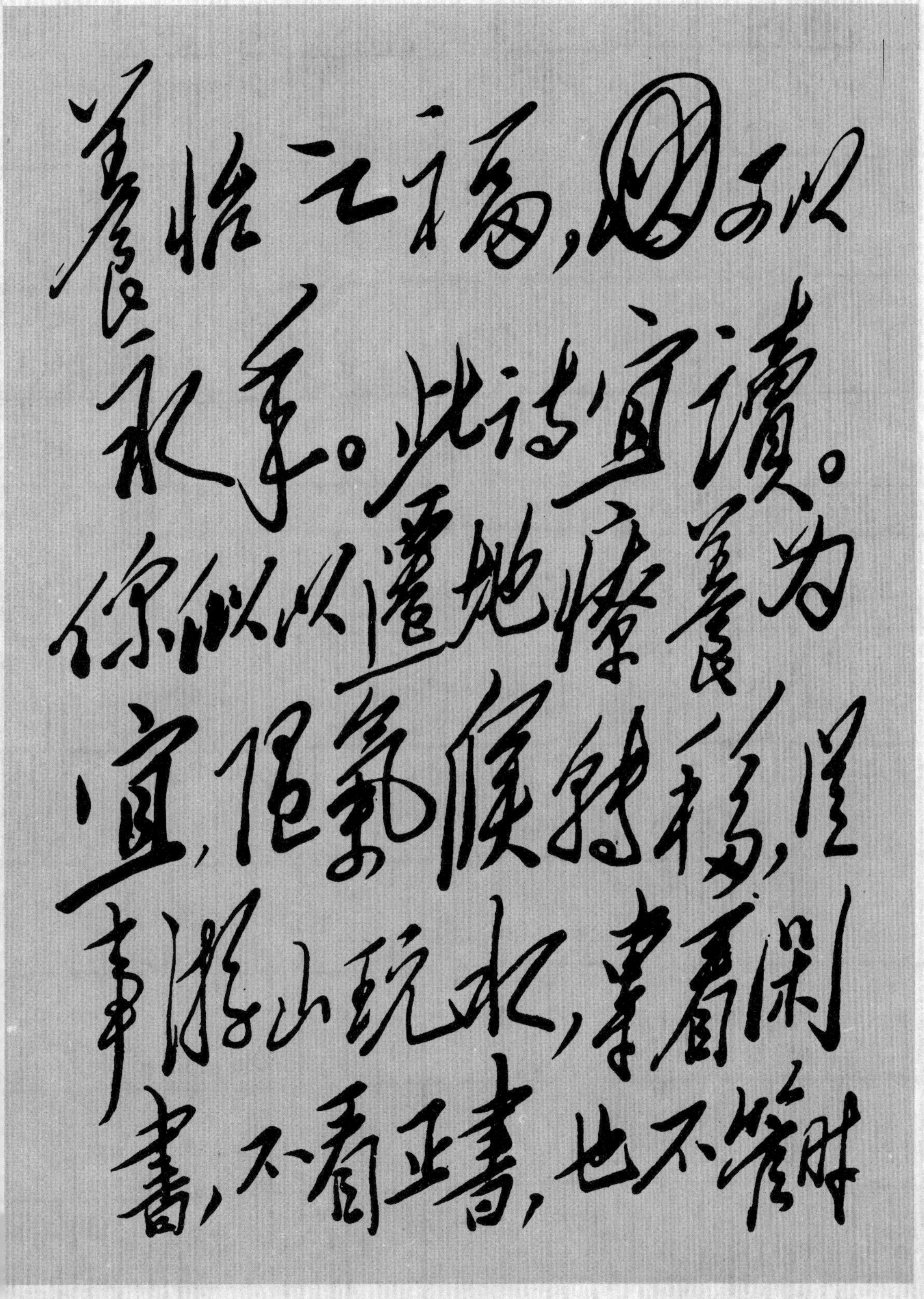

第四时期·书信

事，如此可能好得快些。作一二三年休养打算，不要只作几个月打算。如果急于工作，又将复发。你的病近似陈云、林彪、康生诸同志，林康因长期休养，病已好了，陈病亦有进步，

第四时期·书信

可以效法。问谷羽好。如你转地疗养，谷宜跟去。以上建议，请你们二人商量酌定。我身心尚好，顺告，勿念。

毛泽东

1961年八月二十五日

致李先念、姚依林

一九六一年十二月十五日

李先念、姚依林二同志：

江苏有一些好经验，工业、农业和财贸几方面的，很值得听一听。请你们返北京以前，到南京停一天。你们于十二月二十日或二十一日到达北京，就可以了。

毛泽东

一九六一年十二月十五日在无锡

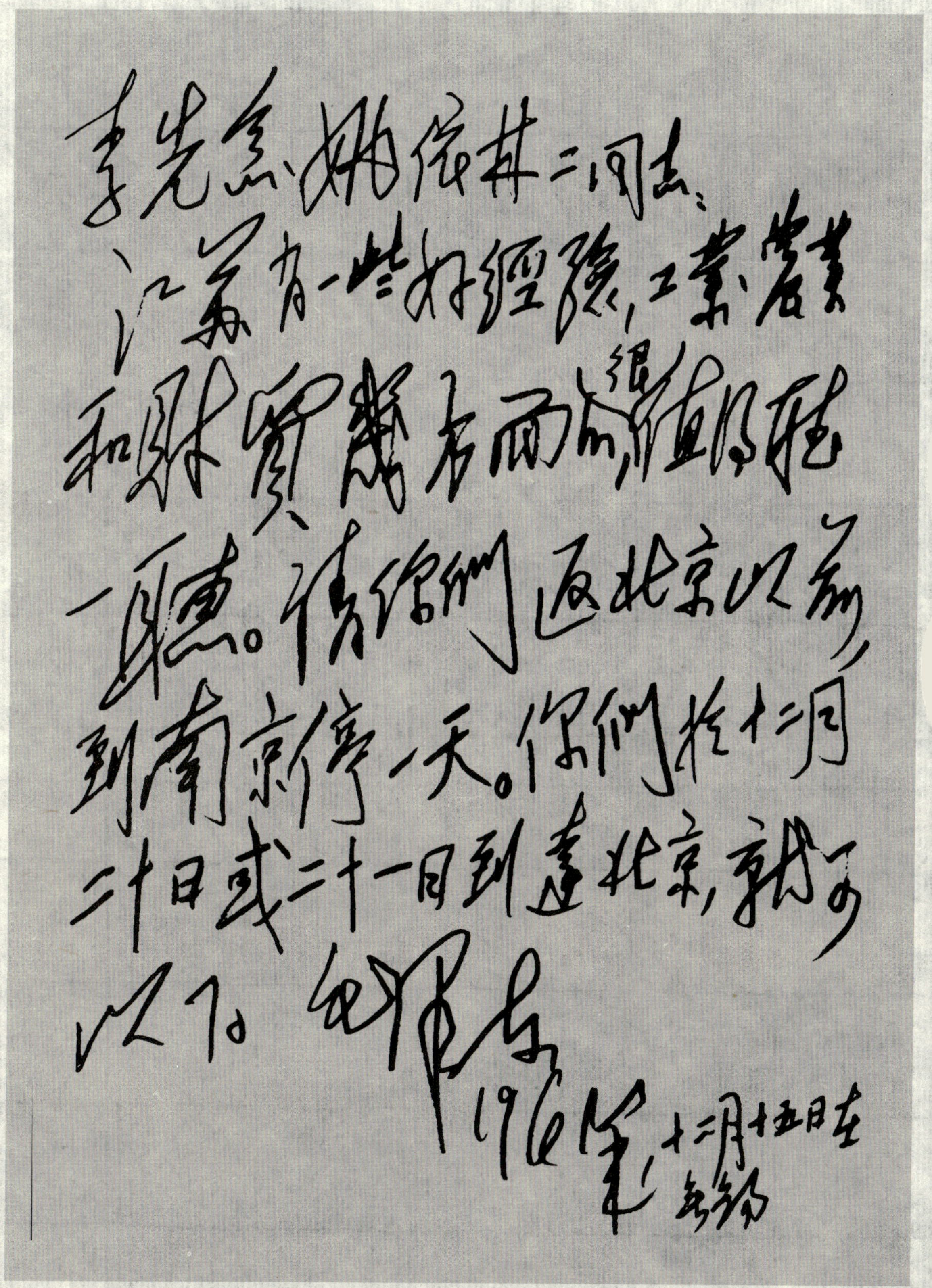

李先念、姚依林二同志：

江苏有一些好经验，工业、农业和财贸几方面的，很值得听一听。请你们返北京以前，到南京停一天。你们于十二月二十日或二十一日到达北京，就可以了。毛泽东

1961年十二月十五日在无锡

致周世钊

一九六一年十二月二十六日

世钊同志：

惠书收到，迟复为歉。很赞成你的意见。你努力奋斗吧。我甚好，无病，堪以告慰。『秋风万里芙蓉国，暮雨朝云兰荔村』。『西南云飞来衡岳，日夜江声下洞庭。』同志，你处在这样的环境中，岂不妙哉？

毛泽东

一九六一年十二月廿六日

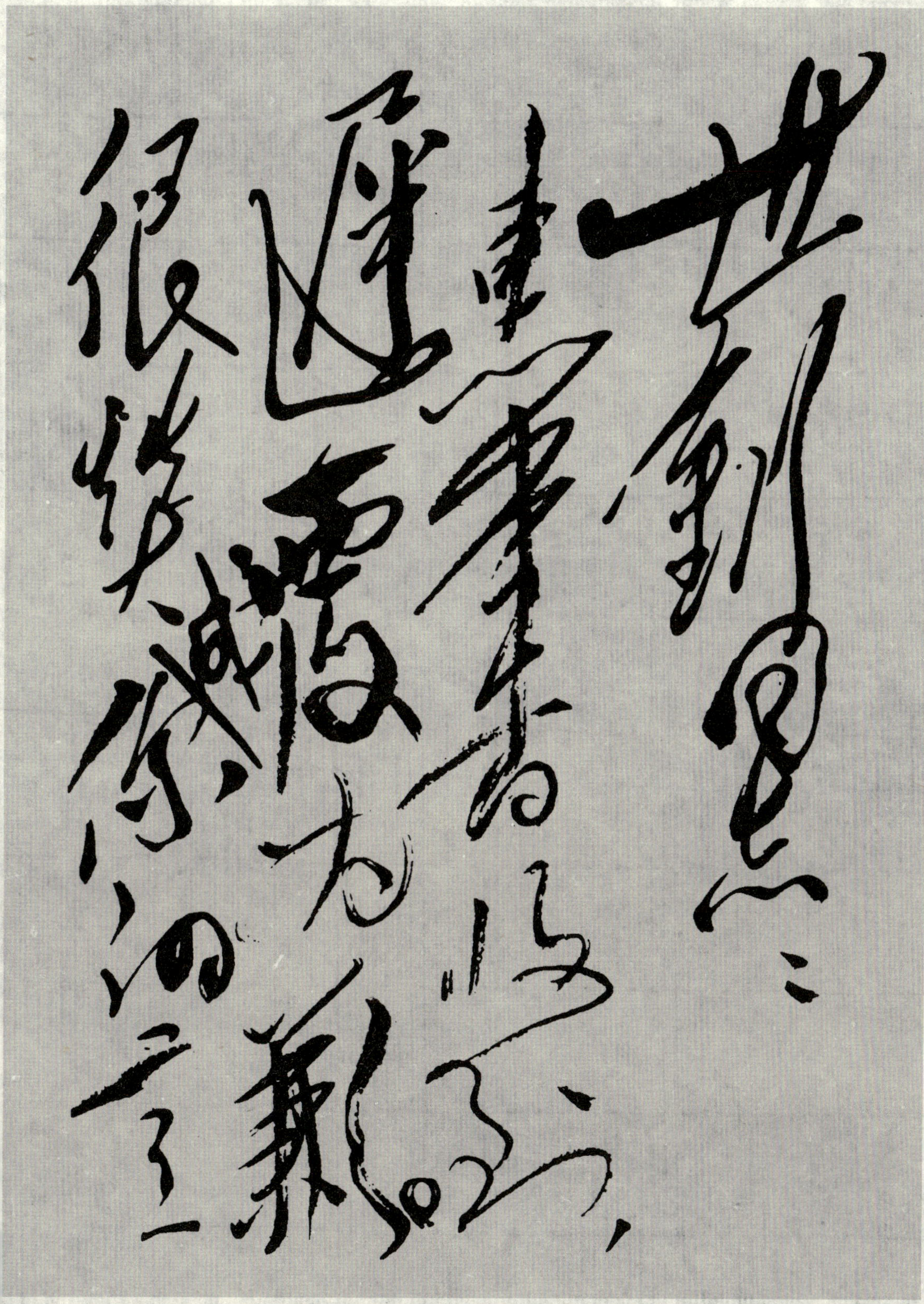

世钊同志：惠书收到，迟复为歉。很赞成你的意见。

第四时期·书信

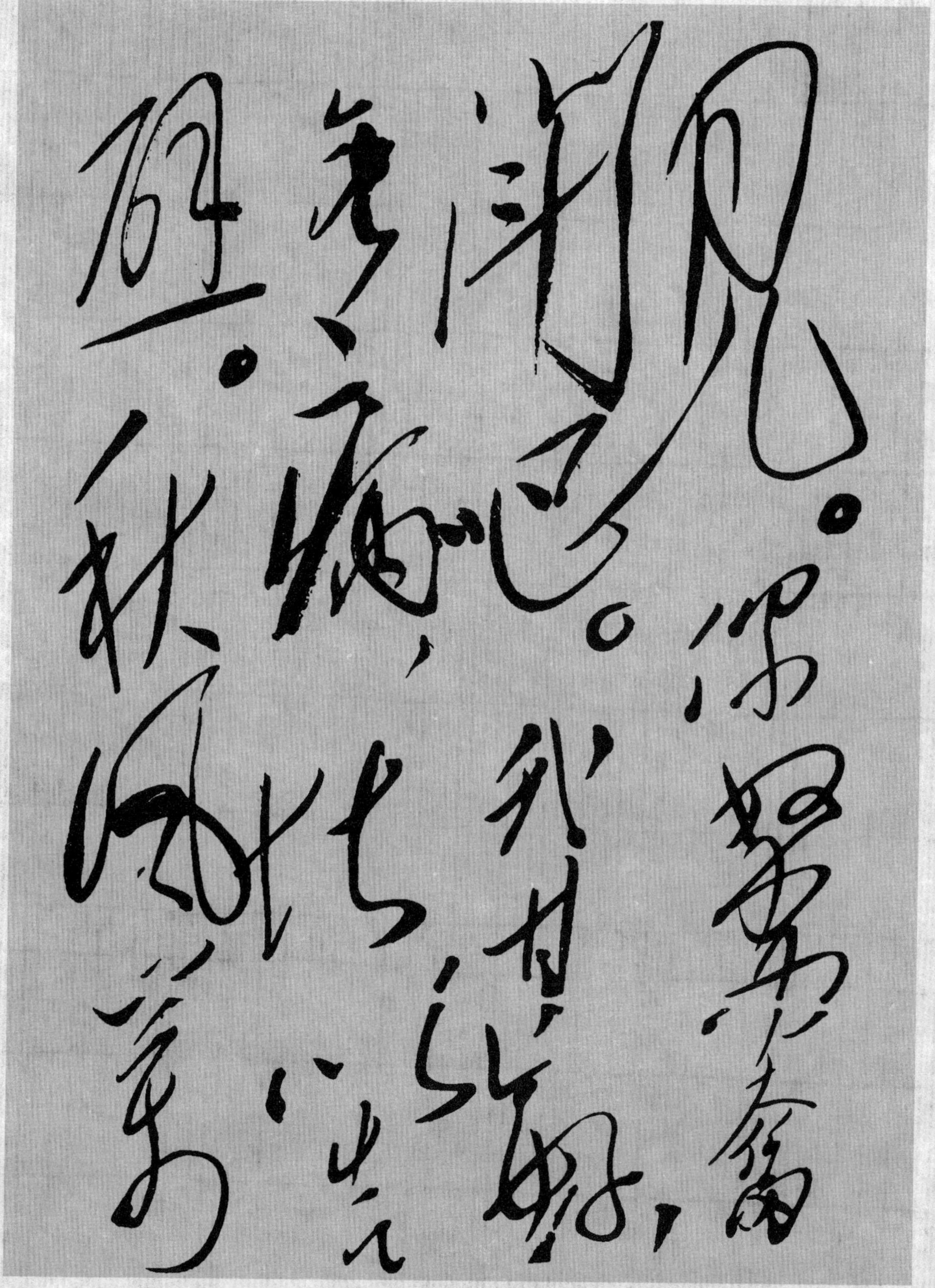

第四时期·书信

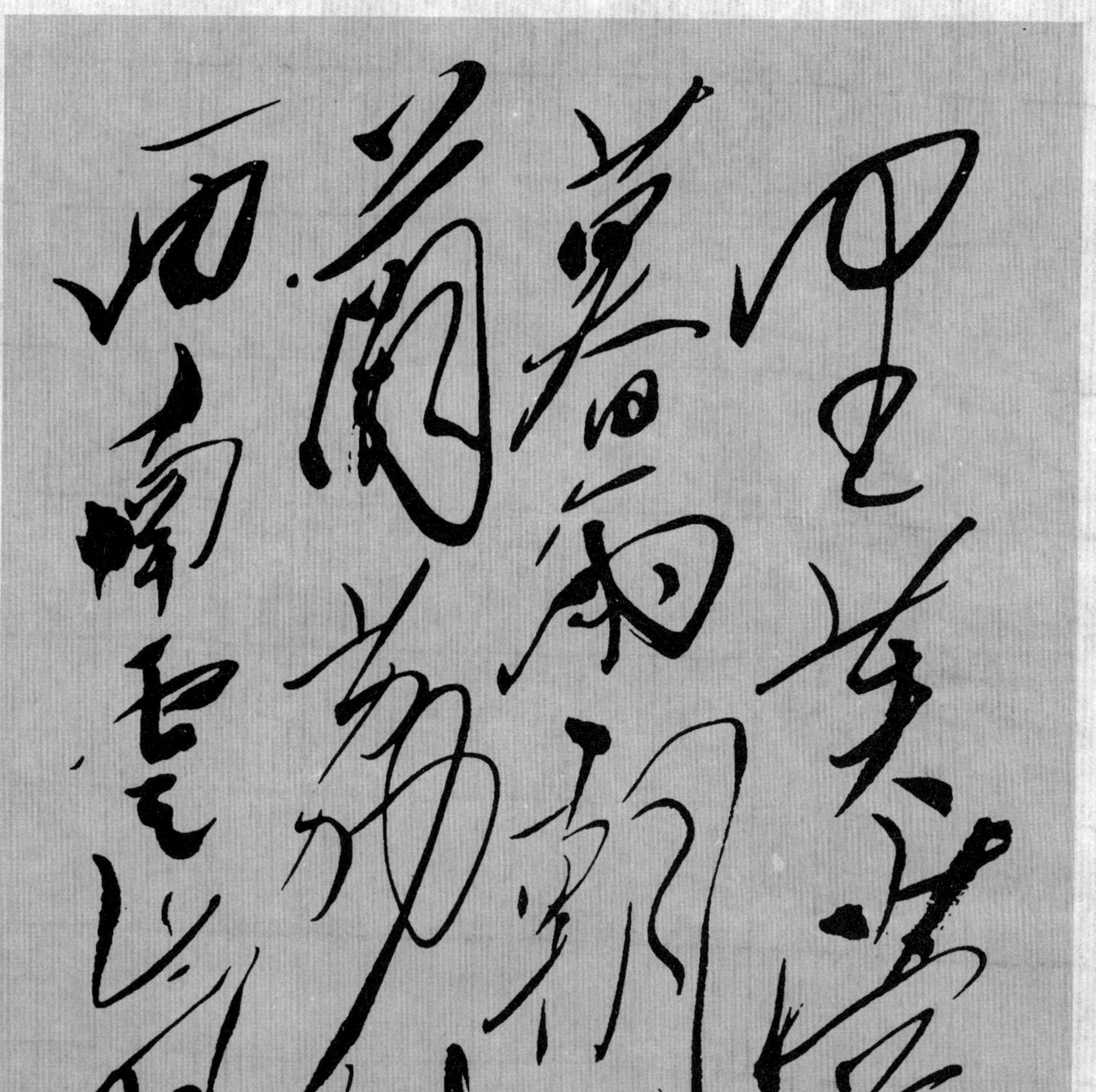

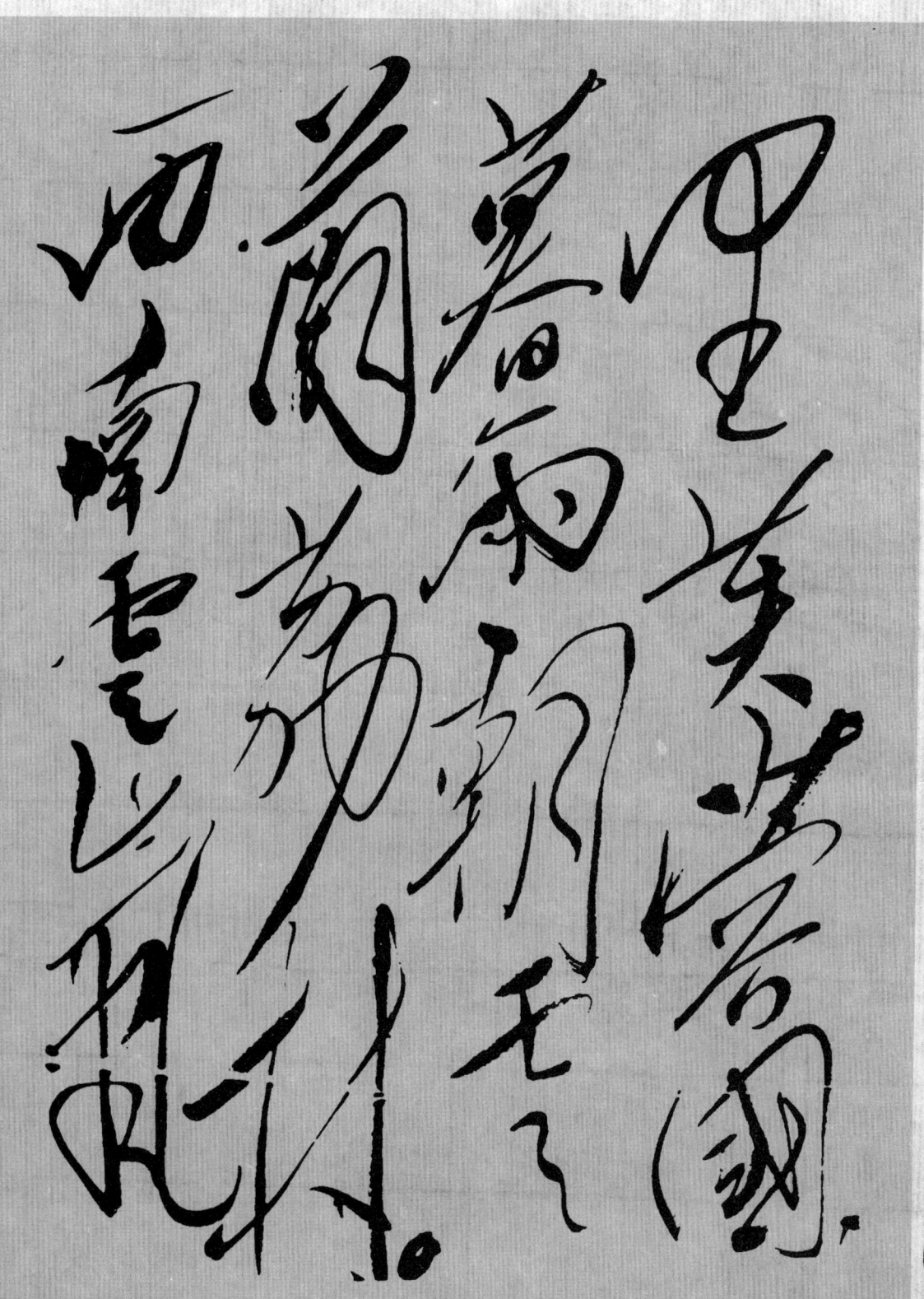

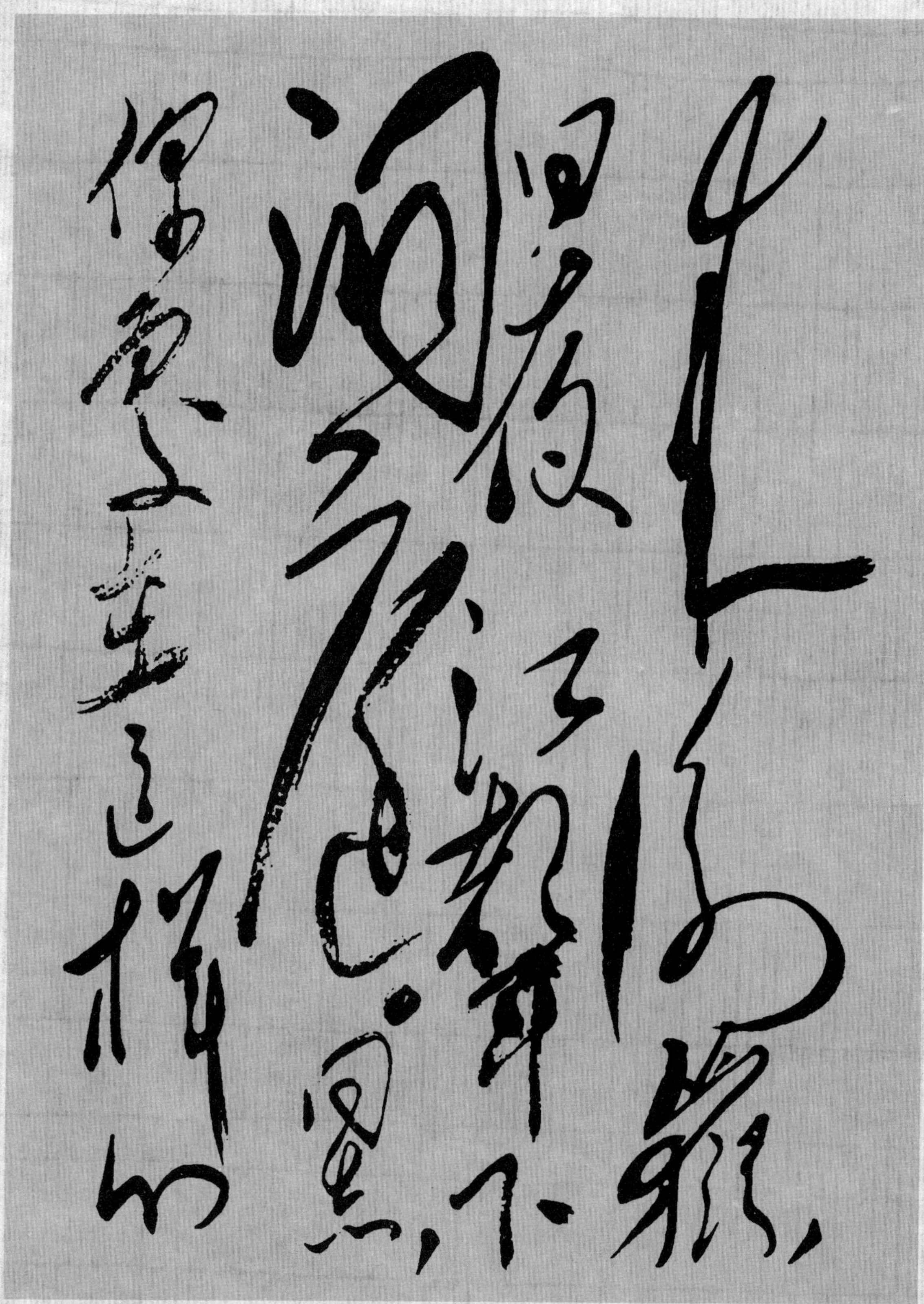

第四时期·书信

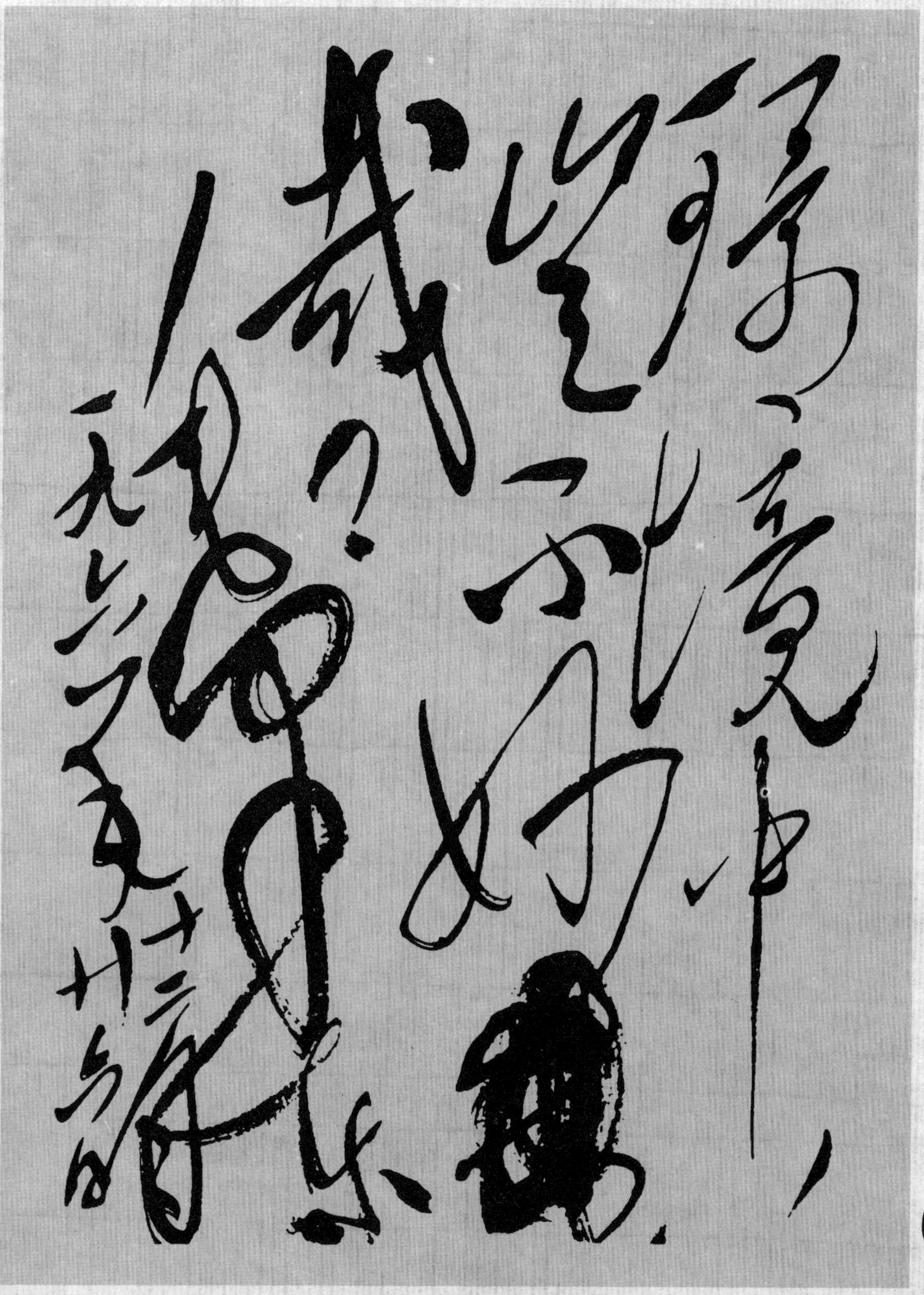

致臧克家

一九六一年十二月二十六日

克家同志：

几次惠书，均已收到，甚为感谢。所谈之事，很想谈谈。无耐有些忙，抽不〔出〕时间来；而且我对于诗的问题，需要加以研究，才有发言权。因此请你等候一些时间吧。专此奉复，敬颂撰安！

毛泽东

一九六一年十二月廿六日

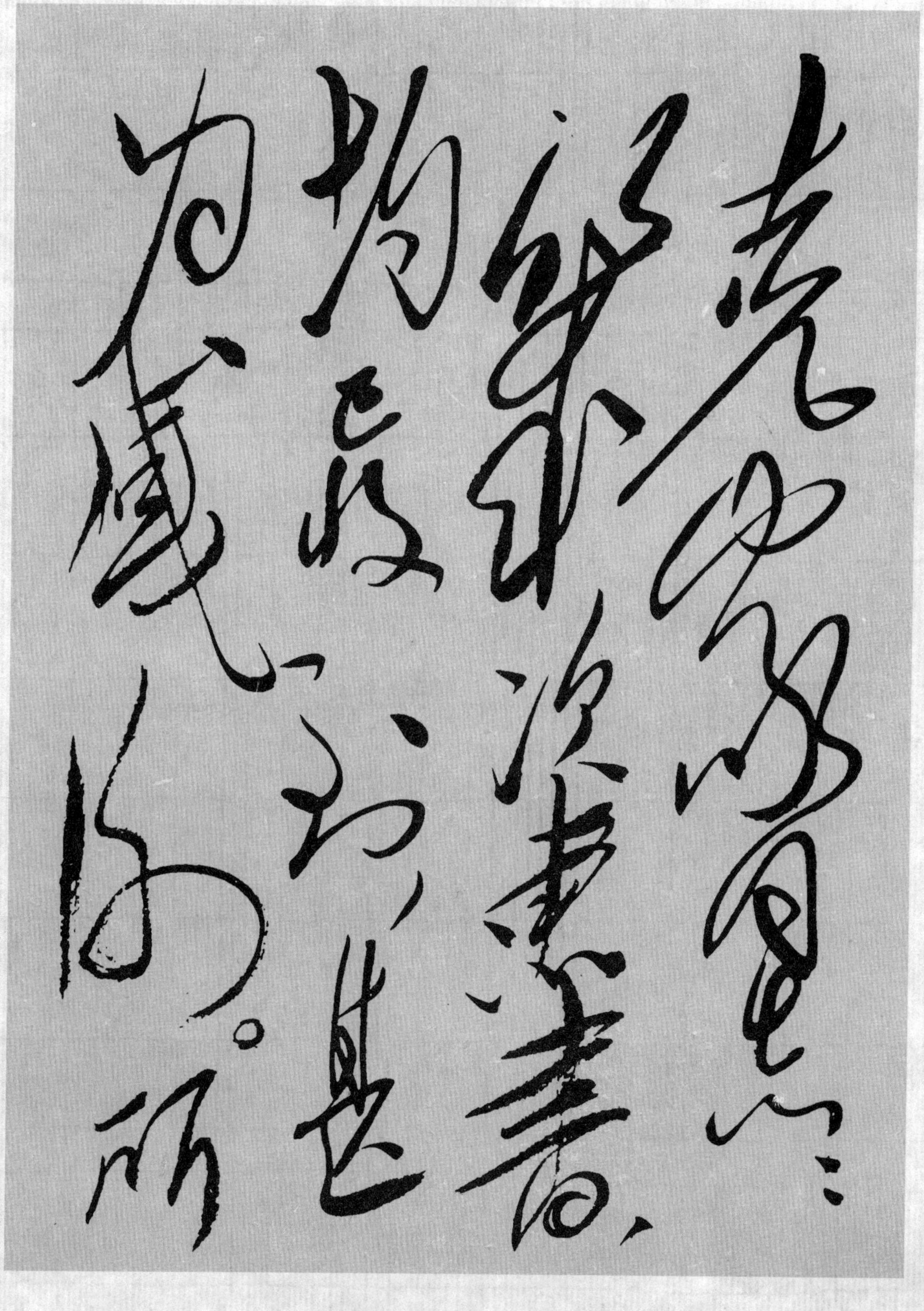
克家同志：几次惠书，均已收到，甚为感谢。所

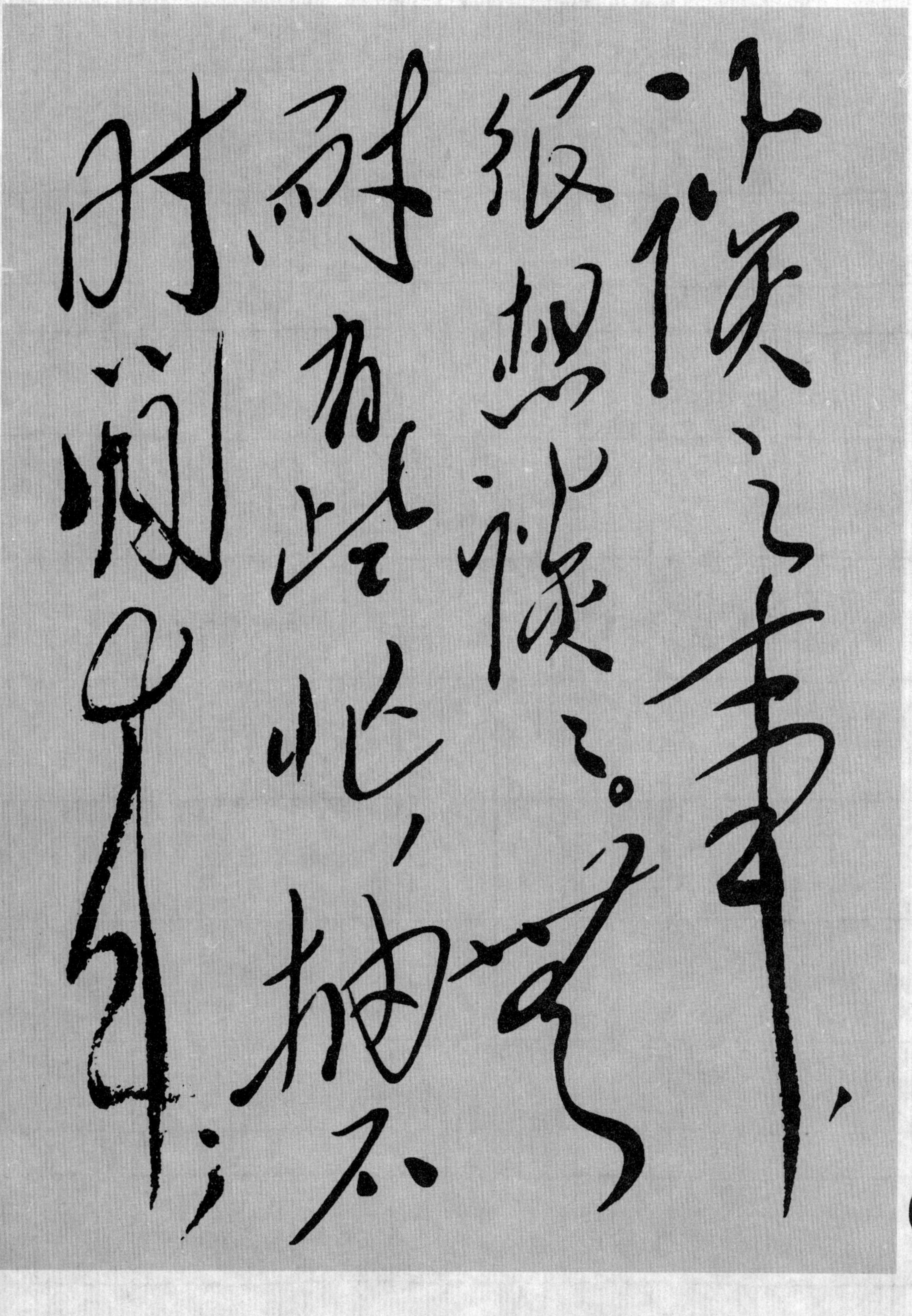
谈之事，很想谈谈。无耐有些忙，抽不时间

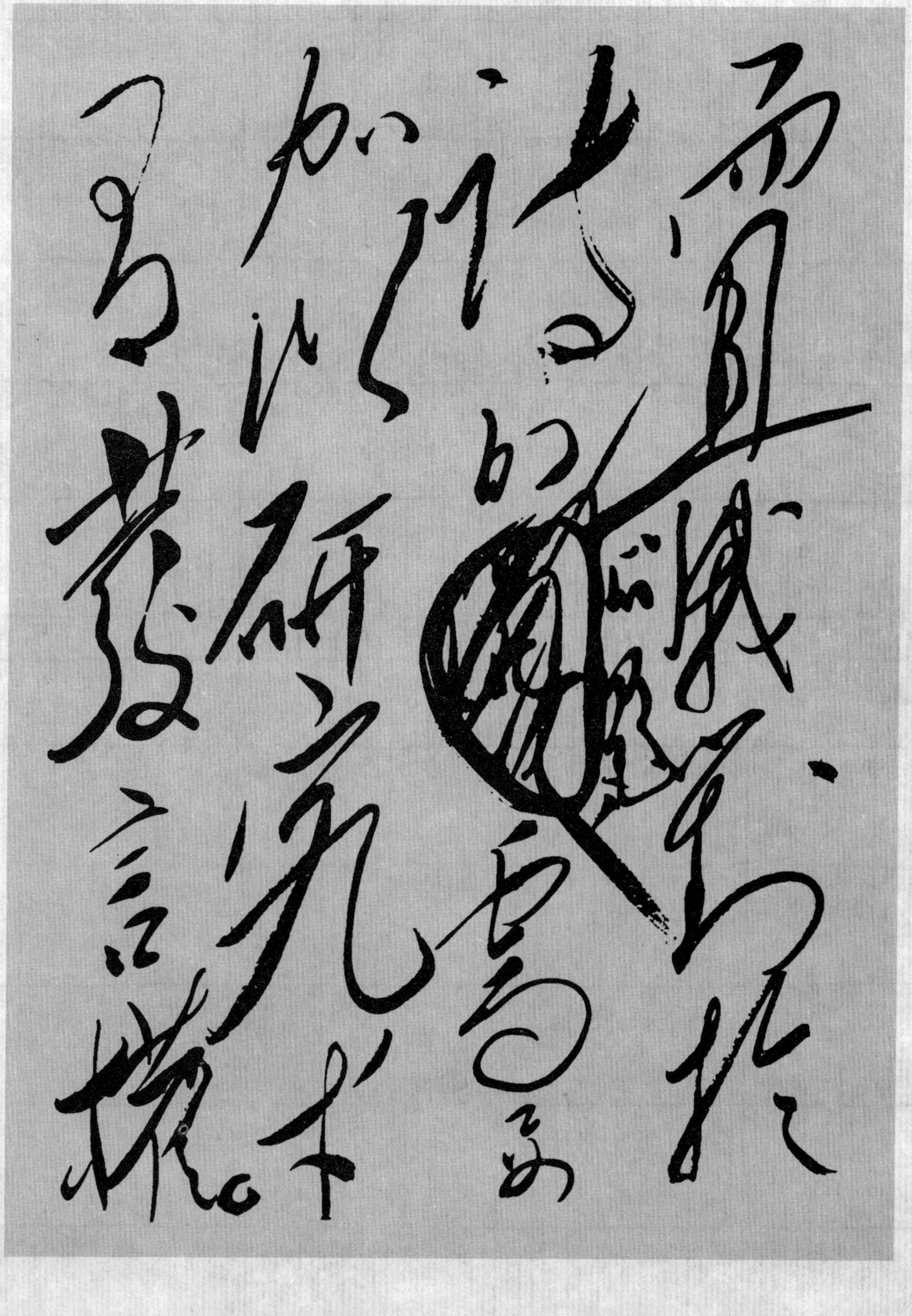

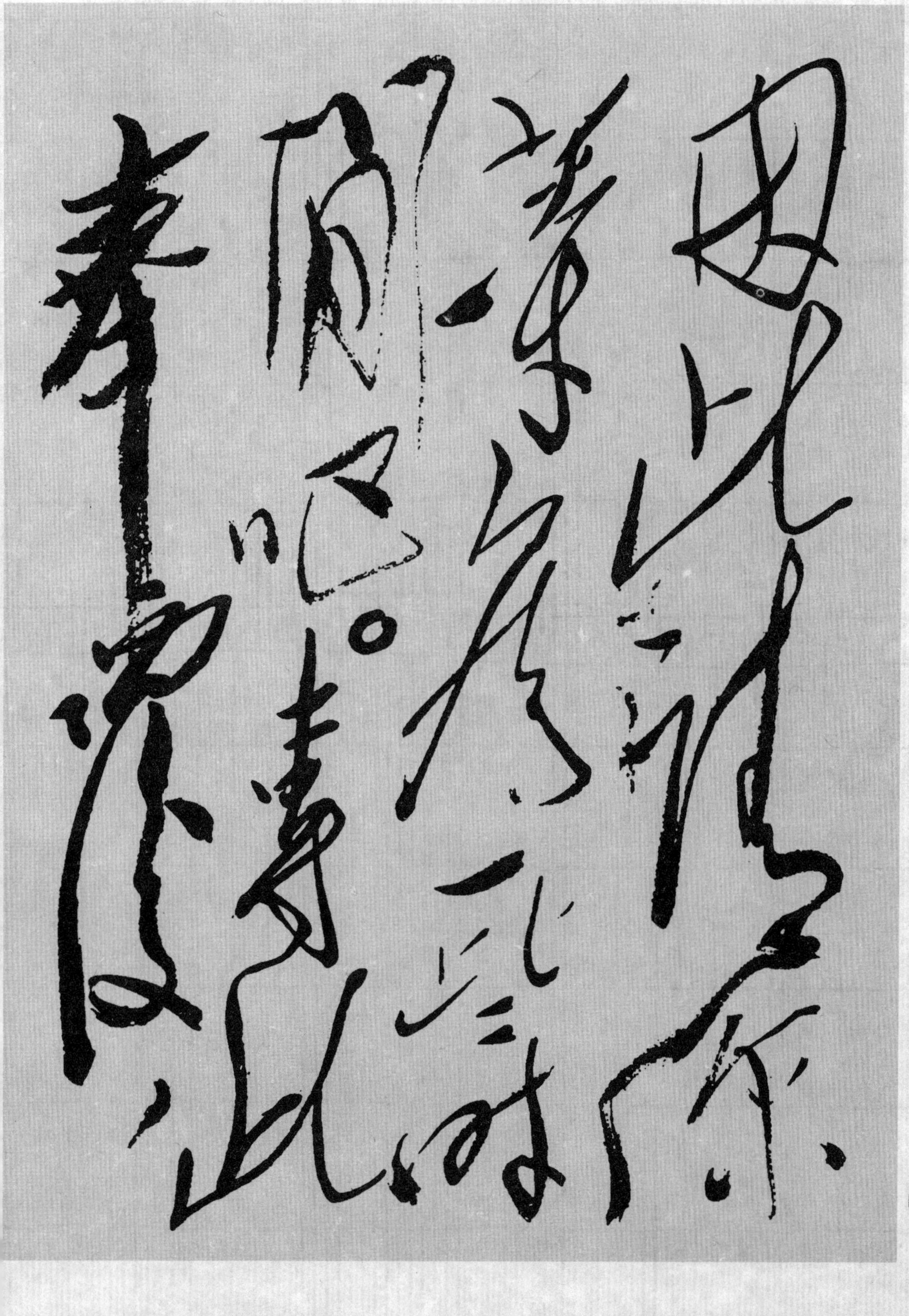

致臧克家

一九六二年四月二十七日

克家同志：

数信都收到，深为感谢，应当修改之处，都照尊意改了。惟此次拟只在《人民文学》发表那六首旧词，不在《诗刊》再发表东西了；在诗刊发表的，待将来再说。违命之处，乞谅为荷！

毛泽东

一九六二年四月廿七日

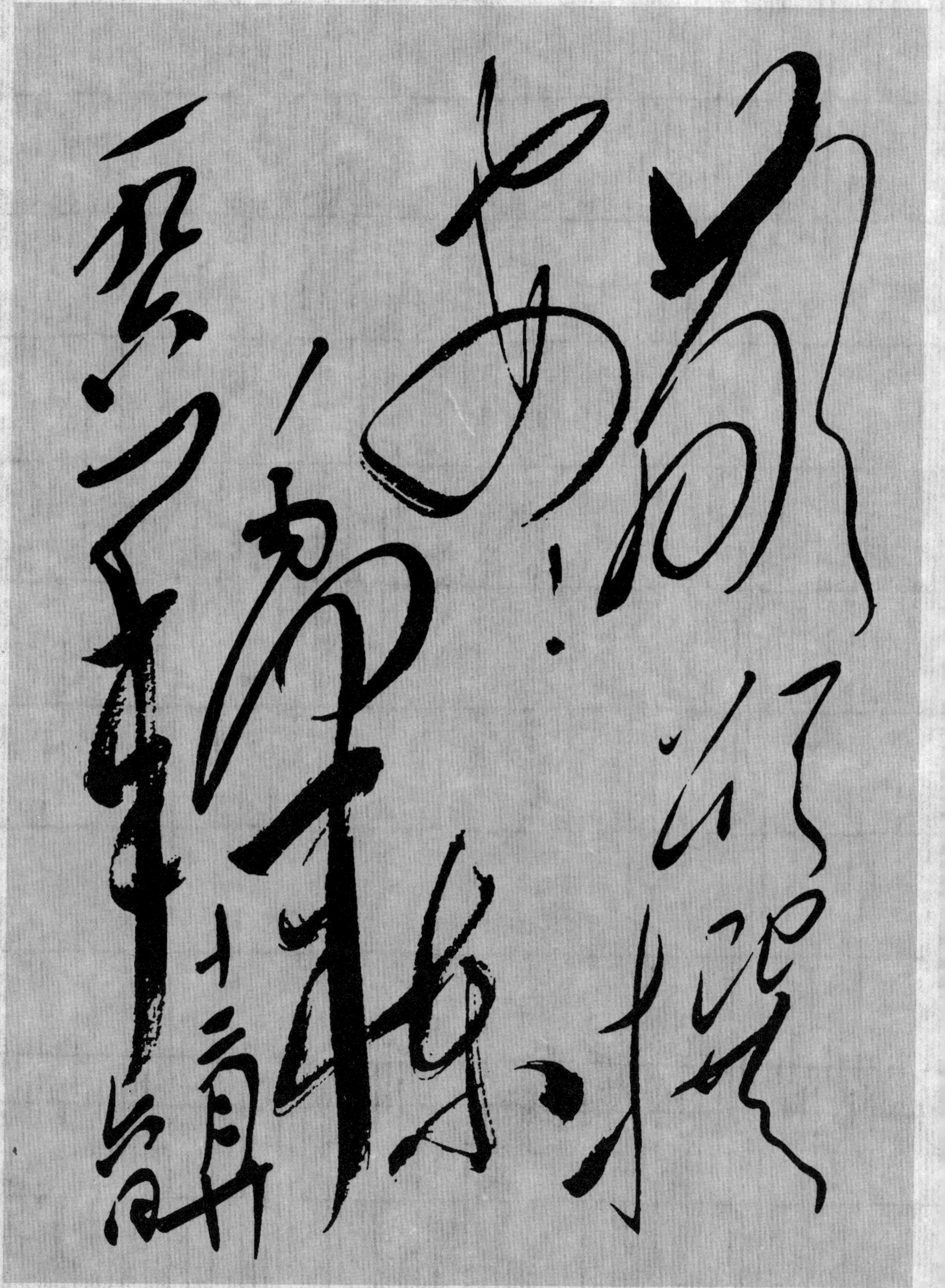

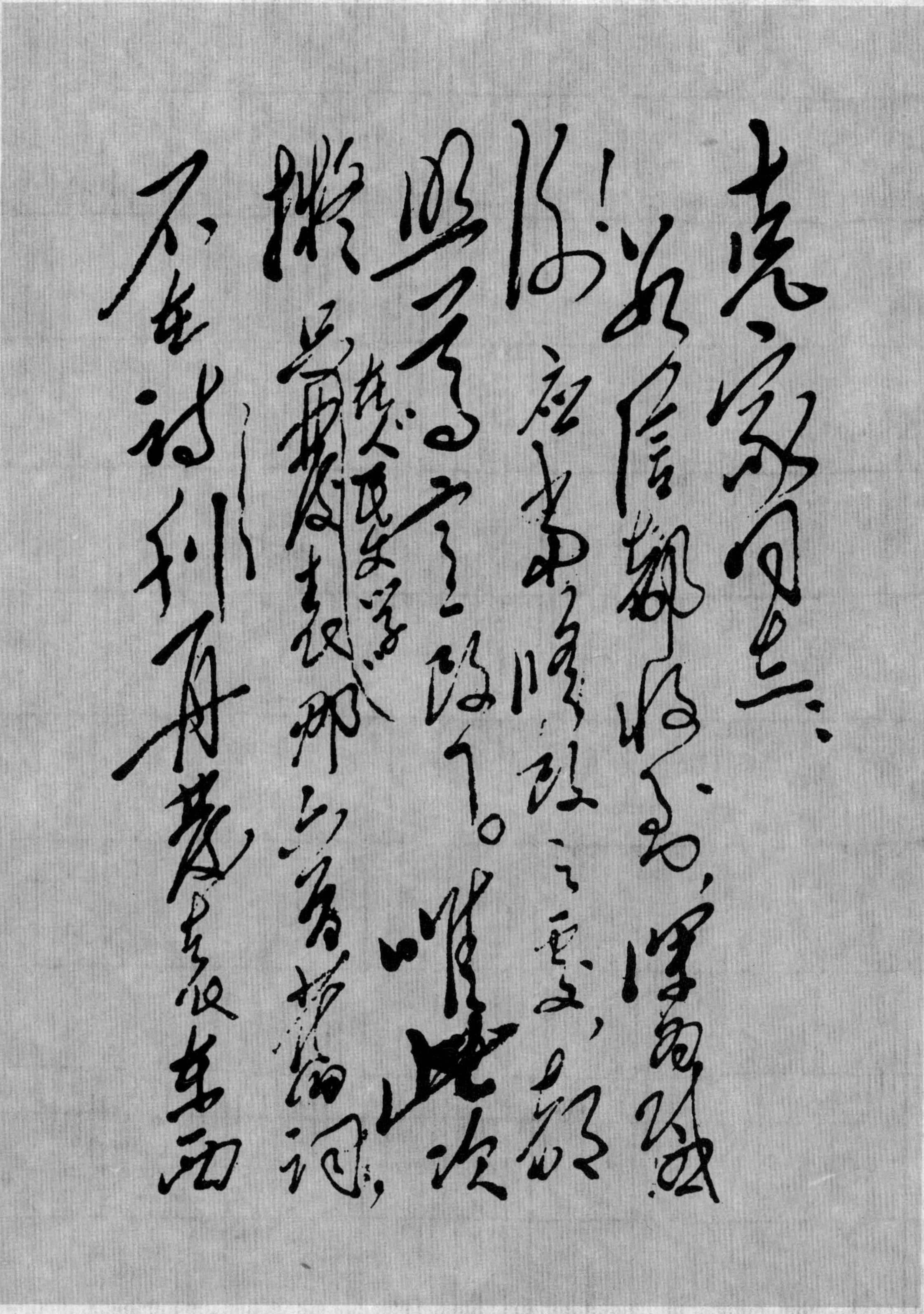

第四时期·书信

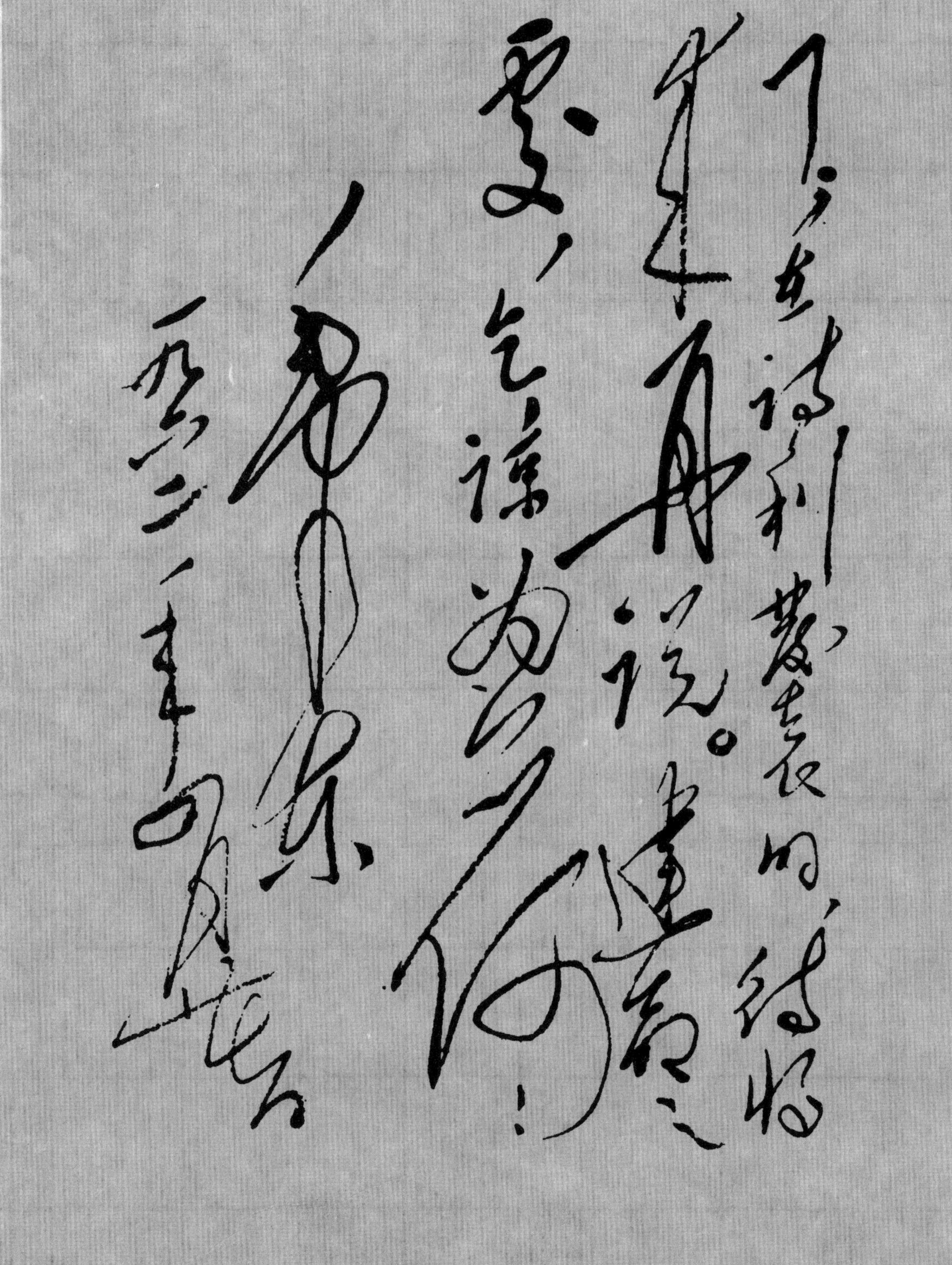

致邓小平

一九六三年一月二十五日

小平同志：

廿四日送来的社论，已经看过，写得很好，可以发表。

毛泽东

一月廿五日下午十一时

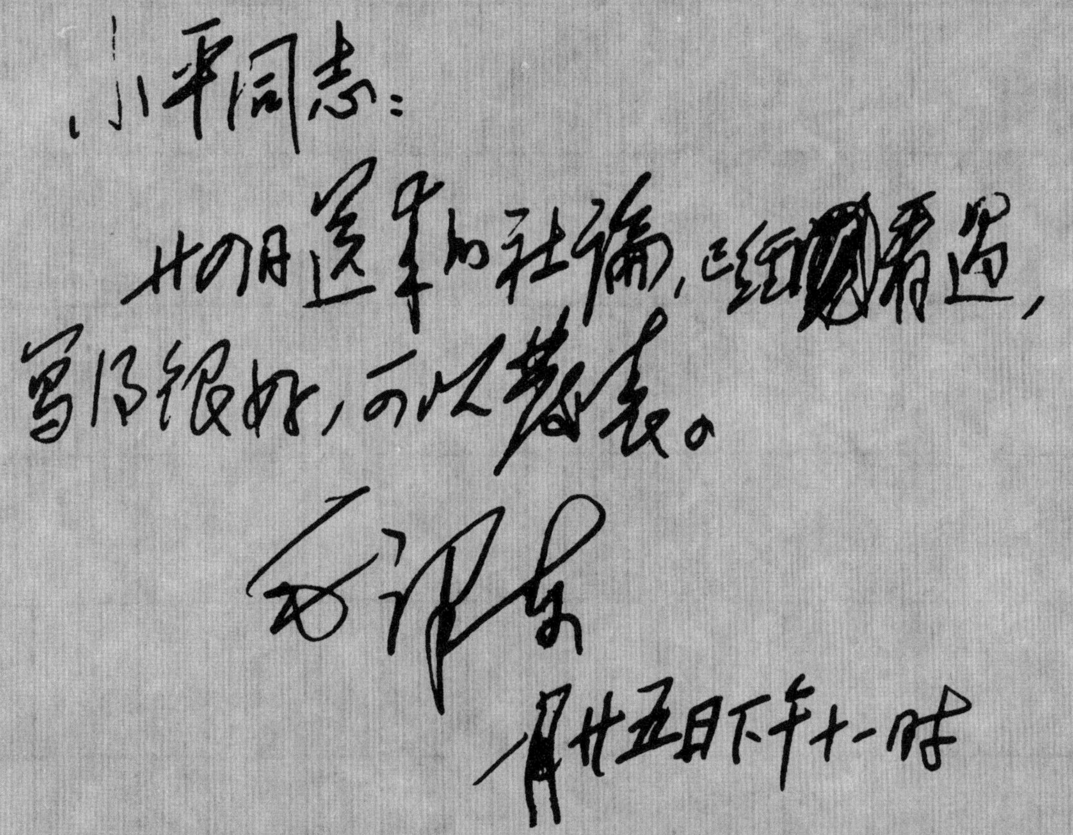

小平同志：

廿四日送来的社论，已经看过，写得很好，可以发表。

毛泽东

一月廿五日下午十一时

致周世钊

一九六三年三月二十四日

惇元兄：

去年及今年惠寄数函并附诗词，都已收到，极为高兴。因忙迟复，尚祈鉴谅。为学校题字，时间已过，可以免了吧。你到京时，我适外出，未能晤面，深致歉怀。嗣后如有所见，或有诗作，尚望随时见示为盼！老校长张干（望其别甫，是否叫作次仑？）先生，寄我两信，尚未奉复。他叫我设法助其女儿返湘工作，以使侍养。此事我正在办，未知能办得到否？如办不到，可否另想办法。请你暇时找张先生一叙，看其生活上是否有困难，是否需要协助。叙谈结果，见告为荷。蒋竹如兄处，亦乞见时代为致意。他给我的信都已收到了。顺问安吉。

毛泽东

一九六三年三月廿四日

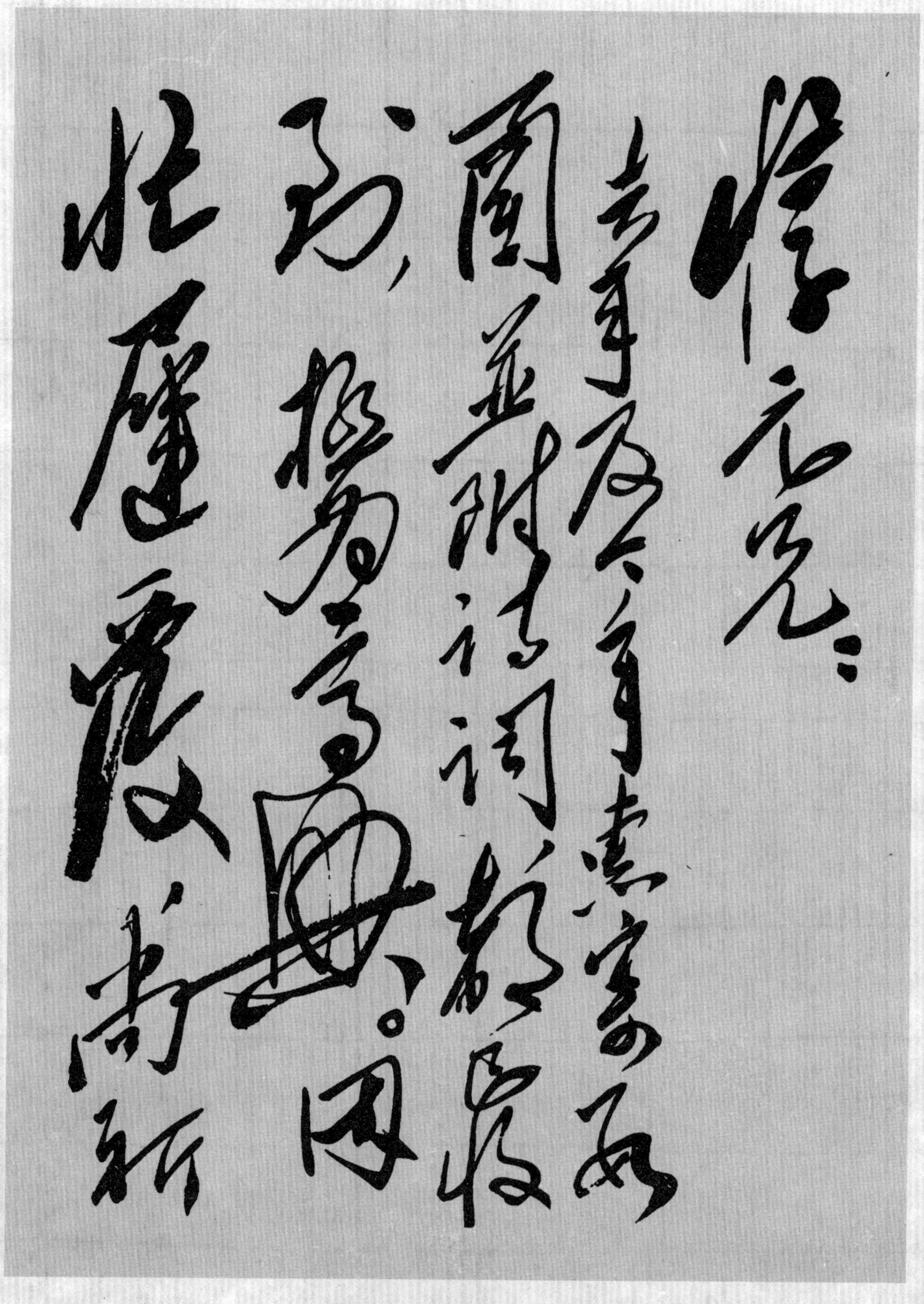

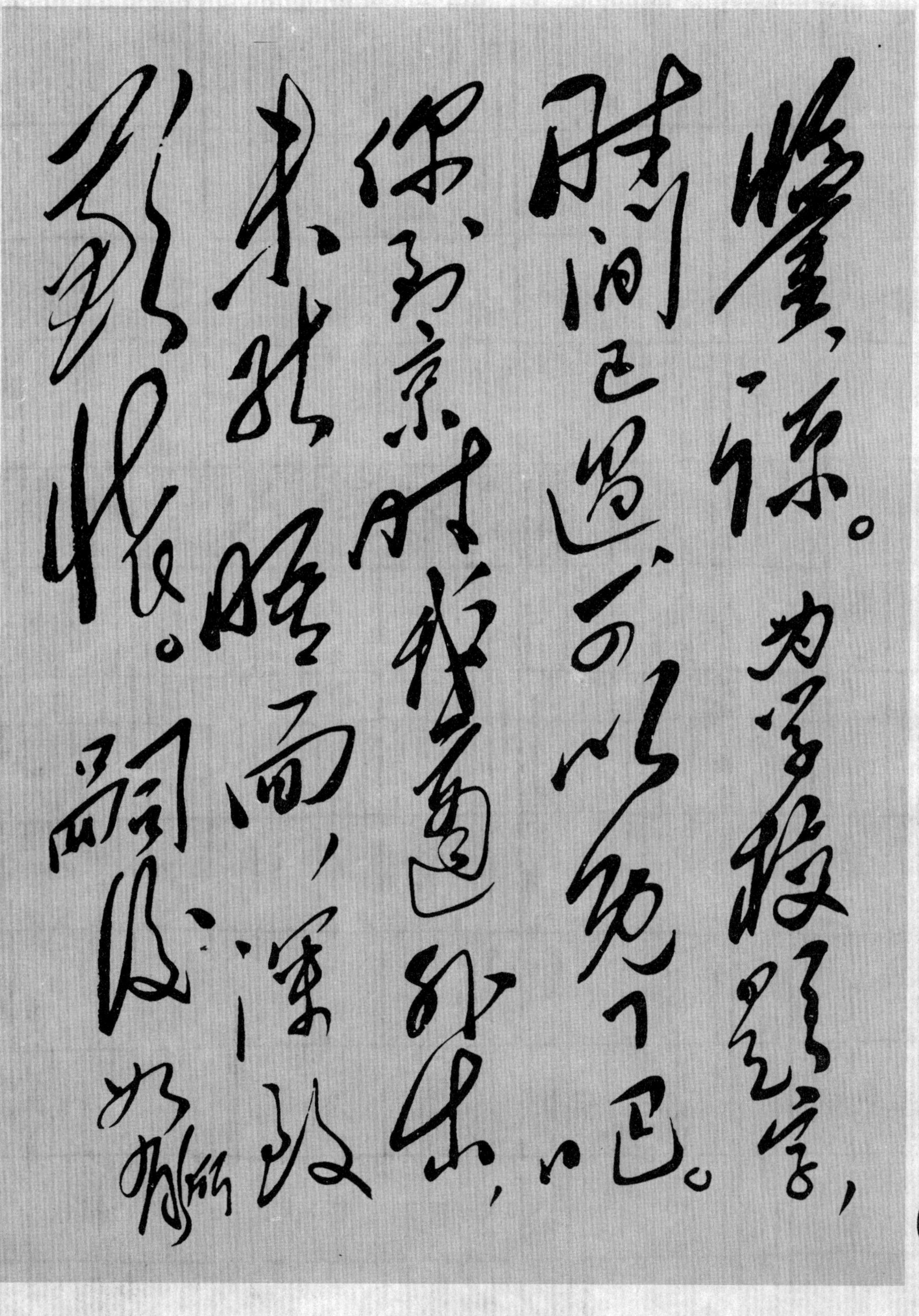

右页：
见我昌兄
隔时见示如何
老校长此辞（贺别
甫，告知此次篇）先
立成为信，当其事

左页：
麻不了，务为照
东知甚切，此上，如
行复长。此次连以硬
毛女兄连测，飞以硬
度。他哄我後诸照

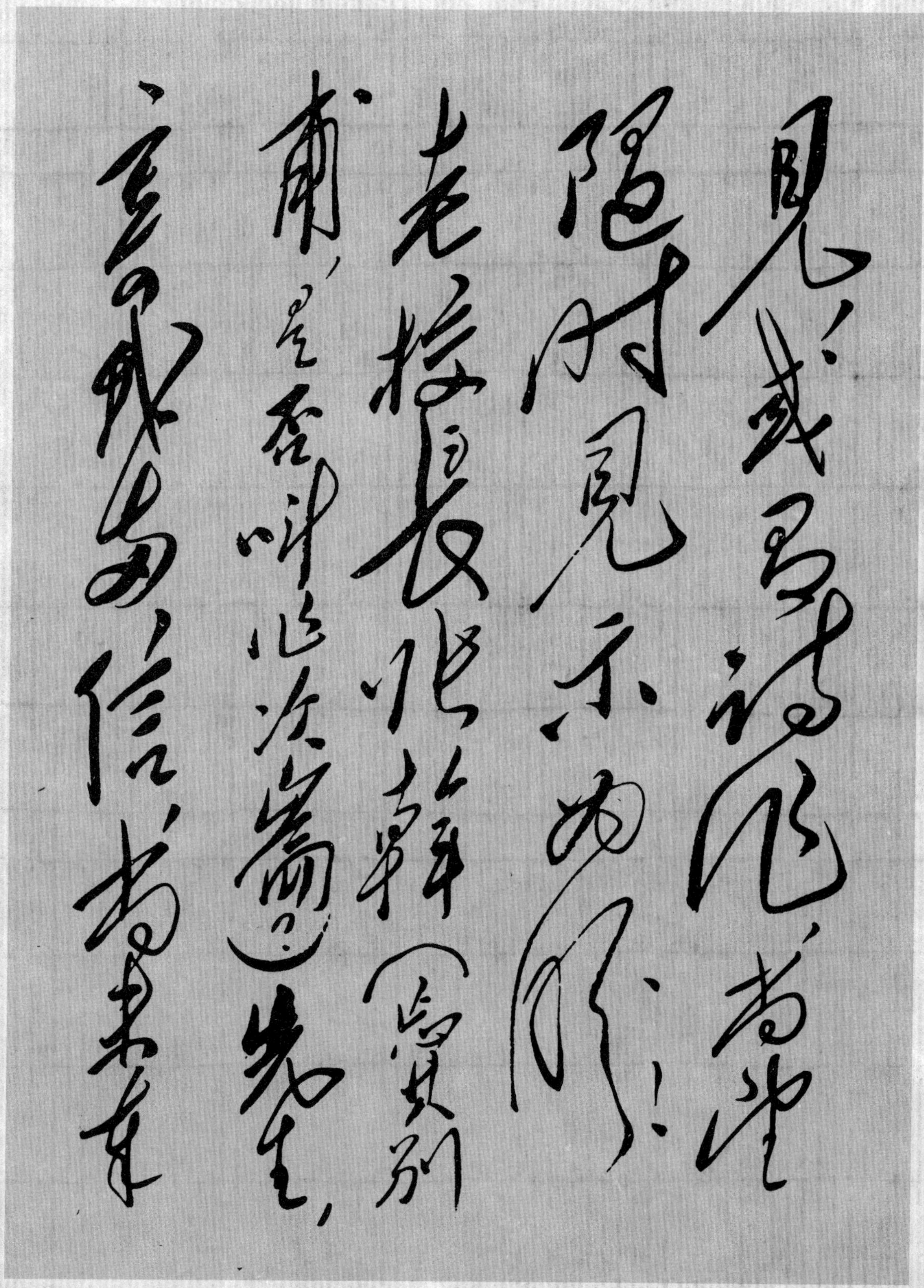

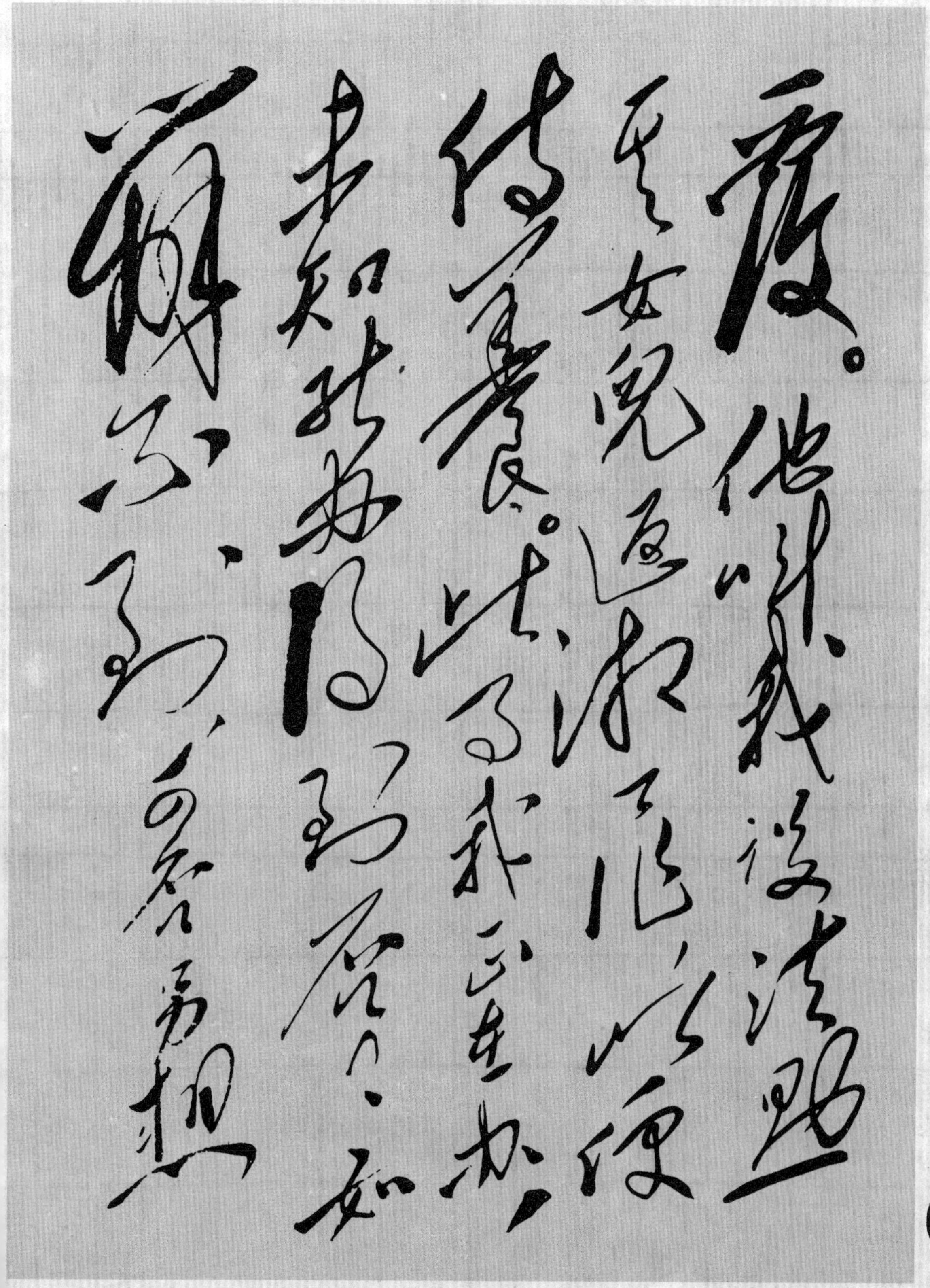

第四时期·书信

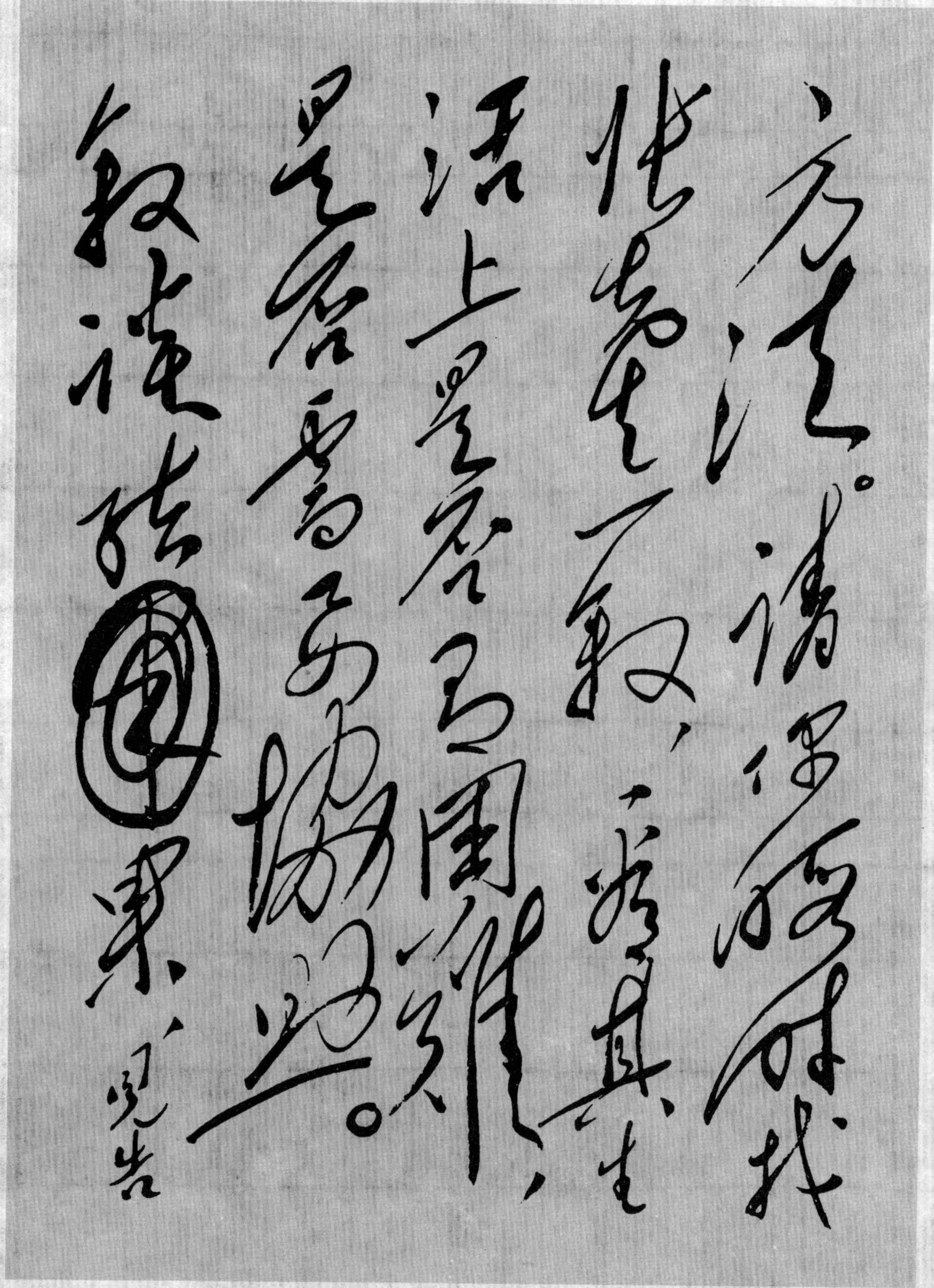

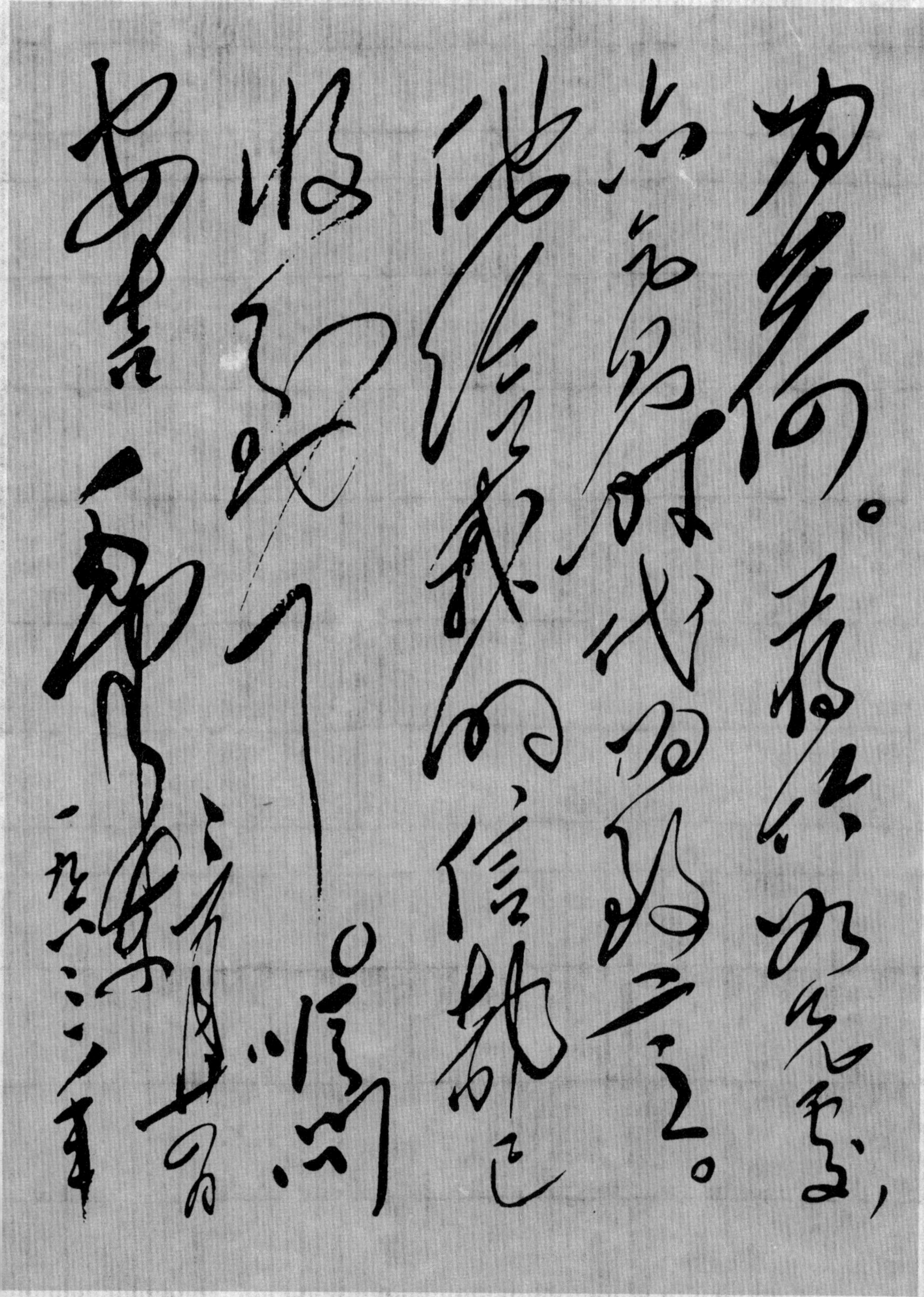

致张干

一九六三年五月二十六日

次仑先生左右：

两次惠书，均已收读，甚为感谢。尊恙情况，周惇元兄业已见告，极为怀念。寄上薄物若干，以为医药之助，尚望收纳为幸。敬颂早日康复。

毛泽东

一九六三年五月廿六

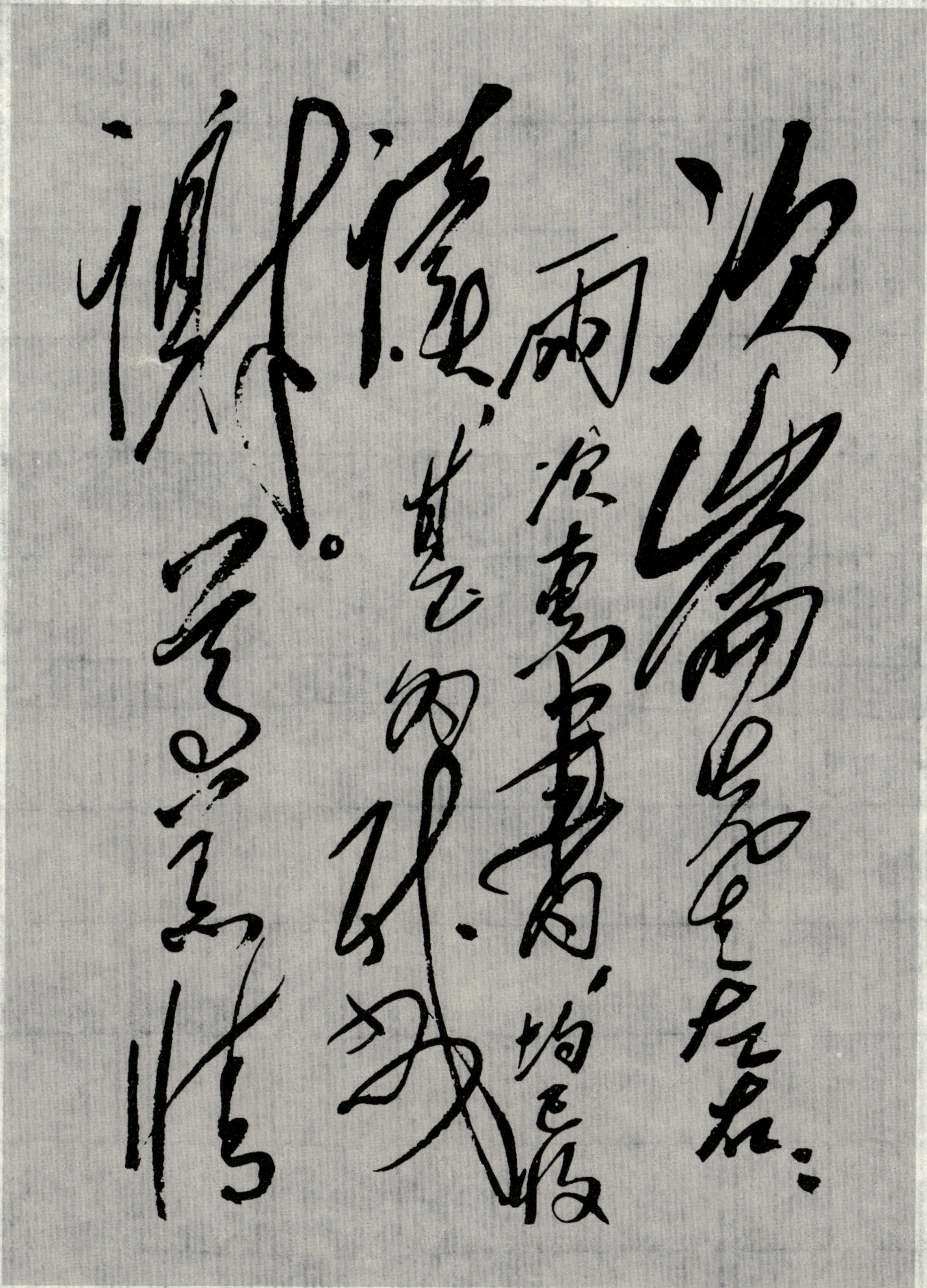

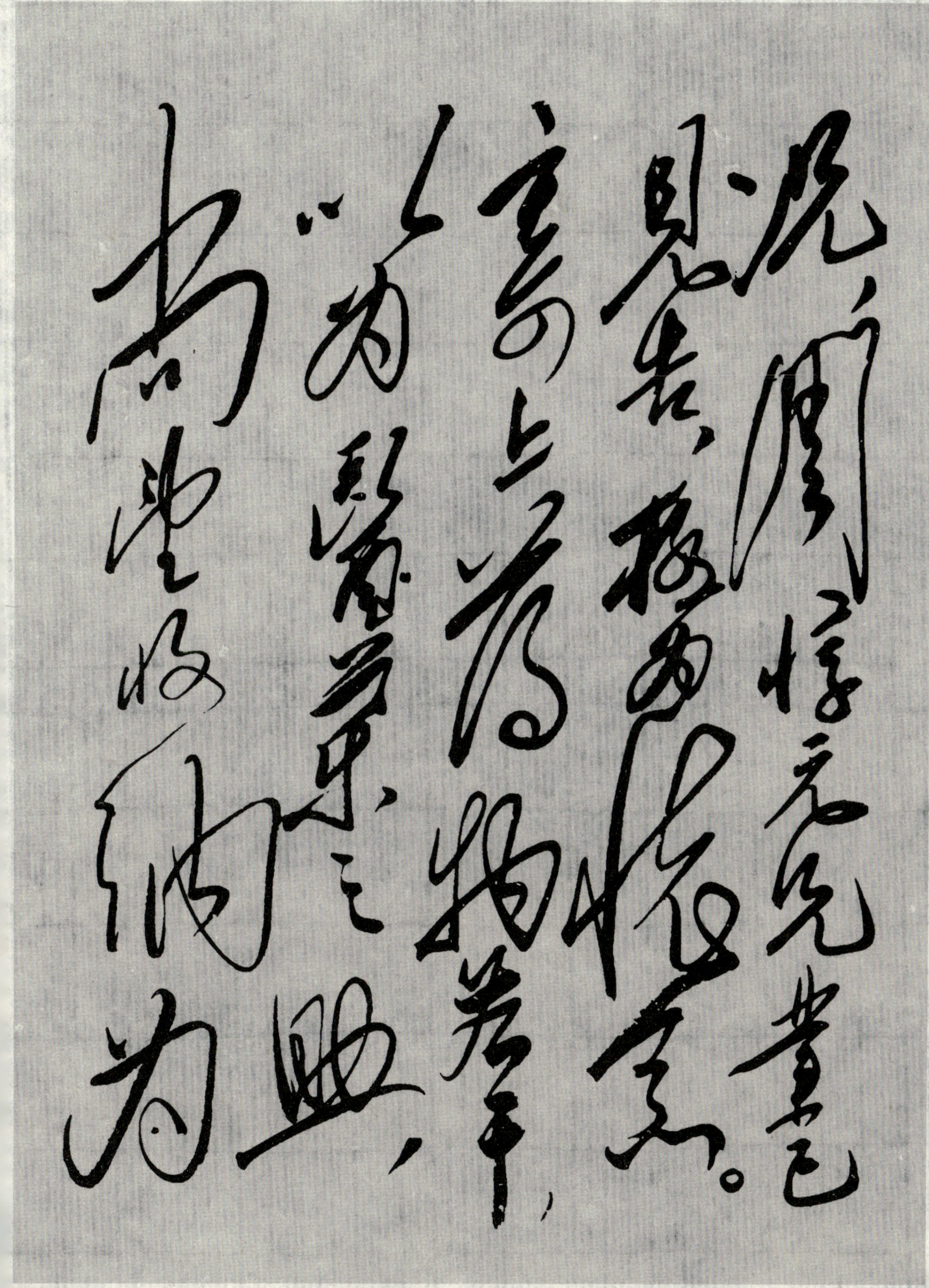

第四时期·书信

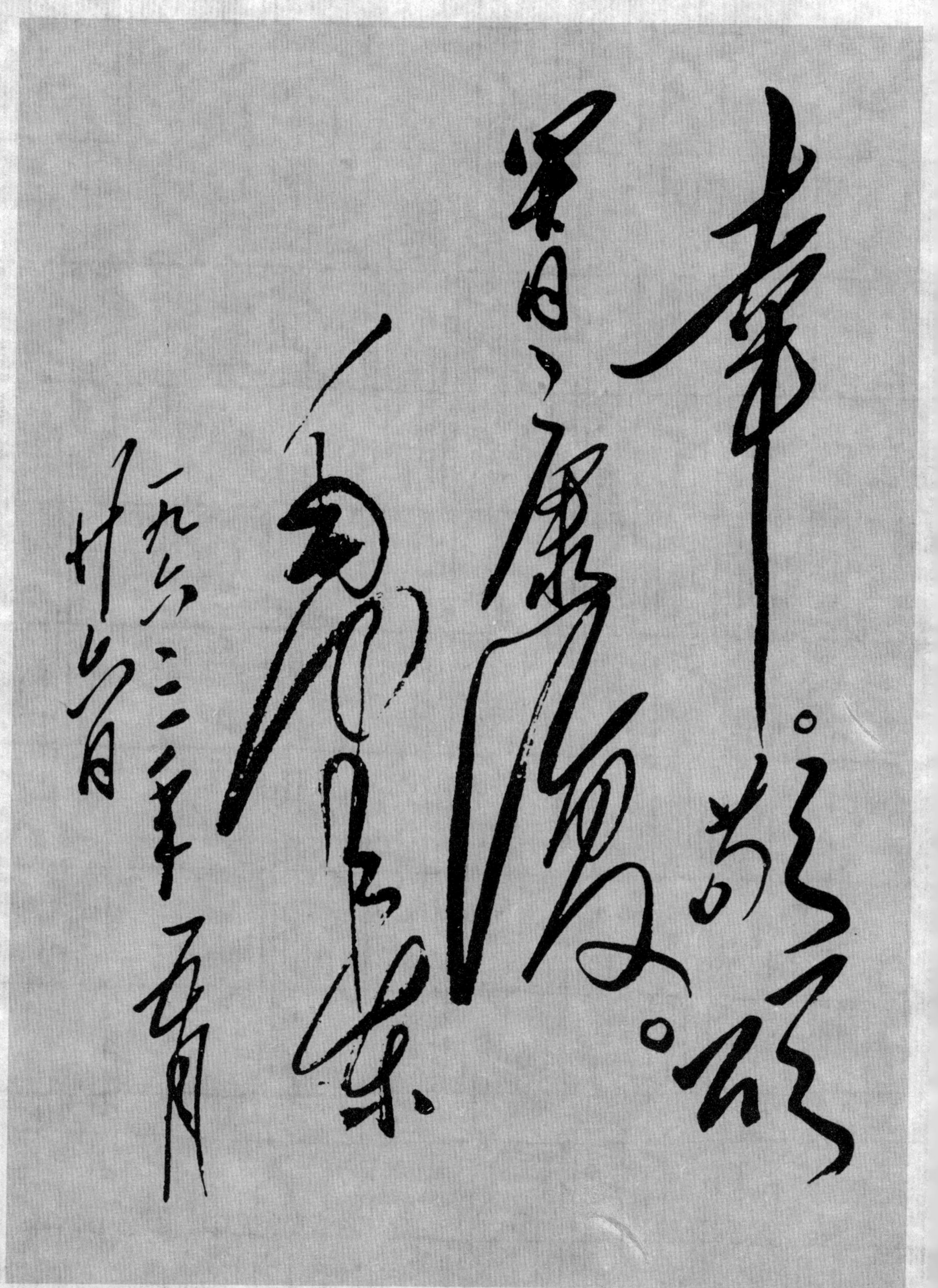

致林铁

一九六三年十一月十七日

林铁同志：

遵嘱写了几个字，不知是否可用？《浪淘沙》一词，待后再写。此祝康吉！

毛泽东

十一月十七日

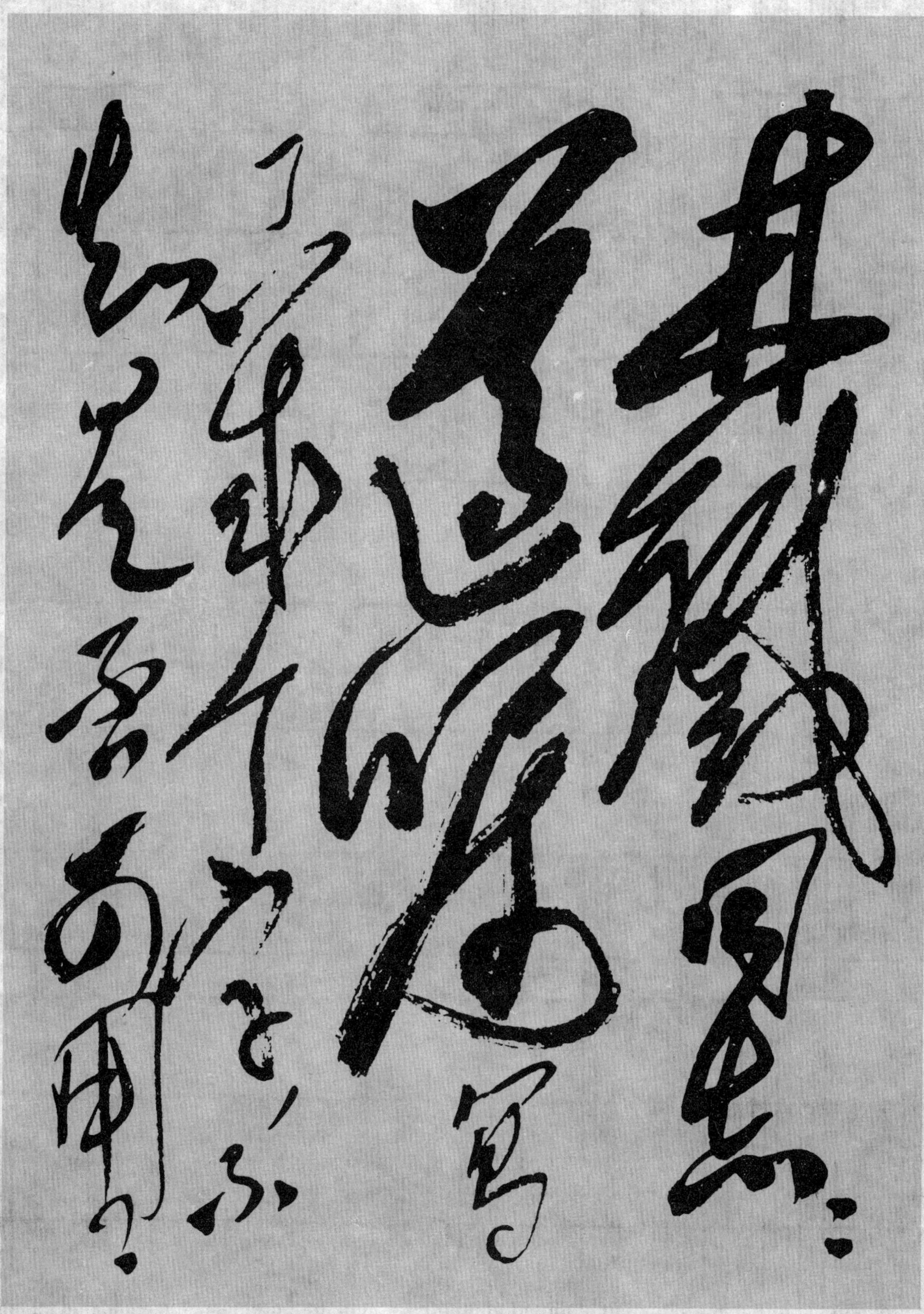

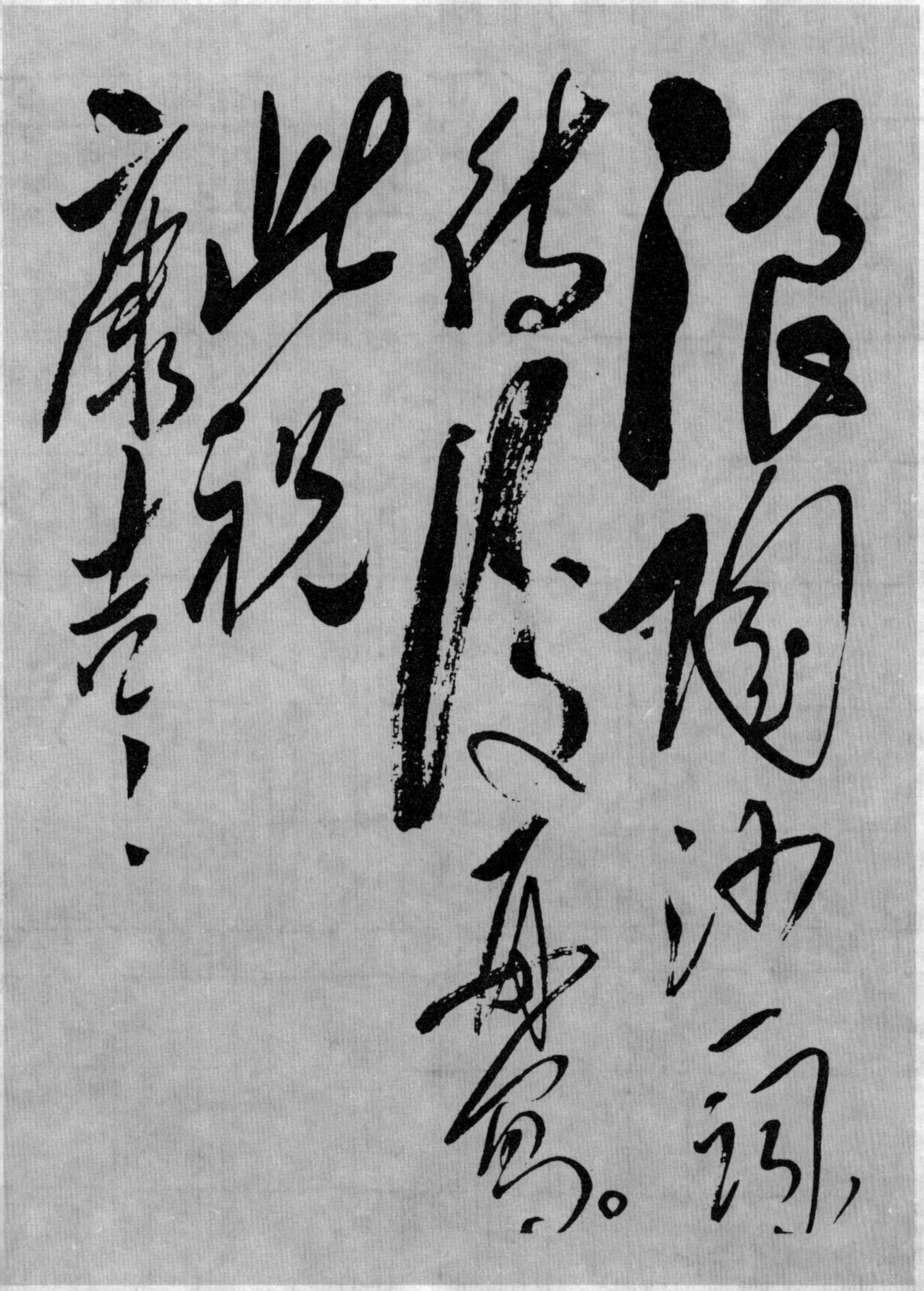

致华罗庚

一九六四年三月十八日

华罗庚先生：

诗和信已经收读。壮志凌云，可喜可贺。肃此。敬颂教祺！

毛泽东

一九六四年三月十八日

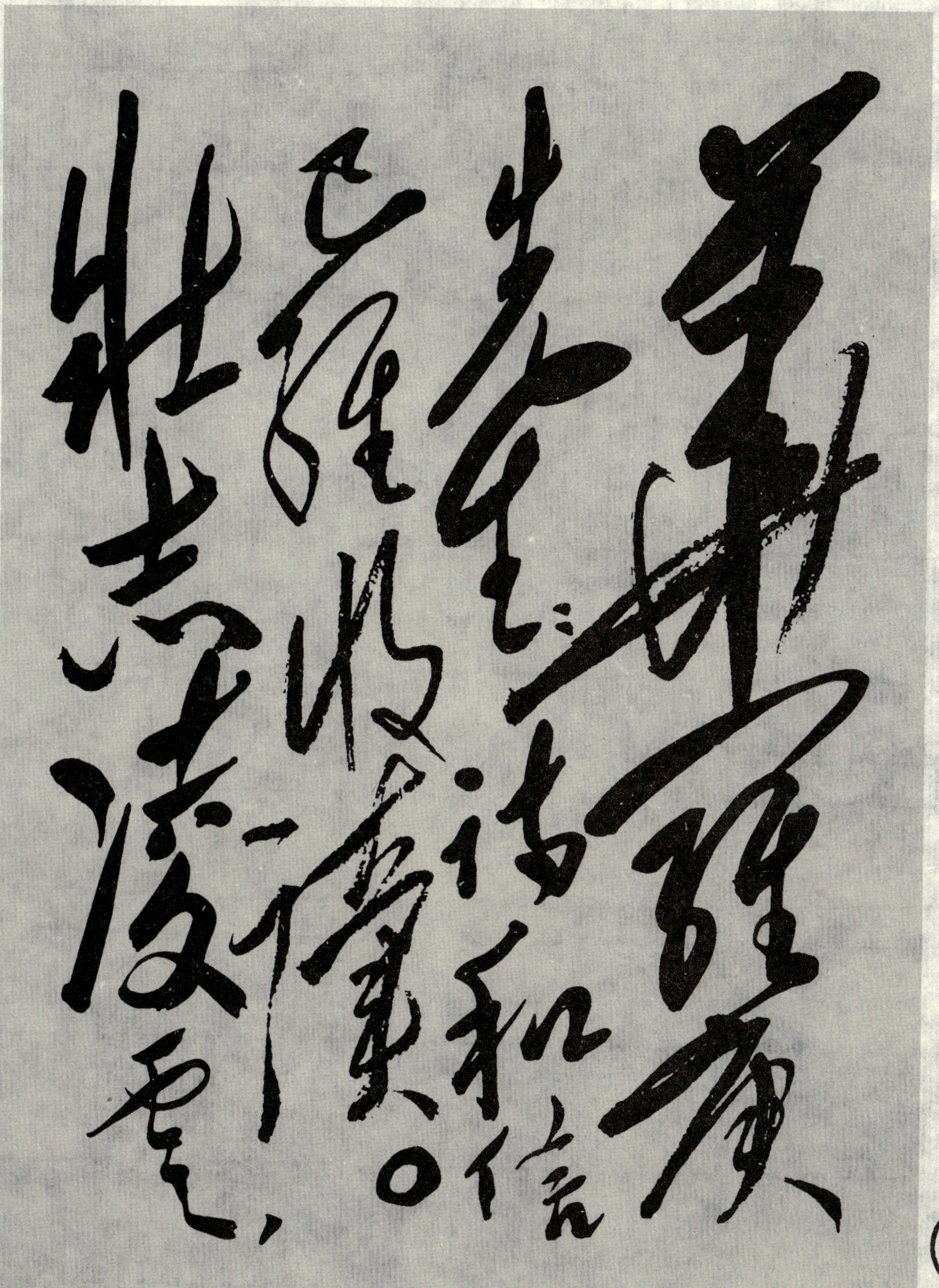

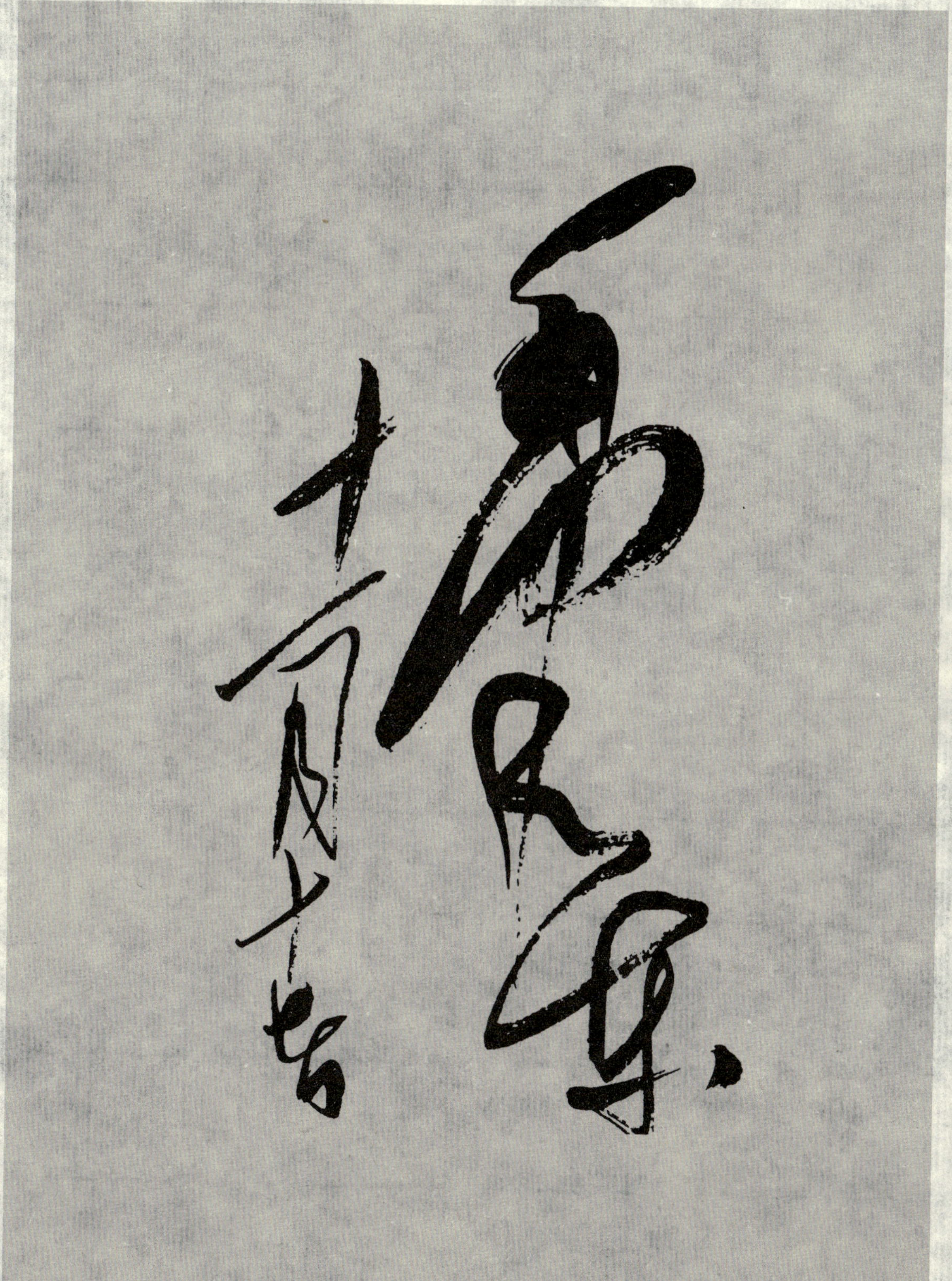

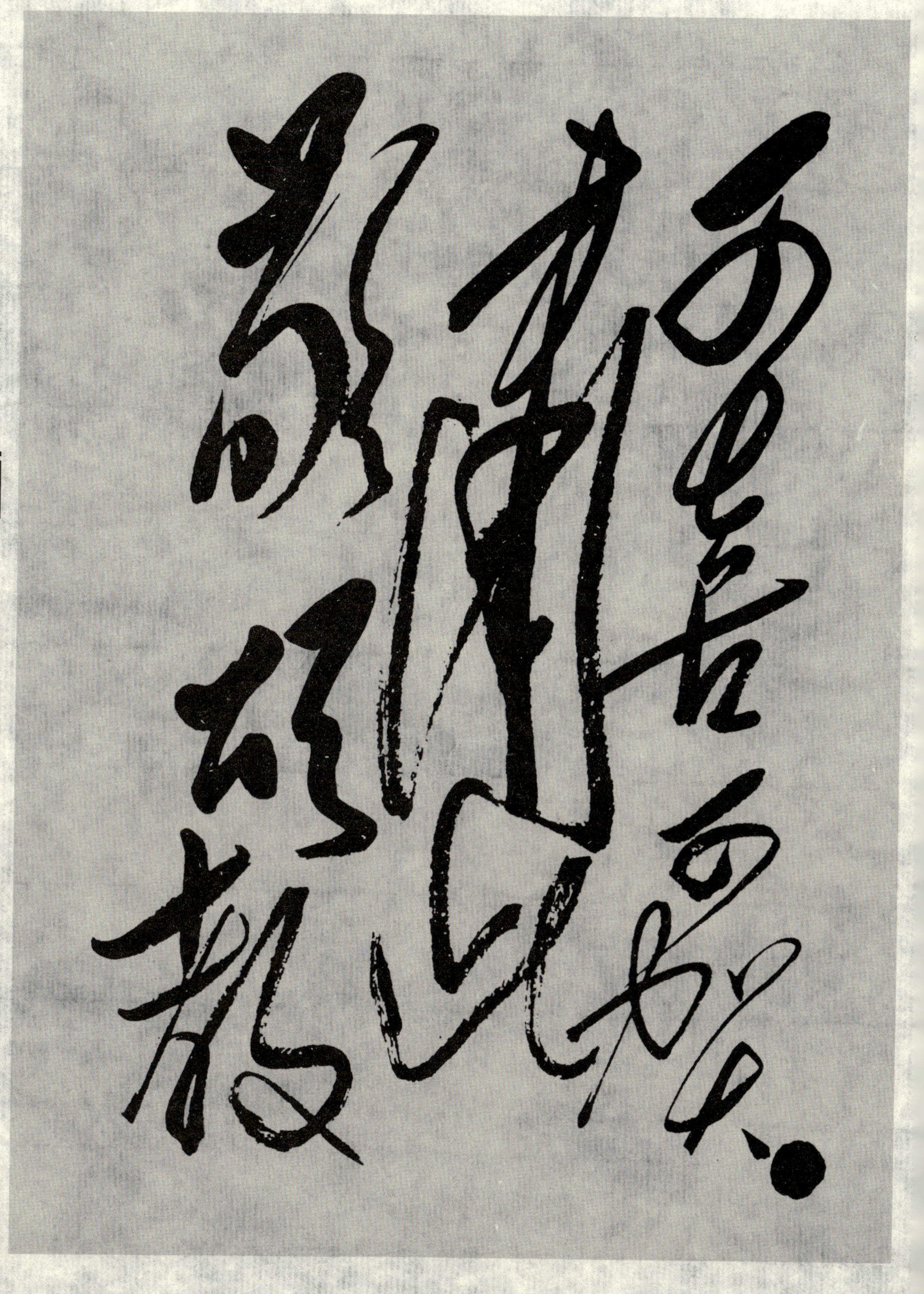

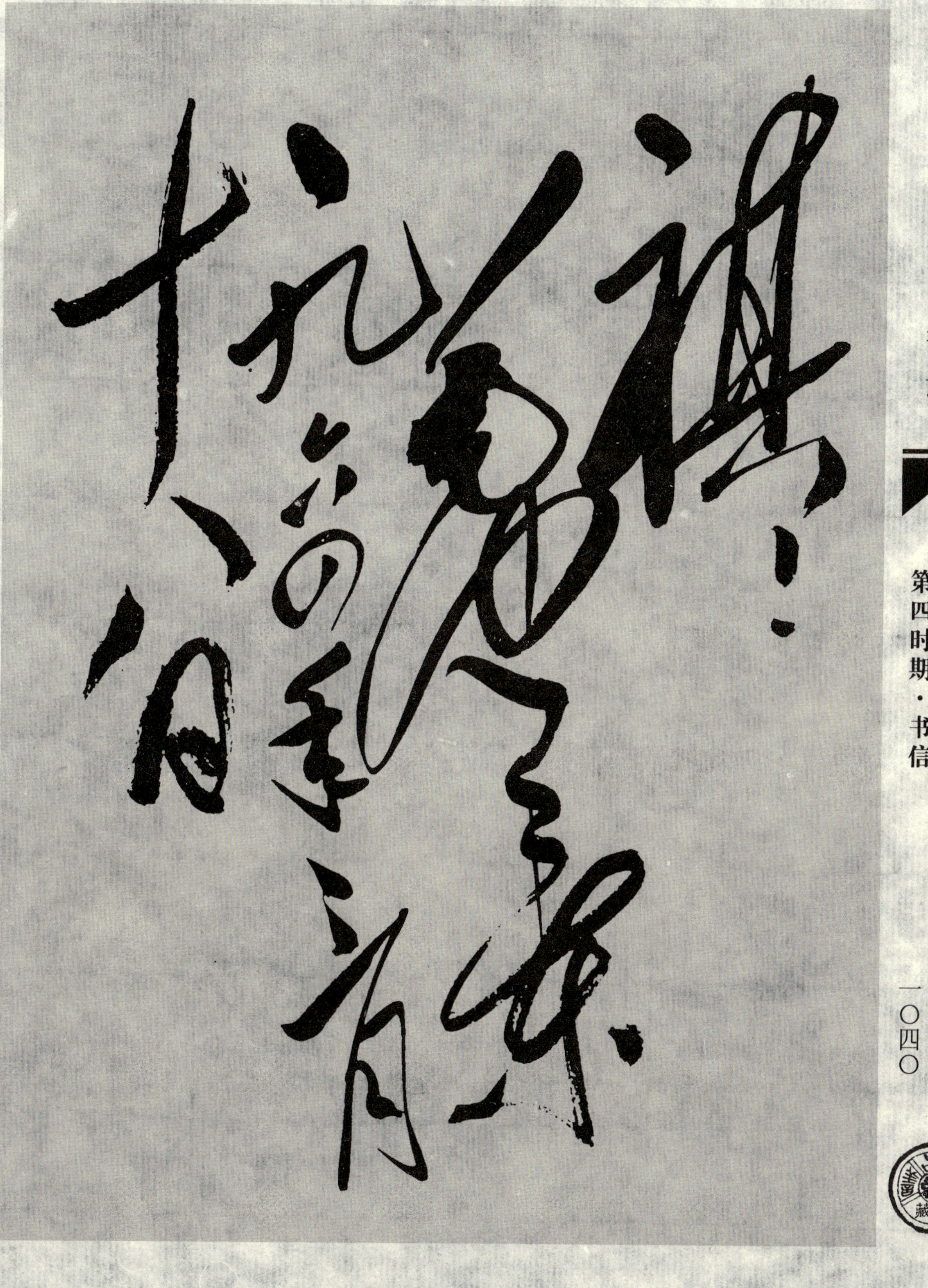

致高亨

一九六四年三月十八日

高亨先生：

　　寄书寄词，还有两信，均已收到，极为感谢。古文典册，我很爱读。肃此。敬颂安吉！

毛泽东

一九六四年三月十八日

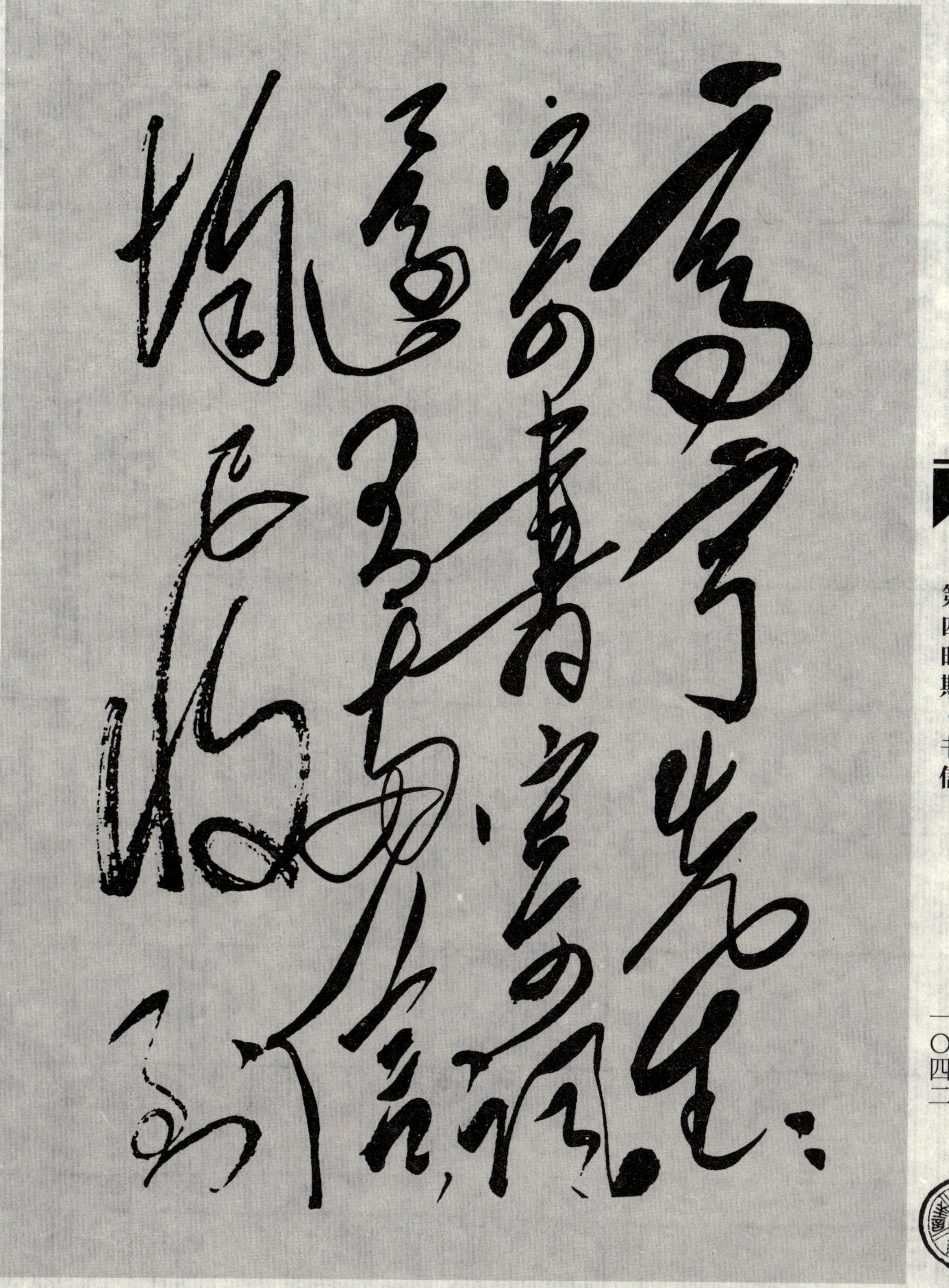

第四时期·书信

第四时期·书信

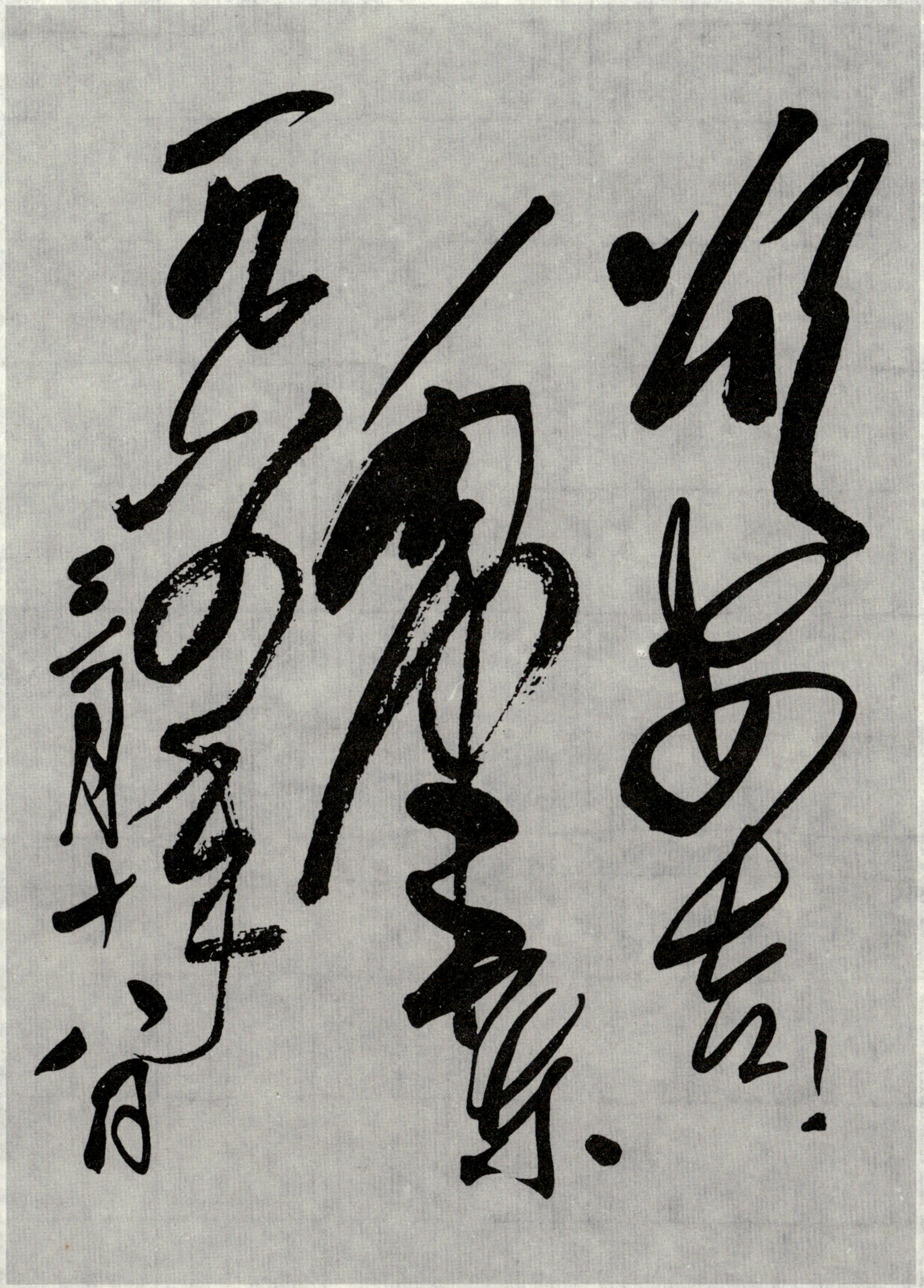

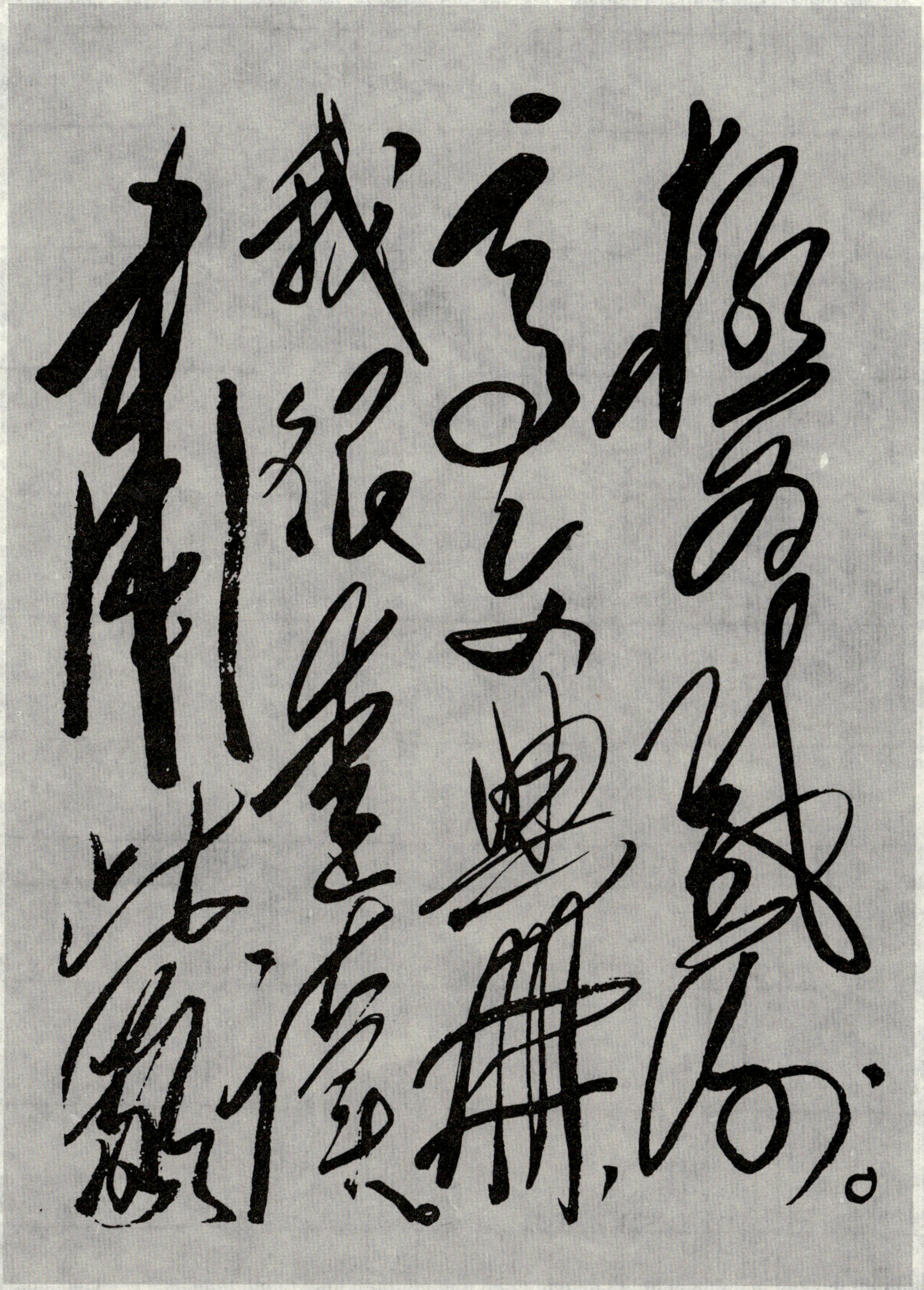

致章士钊

一九六五年六月二十六日

行严先生：

大作收到，义正词严，敬服之至。古人云：投我以木桃，报之以琼瑶。今奉上桃杏各五斤，哂纳为盼！投报相反，尚乞谅解。含之同志身体如何？附此向她问好，望她努力奋斗，有所益进。

毛泽东

一九六五年六月廿六日

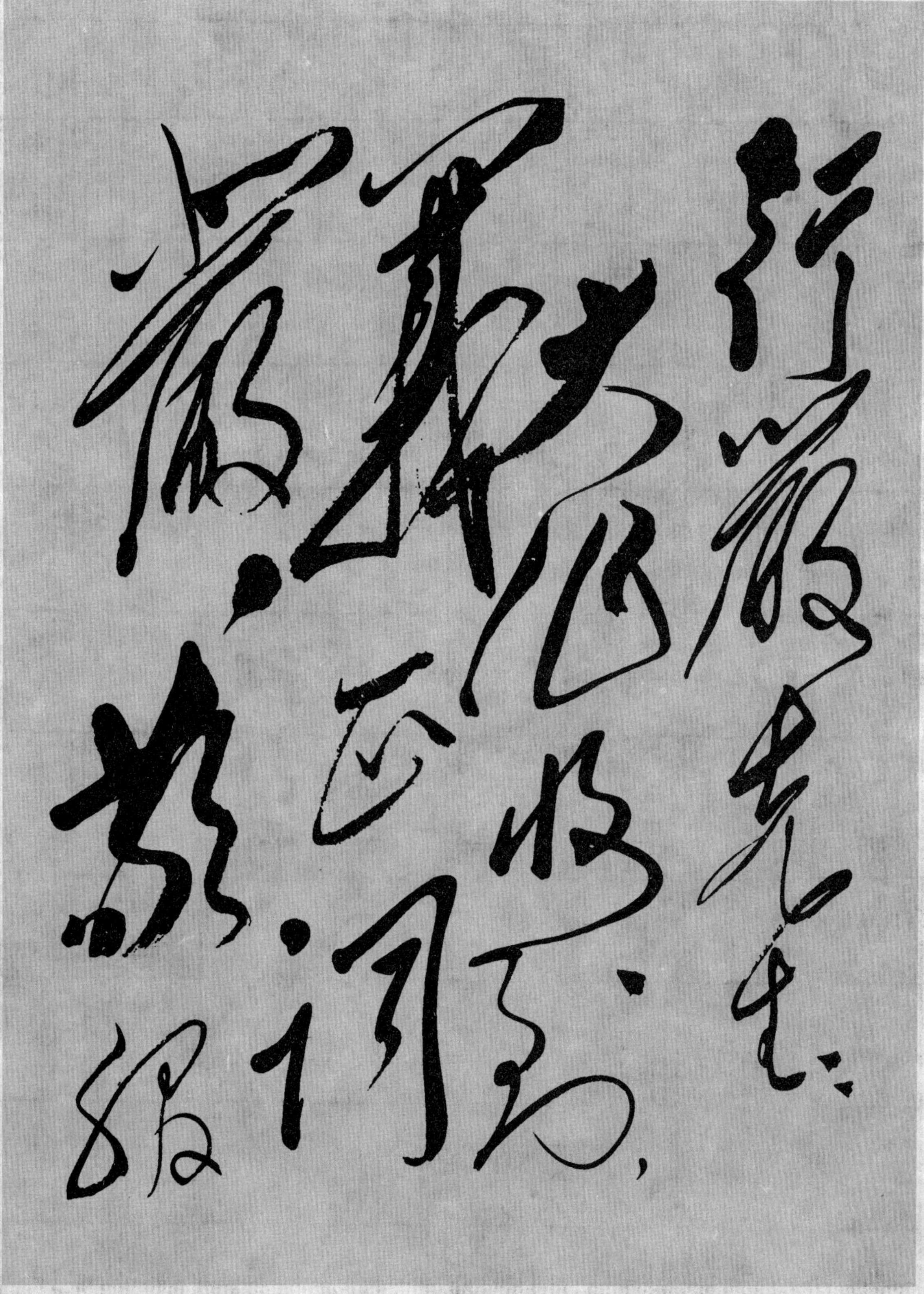

第四时期·书信

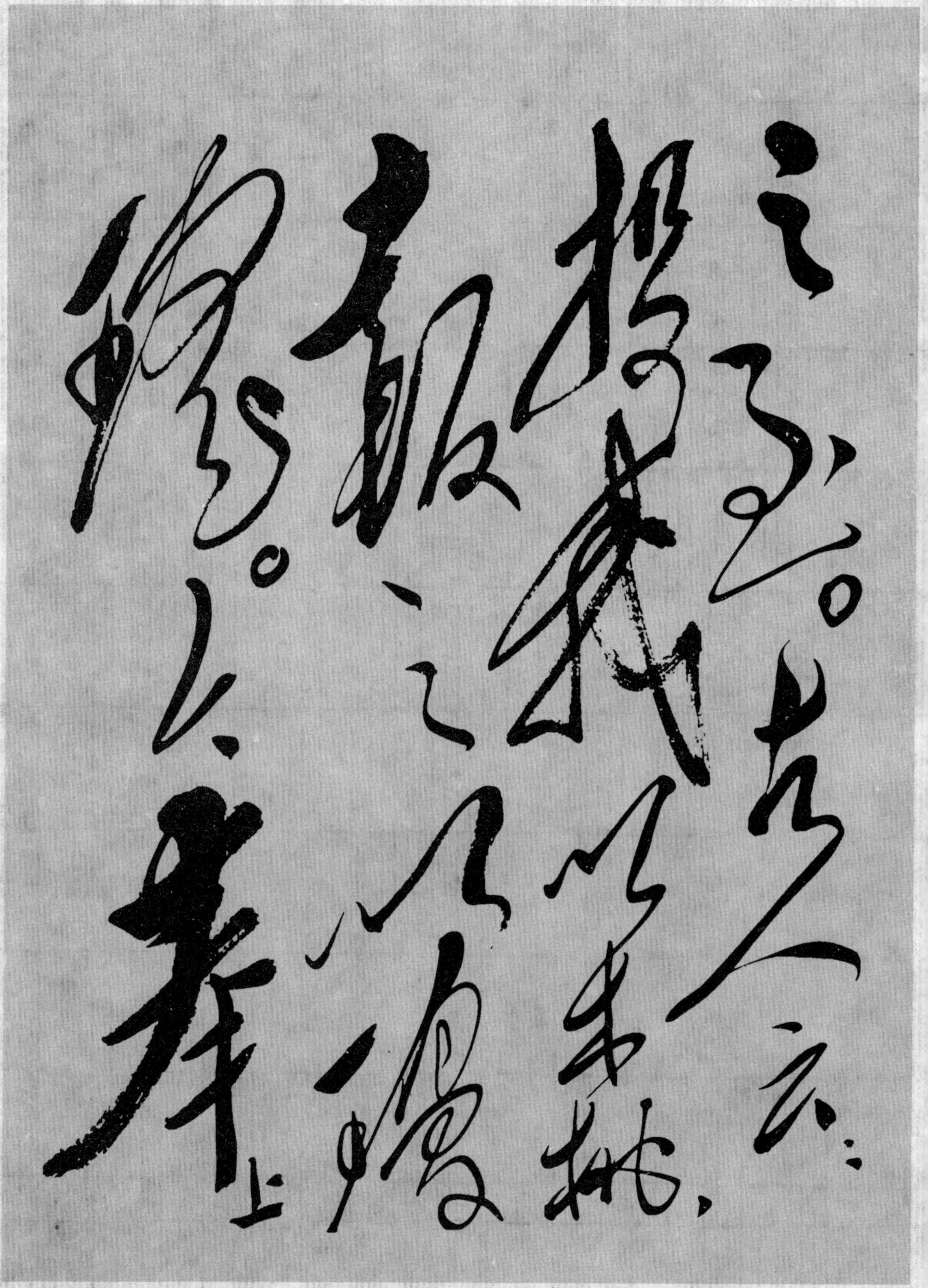

第四时期・书信

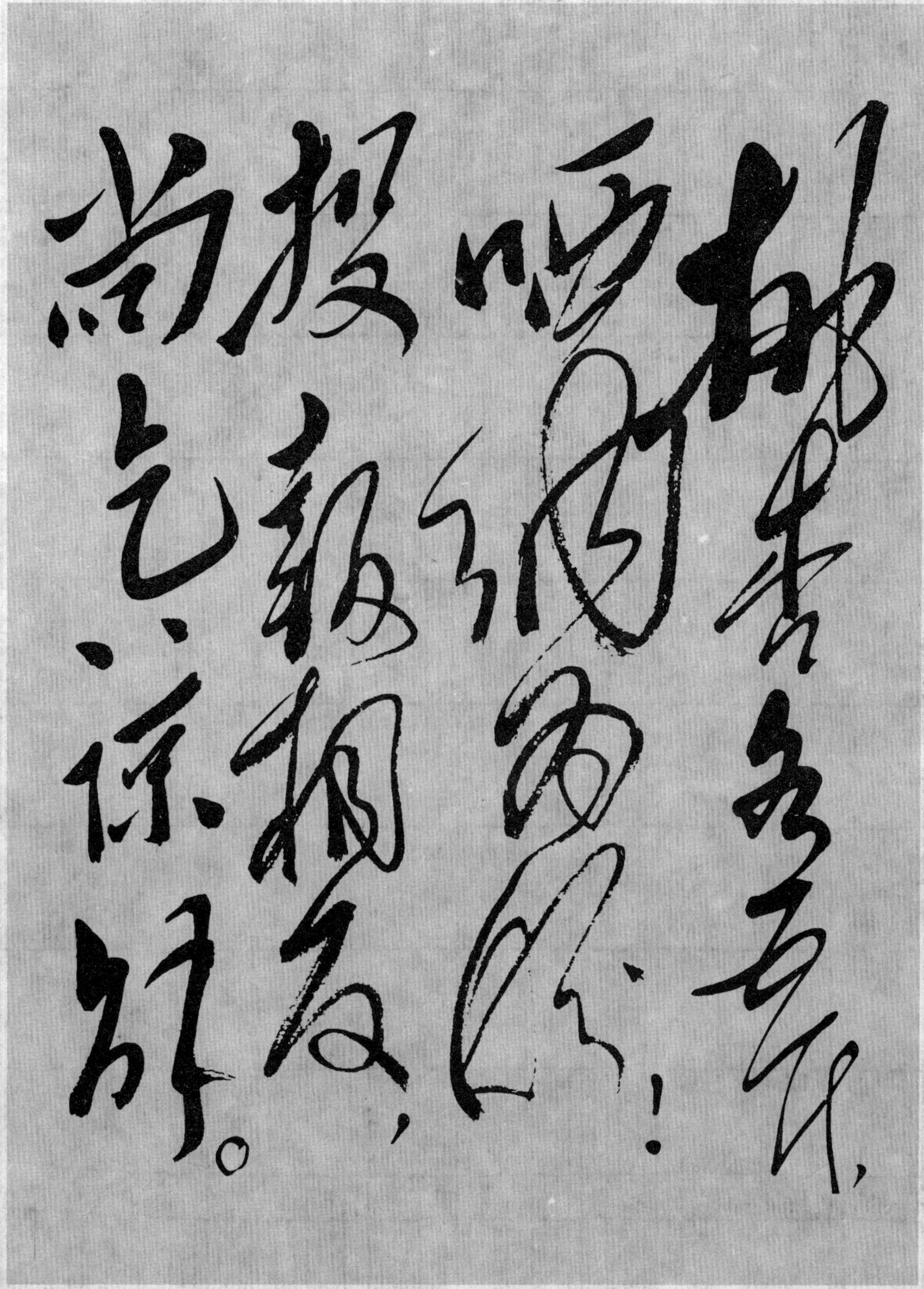

毛澤東手書真迹

第四時期·書信
第四時期·書信

1049
1050

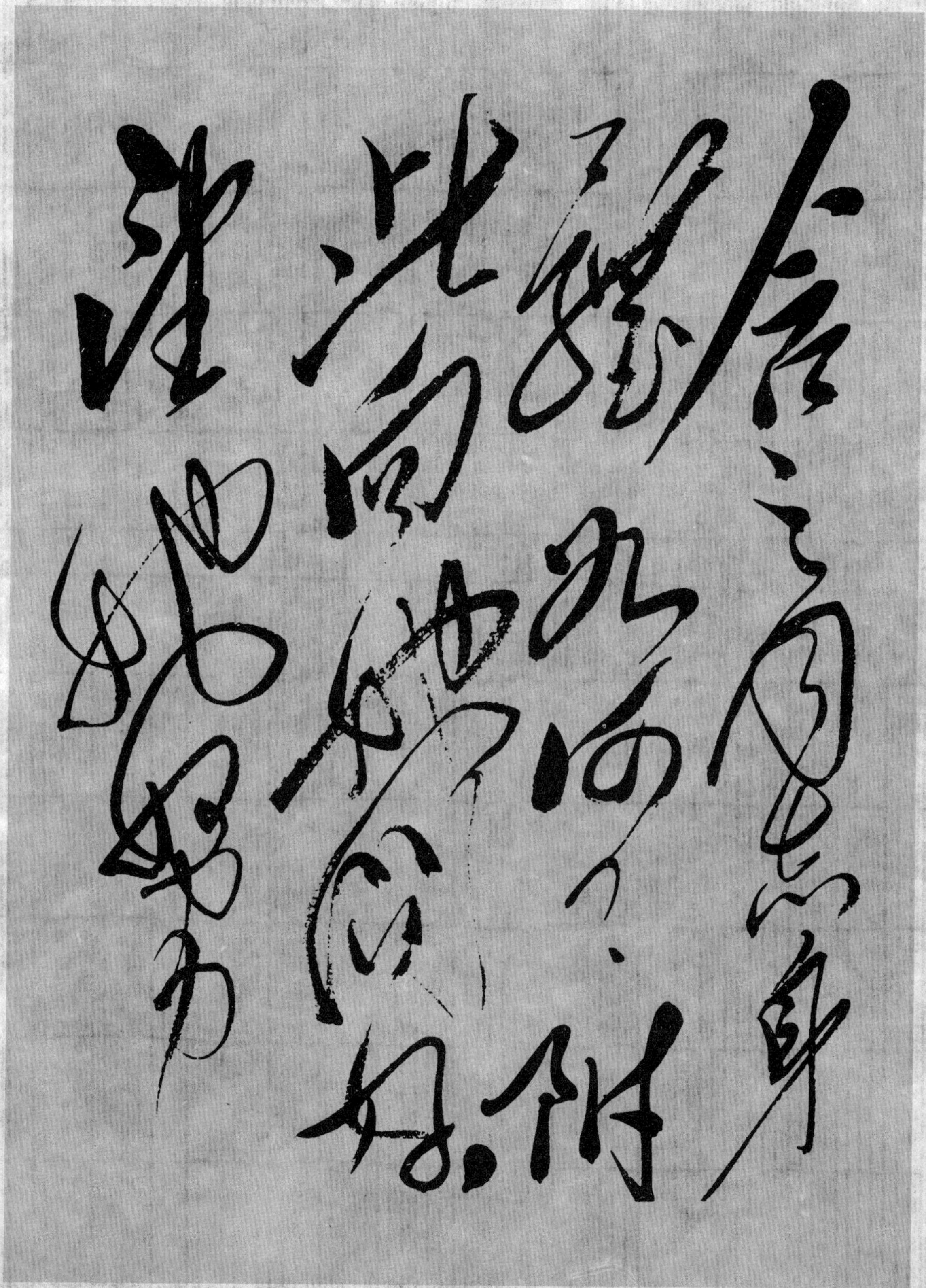

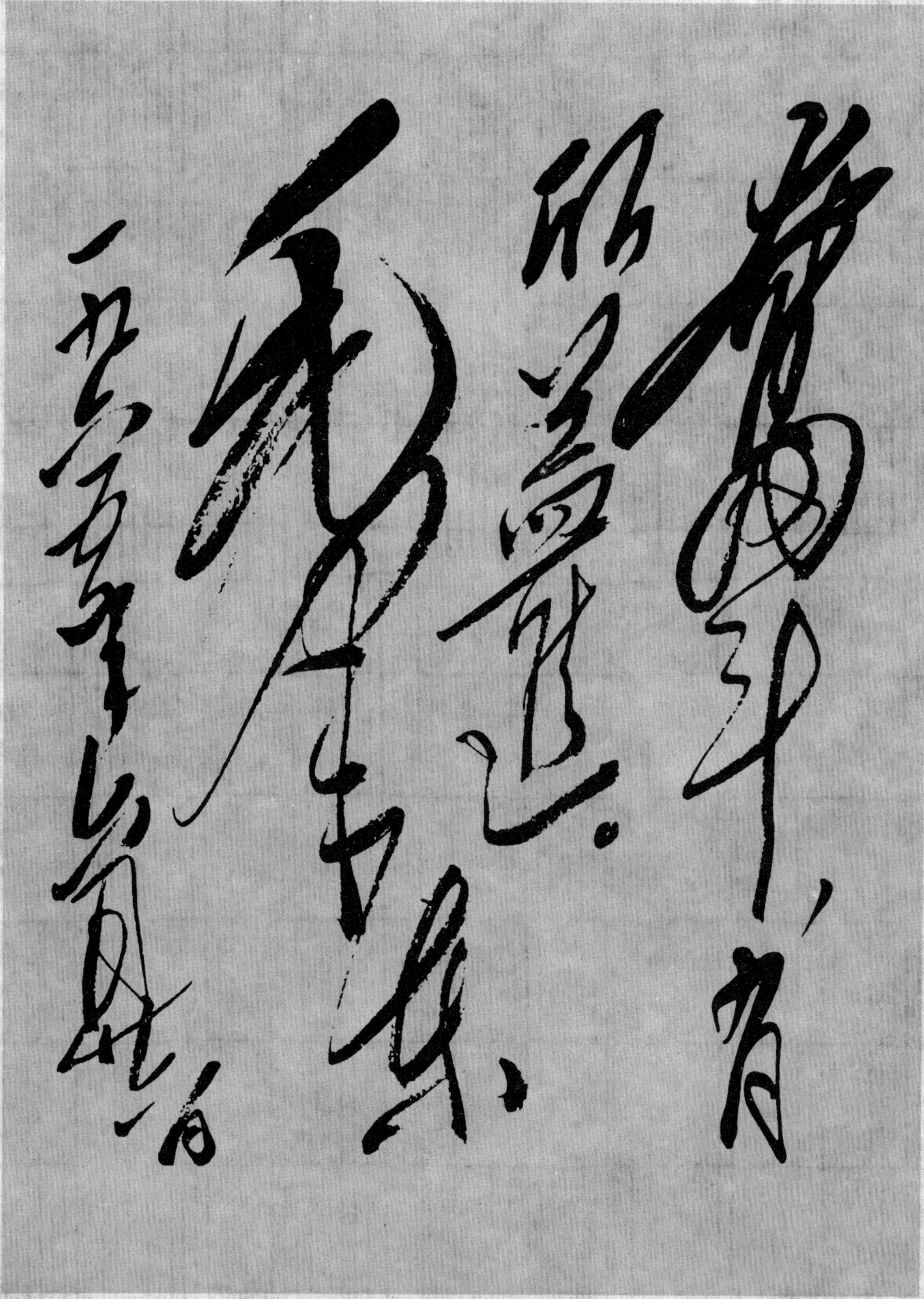

致郭沫若

一九六五年七月十八日

郭老：

章行严先生一信，高二适先生一文均寄上，请研究酌处。我复章先生信亦先寄你一阅。笔墨官司，有比无好。未知尊意如何？敬颂安吉！并问力〔立〕群同志好。

毛泽东

一九六五年七月十八日

章信，高文留你处

我复章信，请阅后退回。

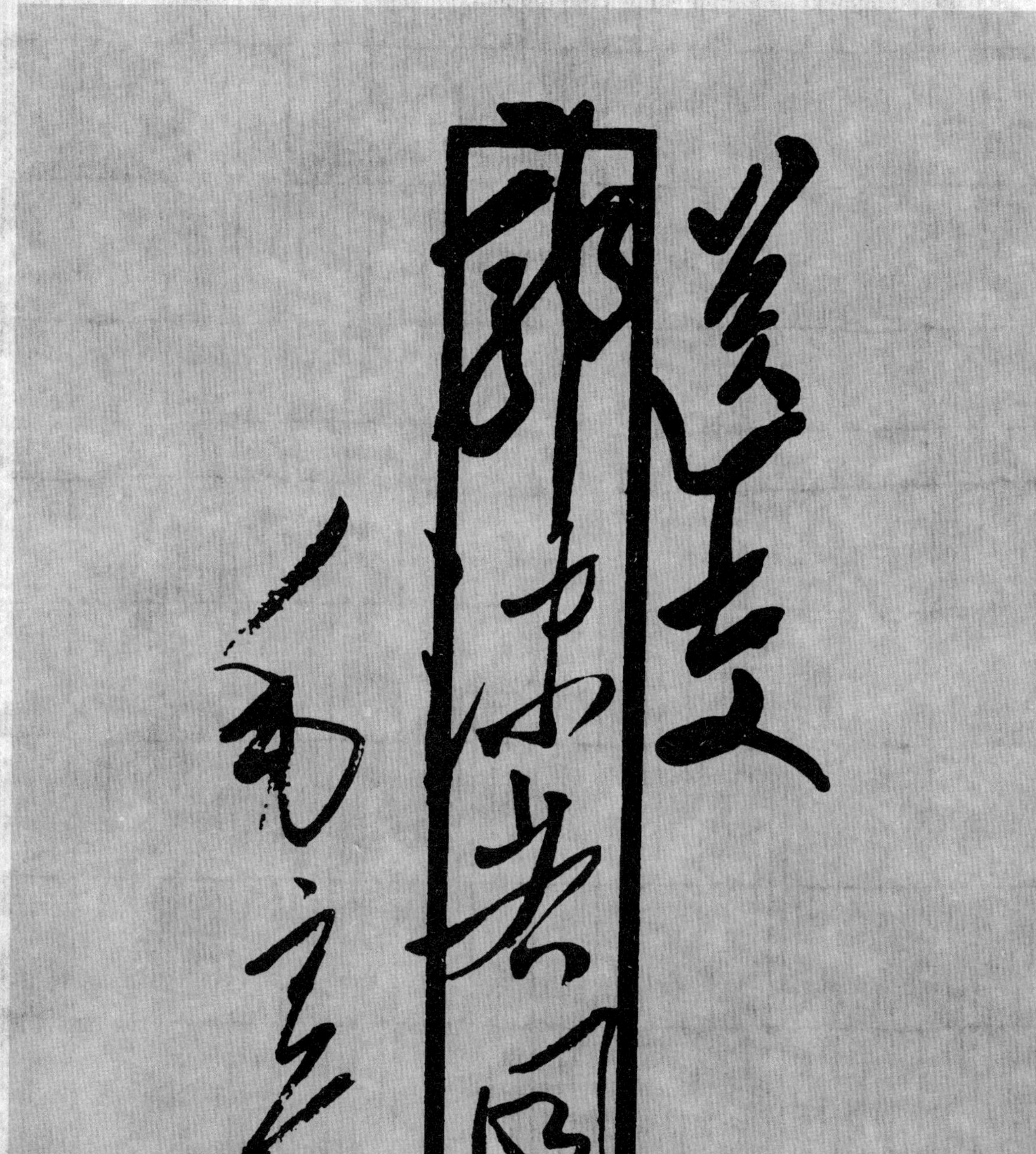

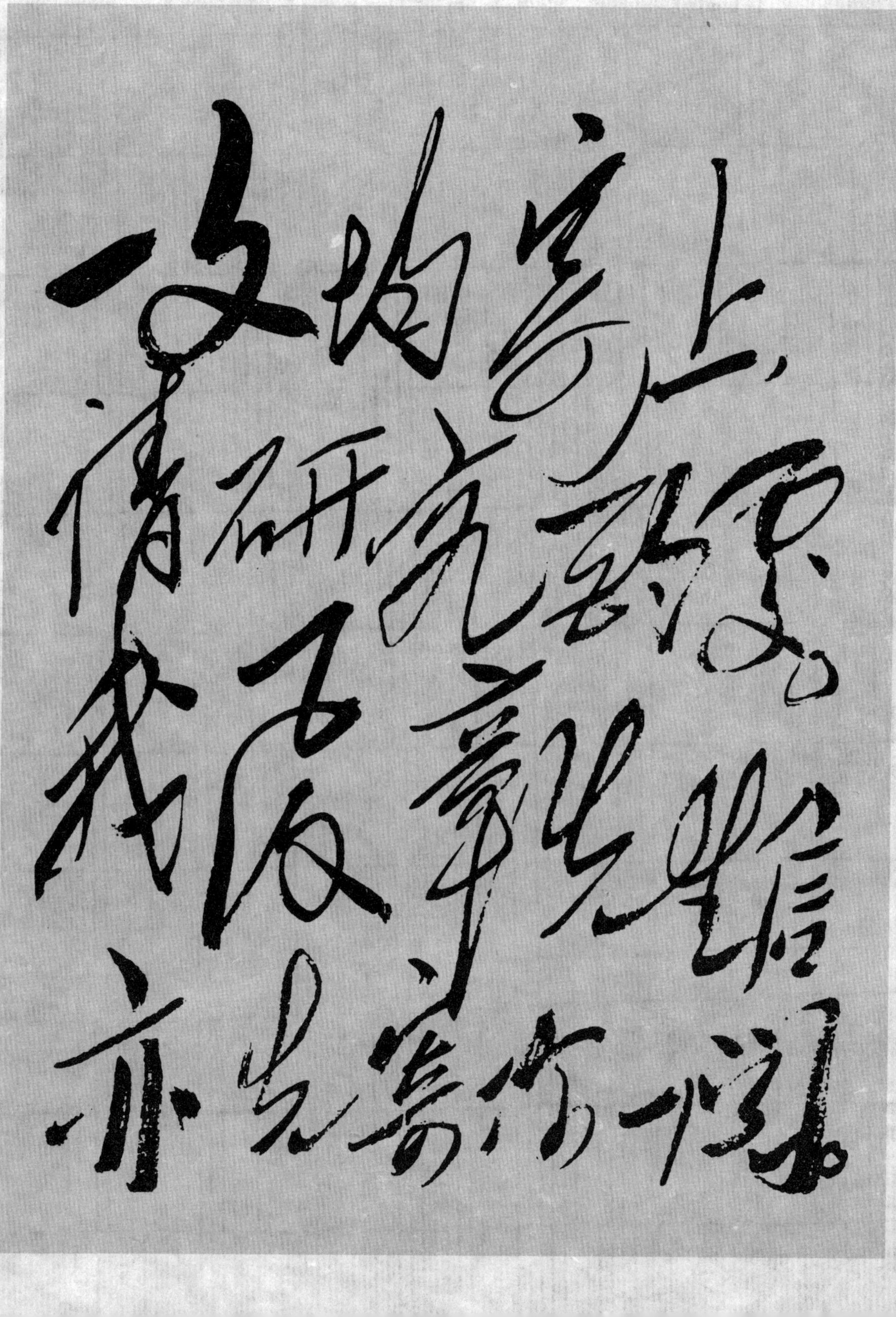

第四时期·书信

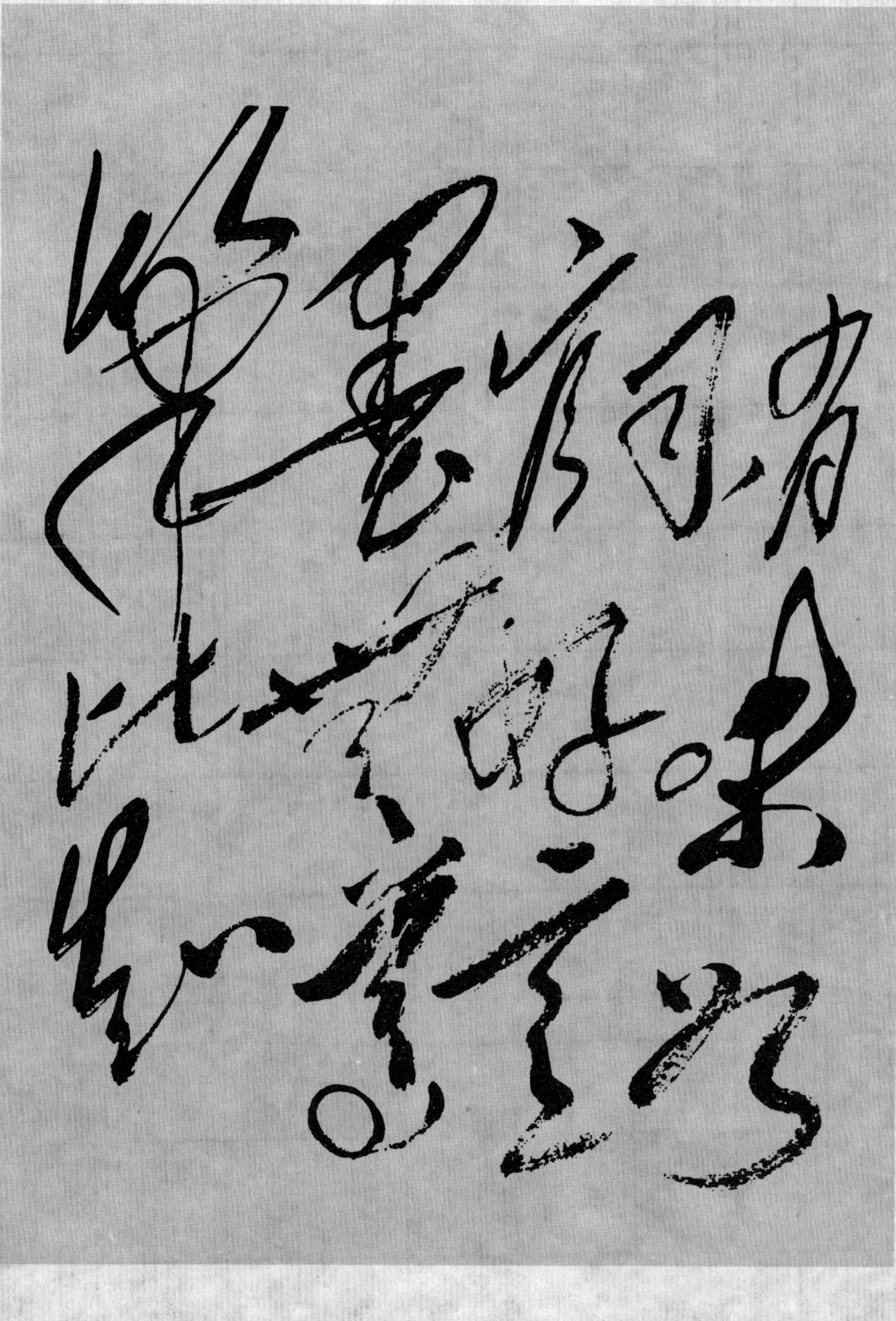

致章士钊

一九六五年七月十八日

行严先生：

各信及指要下部都已收到，已经读过一遍，还想读一遍。上部也还想再读一遍。另有友人也想读。大问题是唯物史观问题，即主要是阶级斗争问题。但此事不能求之于世界观已经固定之老先生们，故不必改动。嗣后历史学者可能批评你这一点，请你要有精神准备，不怕人家批评。又高先生评郭文已读过，他的论点是地下不可能发掘出真、行、草墓石。草书不会书碑，可以断言。至于真、行是事否曾经书碑，尚待地下发掘证

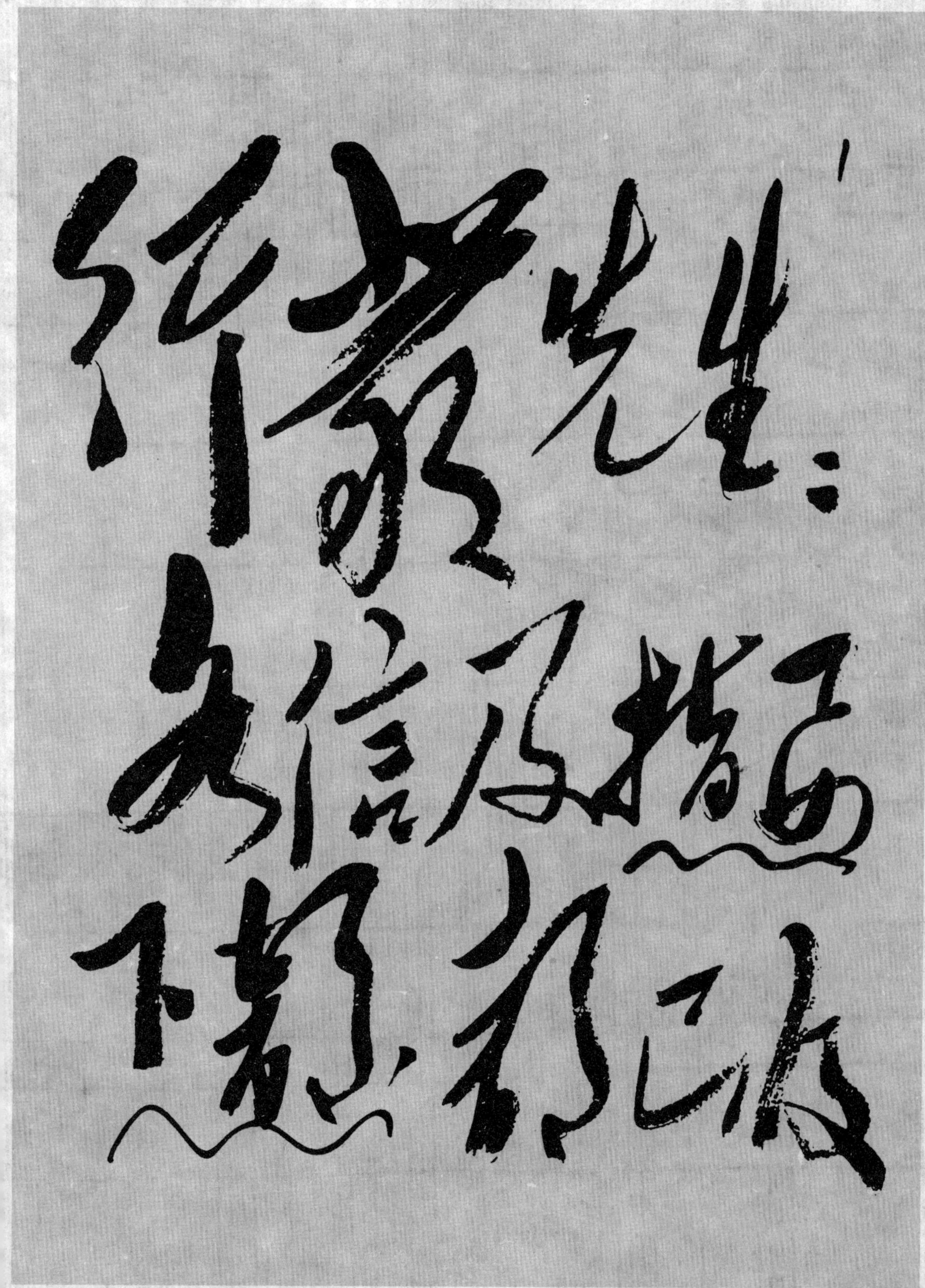

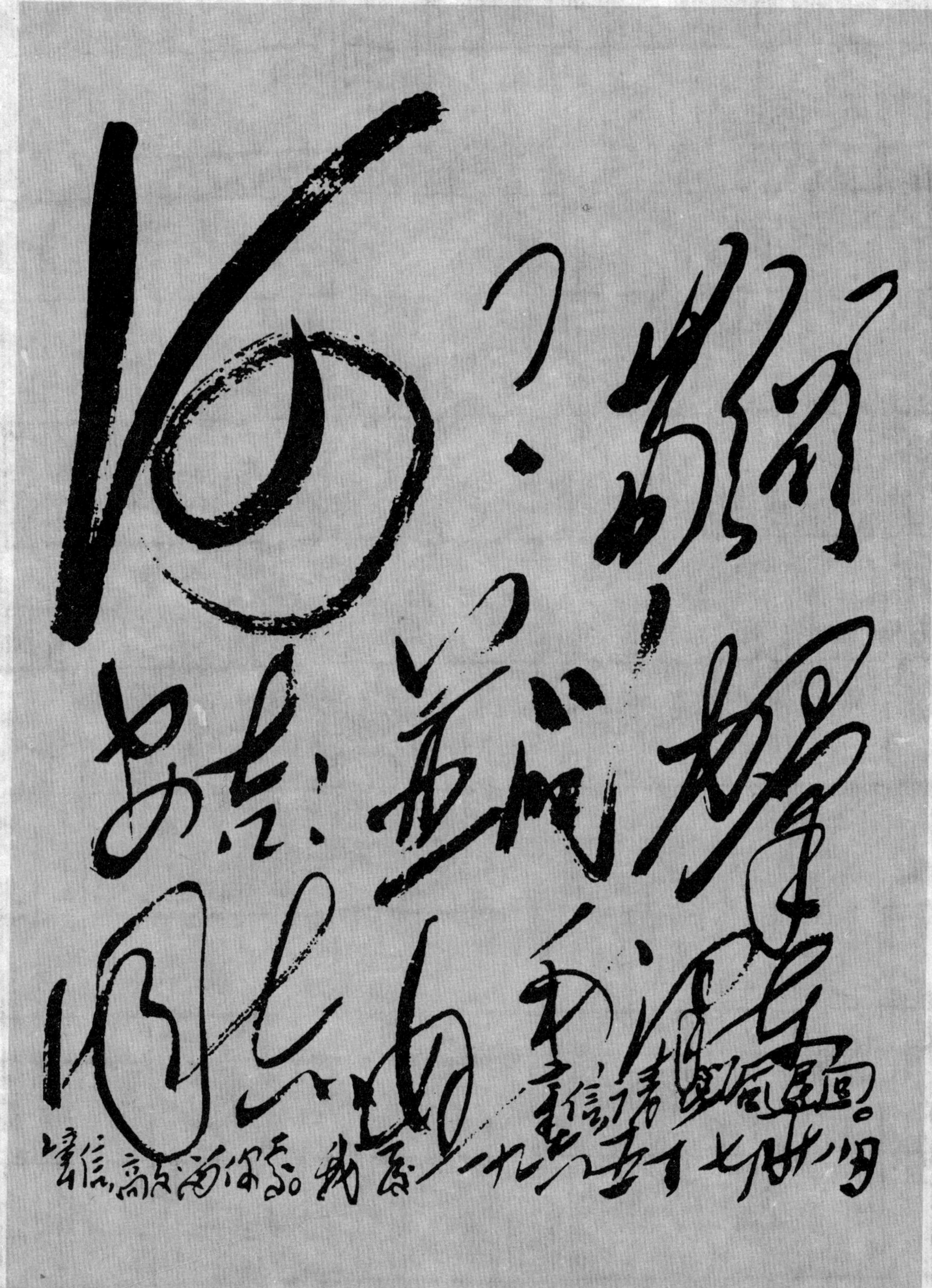

第四时期·书信

实。但争论是应该有的，我当劝说郭老、康生、伯达诸同志赞成高二适一文公诸于世。柳文上部，盼即寄来。敬颂

康吉！

毛泽东

一九六五年七月十八日

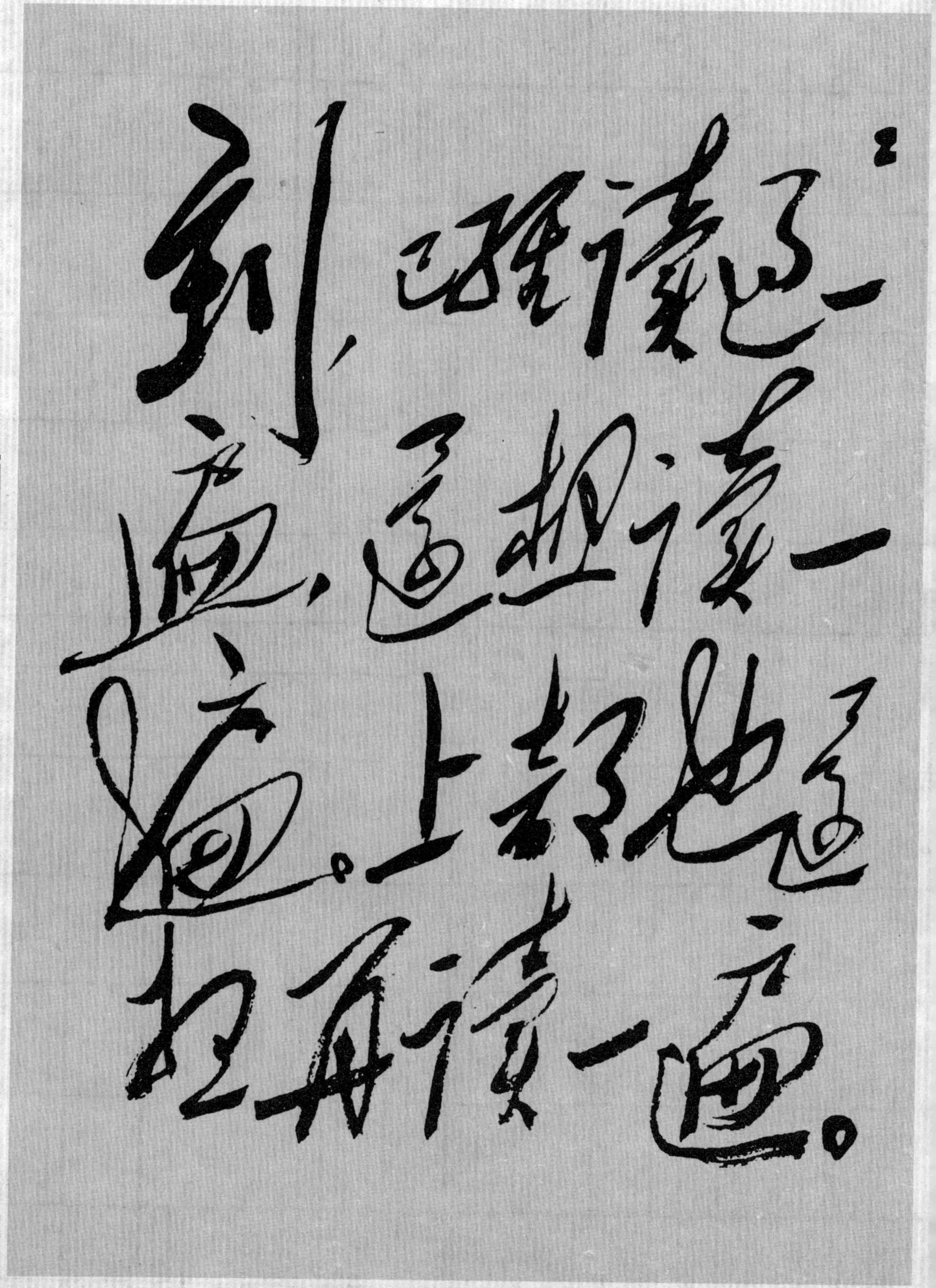

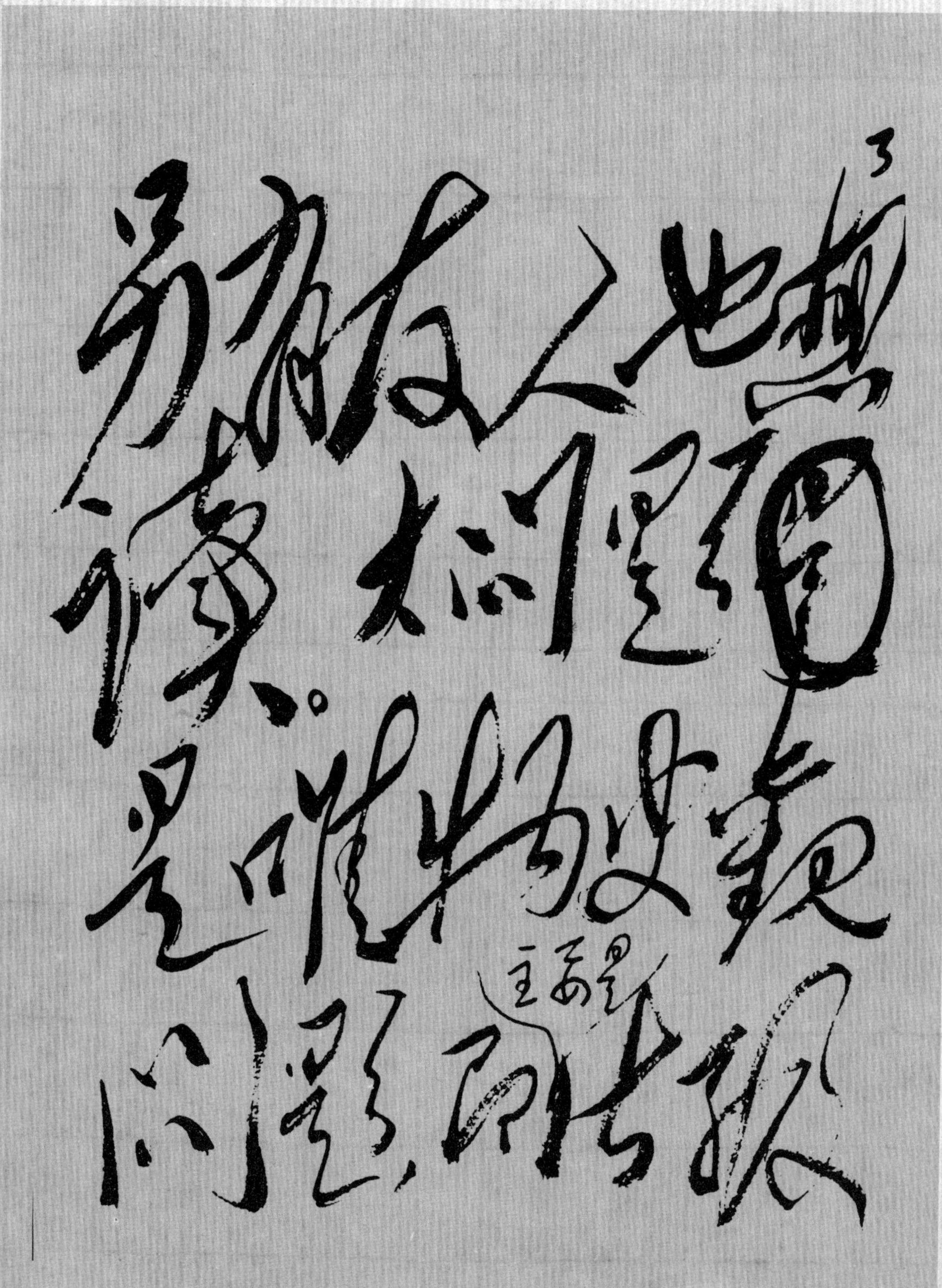

第四时期·书信

毛澤東手書真迹

第四時期·書信

第四時期·書信

一九五九

一九六〇

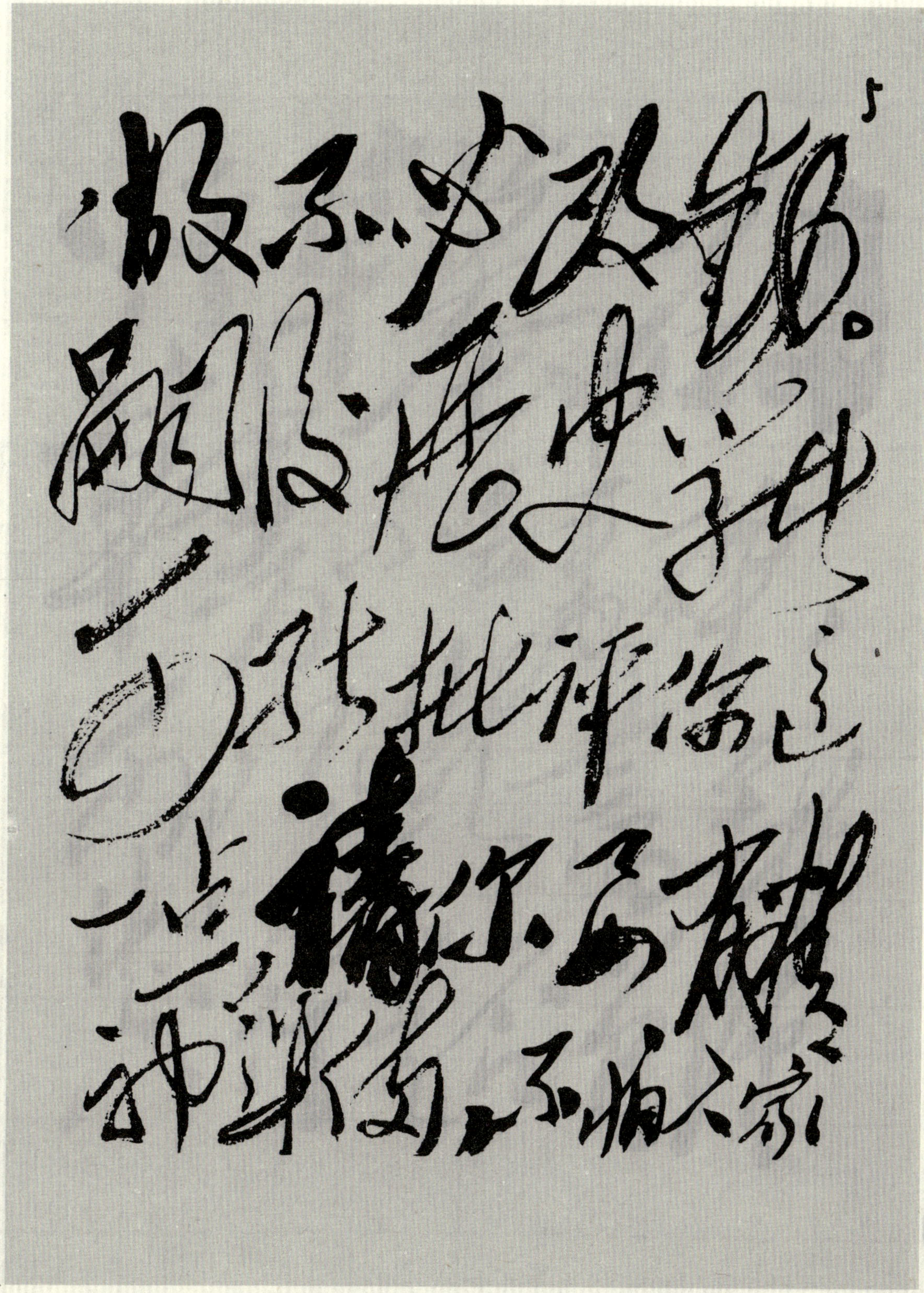

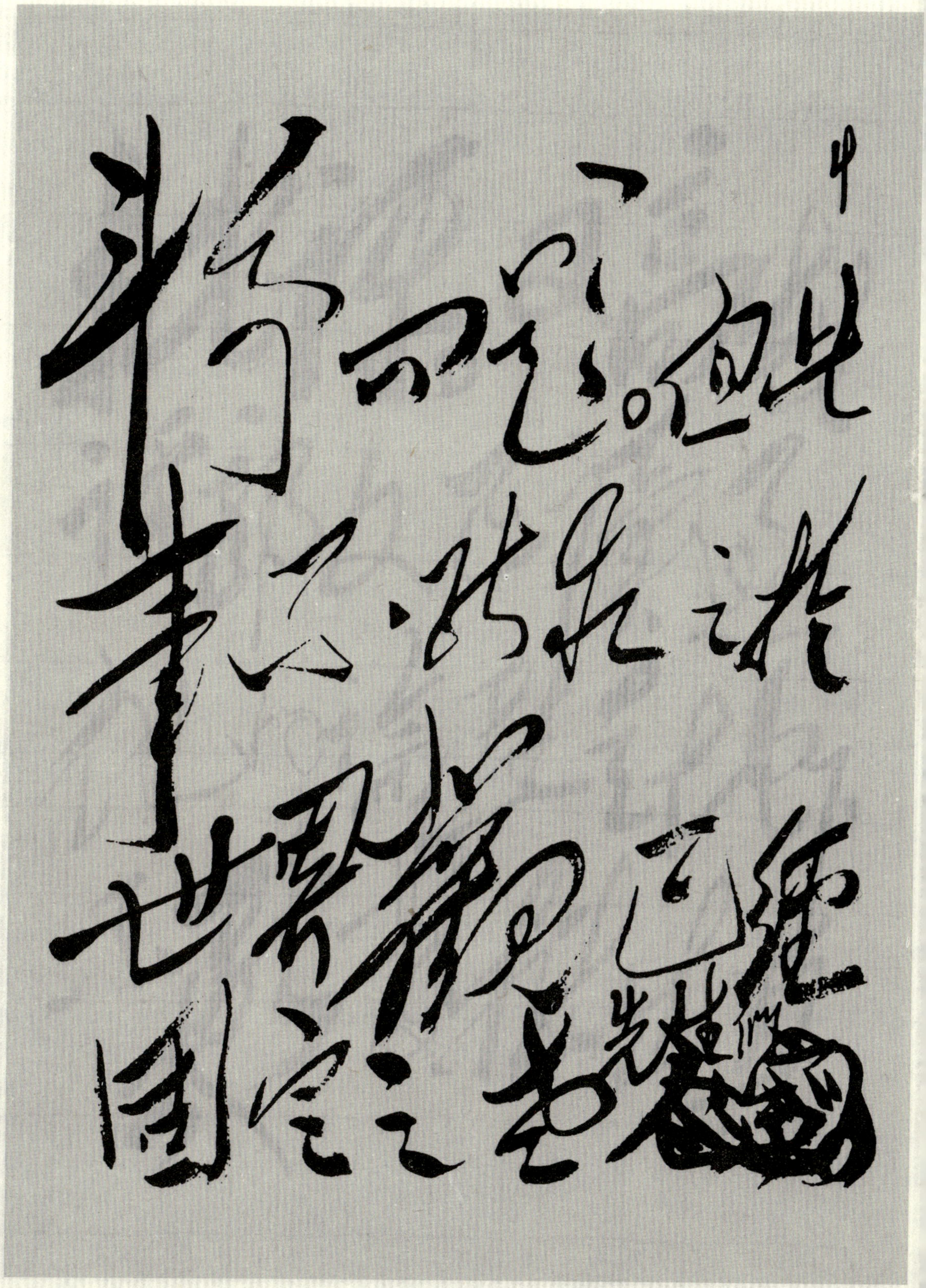

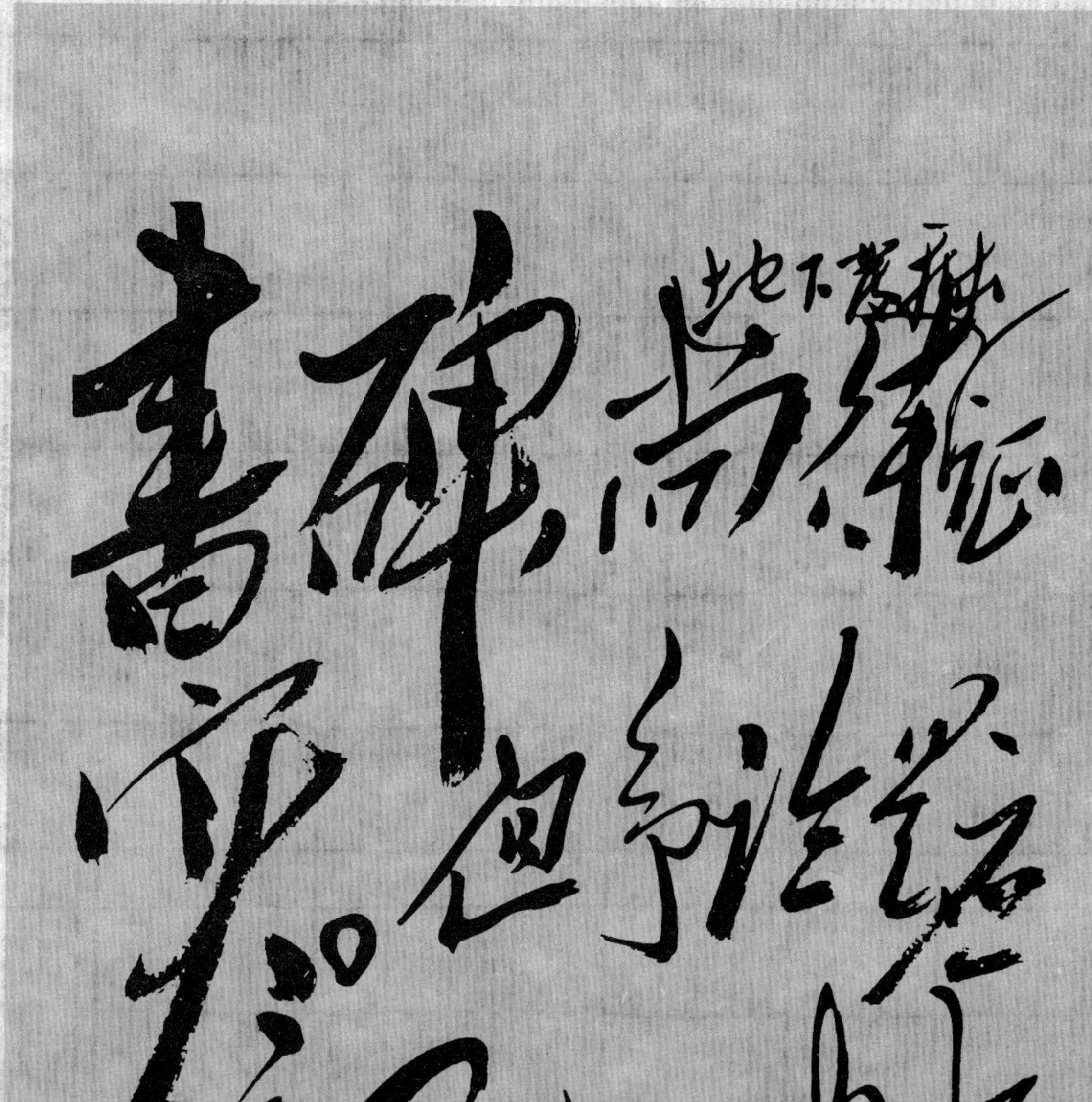

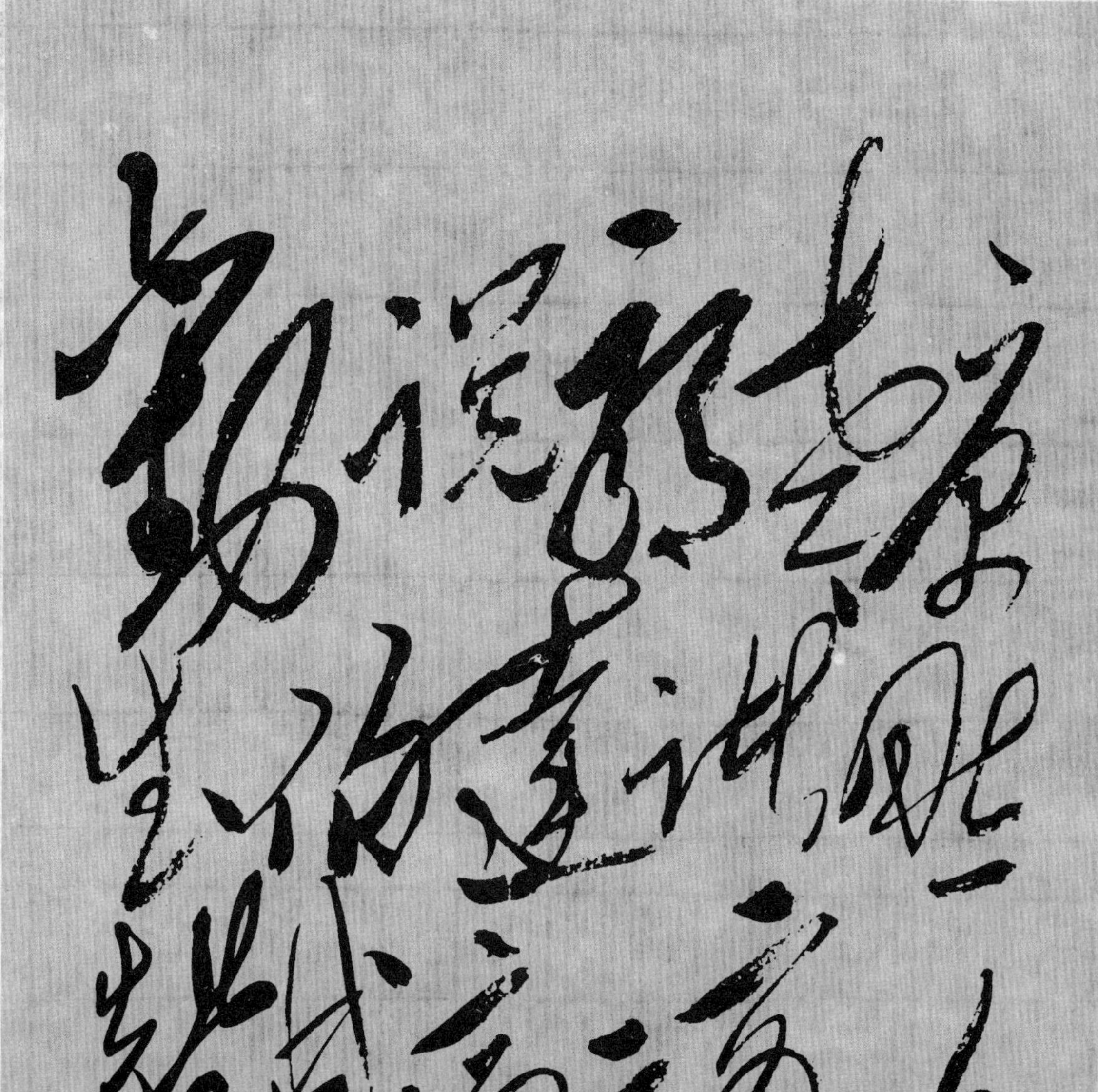

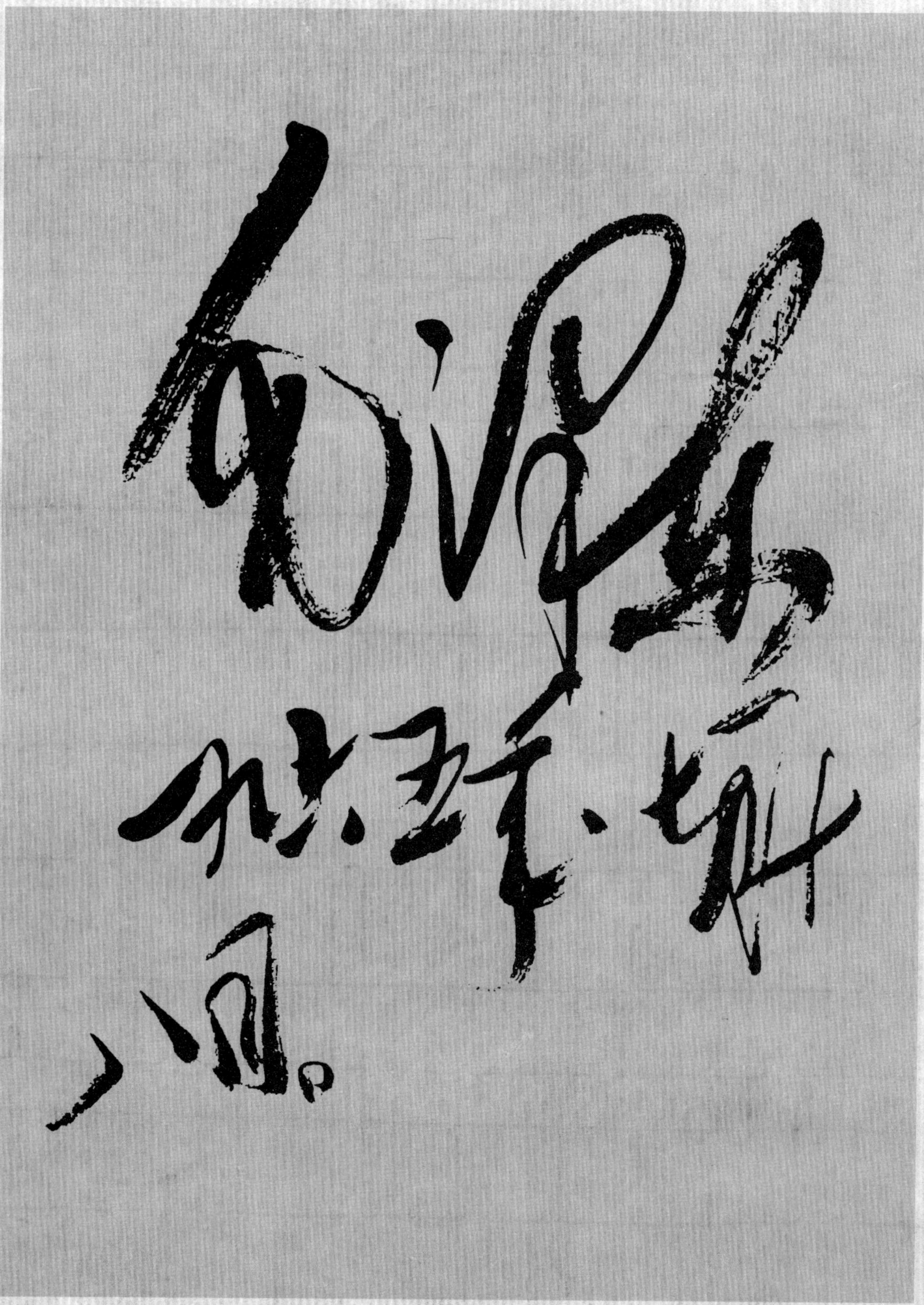

第四时期·书信

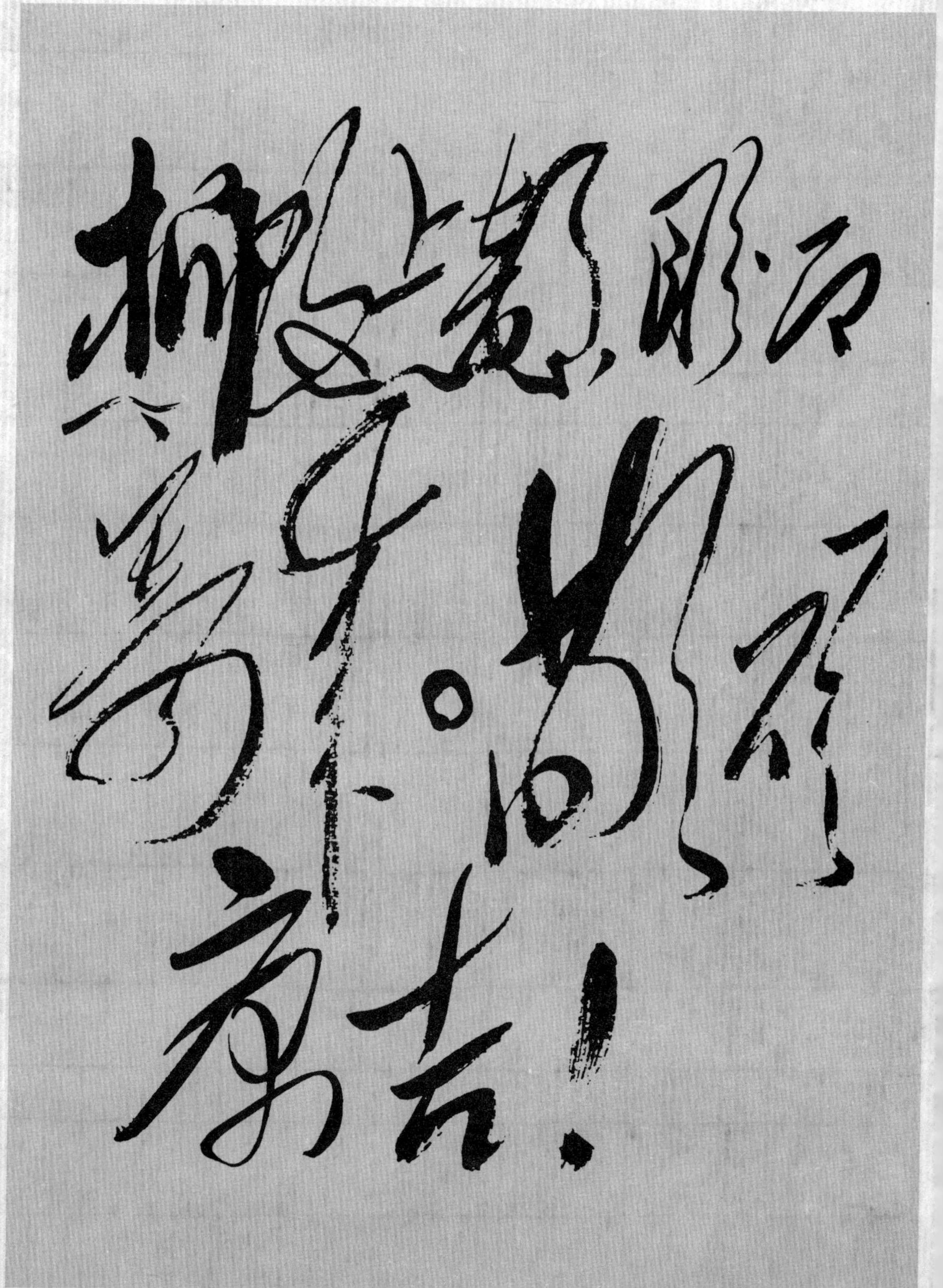

致华罗庚

一九六五年七月二十一日

华罗庚同志：

来信及《平话》，早在外地收到。你现在奋发有为，不为个人，而为人民服务，十分欢迎。听说你到西南视察，并讲学，大有收获，极为庆幸。专此奉复，敬颂

教安。

毛泽东

一九六五年七月廿一日

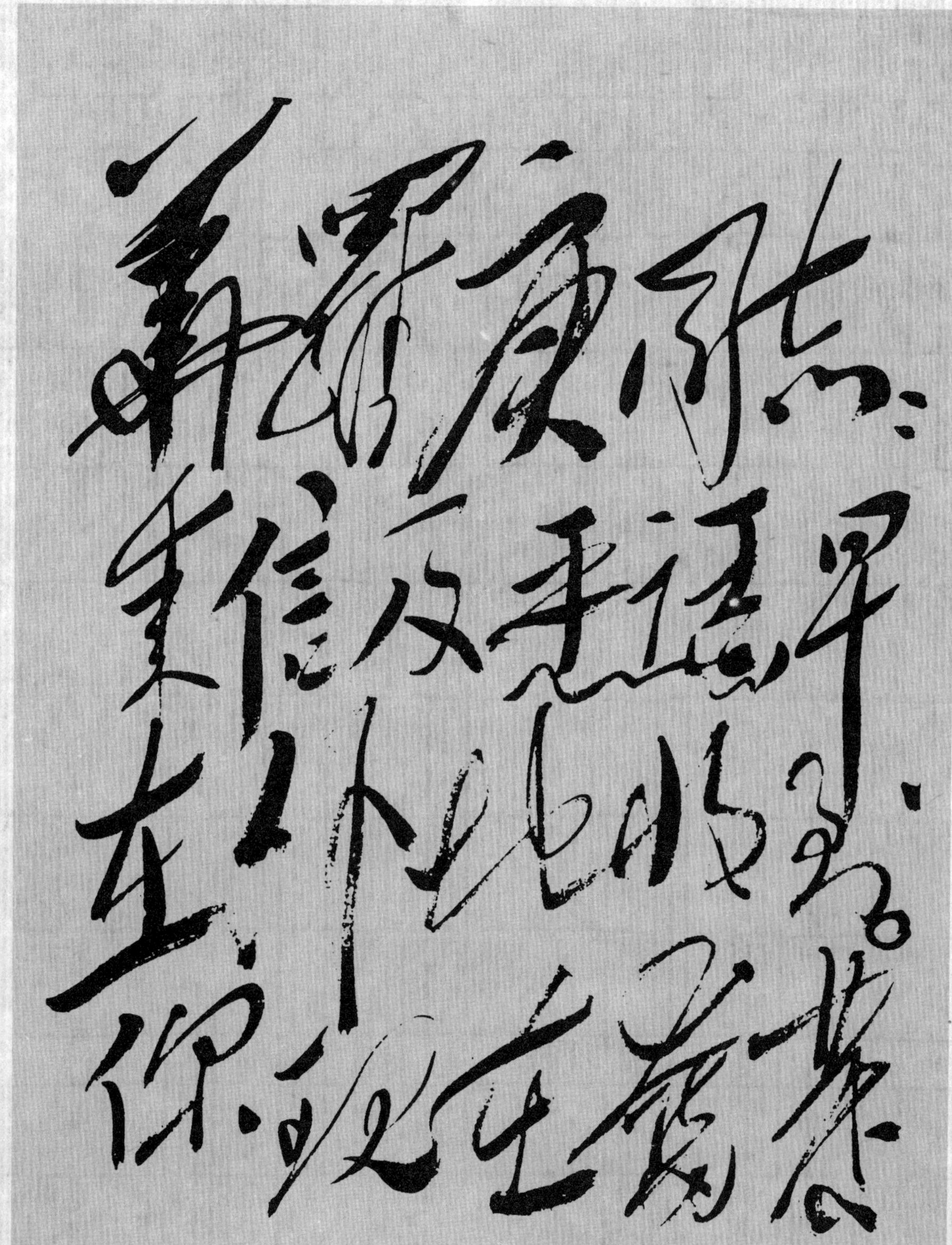

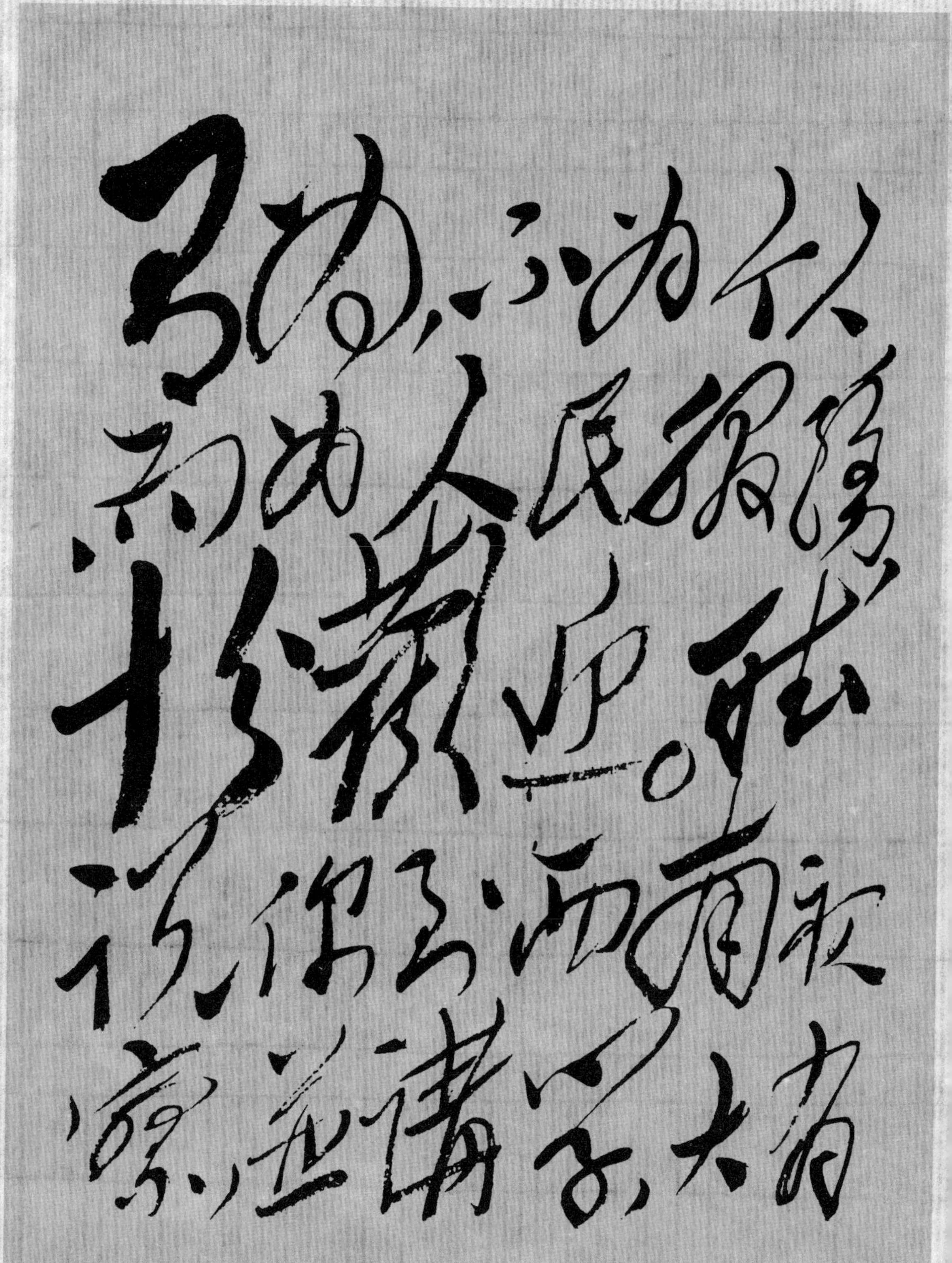

第四时期·书信

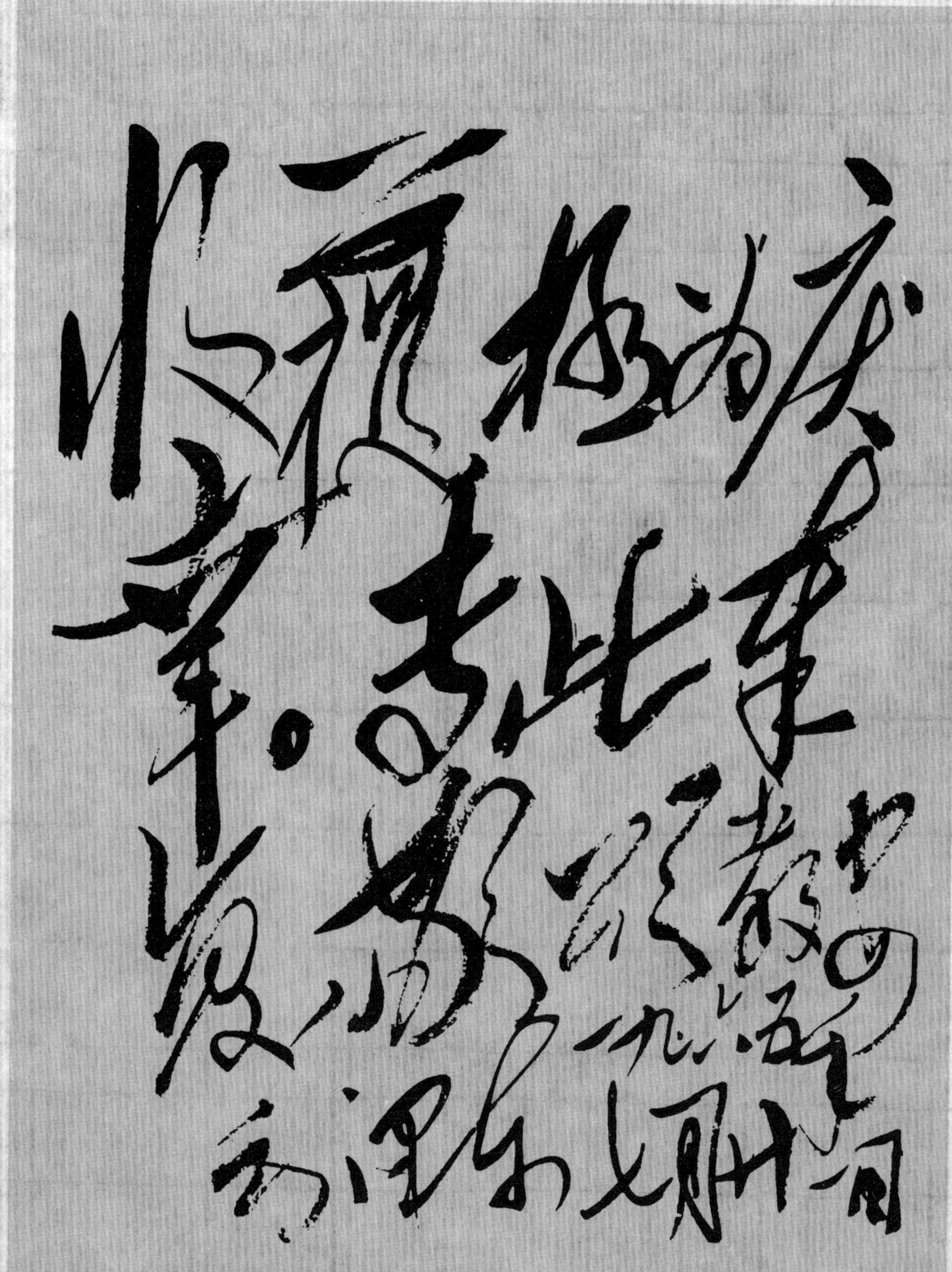

致于立群

一九六五年七月二十六日

立群同志：

一九六四年九月十六日你给我的信，以及你用很大精力写了一份用丈二宣纸一百五十余张关于我的那些蹩脚诗词，都已看过，十分高兴。可是我这个官僚主义（主义）者却在一年之后才写回信，实在不成样子，尚乞原谅。你的字好，又借此休养脑筋，转移精力，增进健康，是一件好事。敬问暑安！并祝郭老安吉。

毛泽东

一九六五年七月廿一八日

第四时期·书信

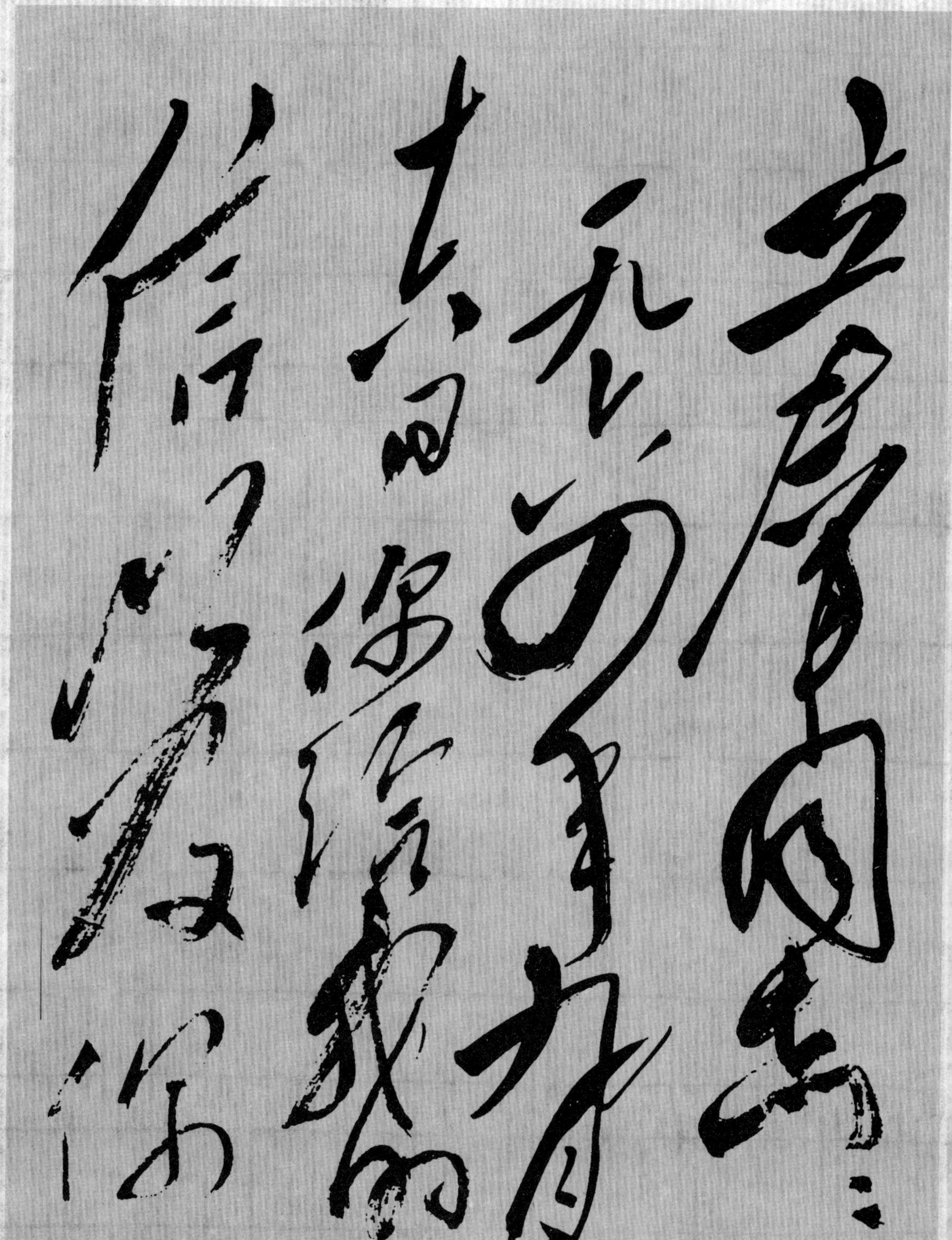

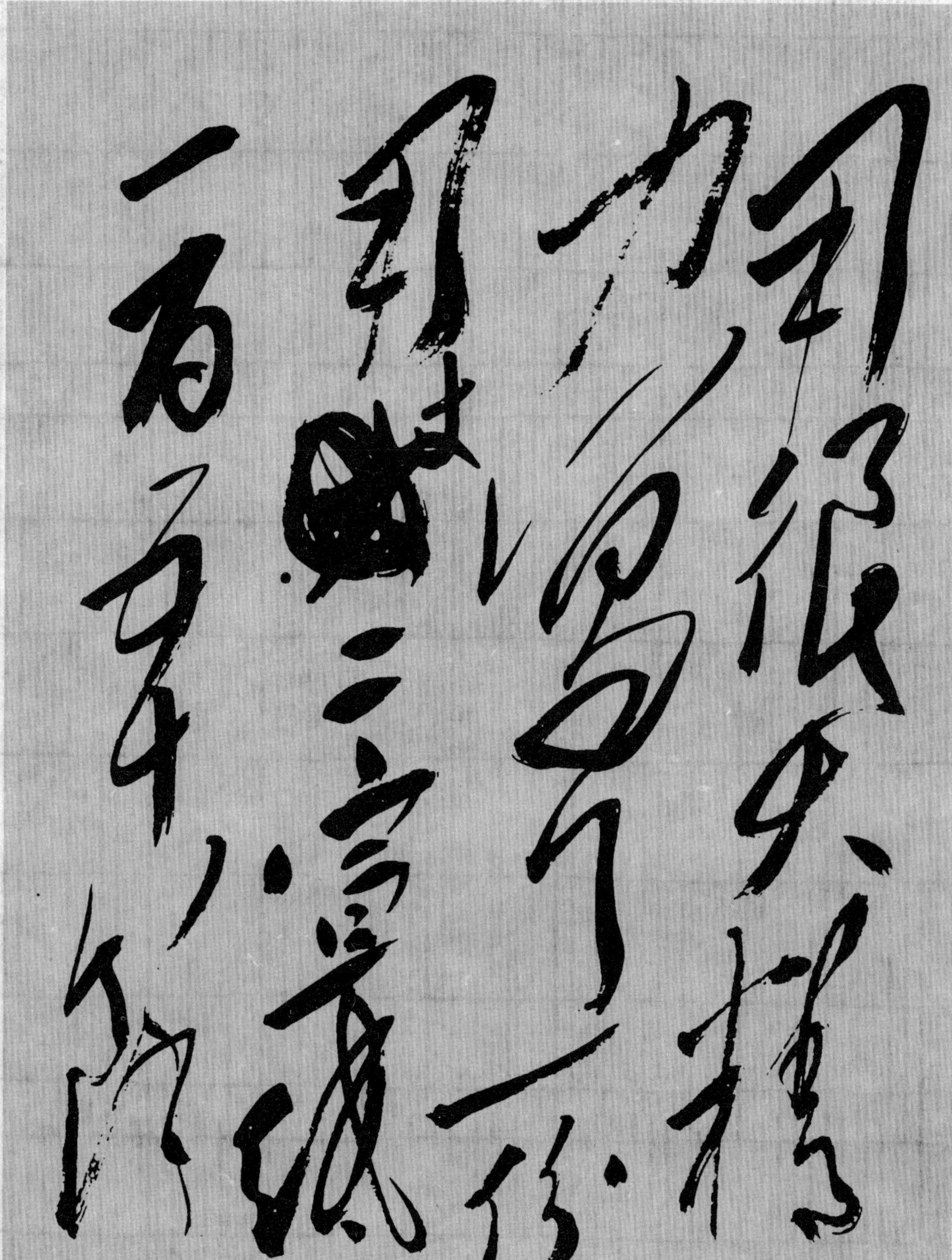

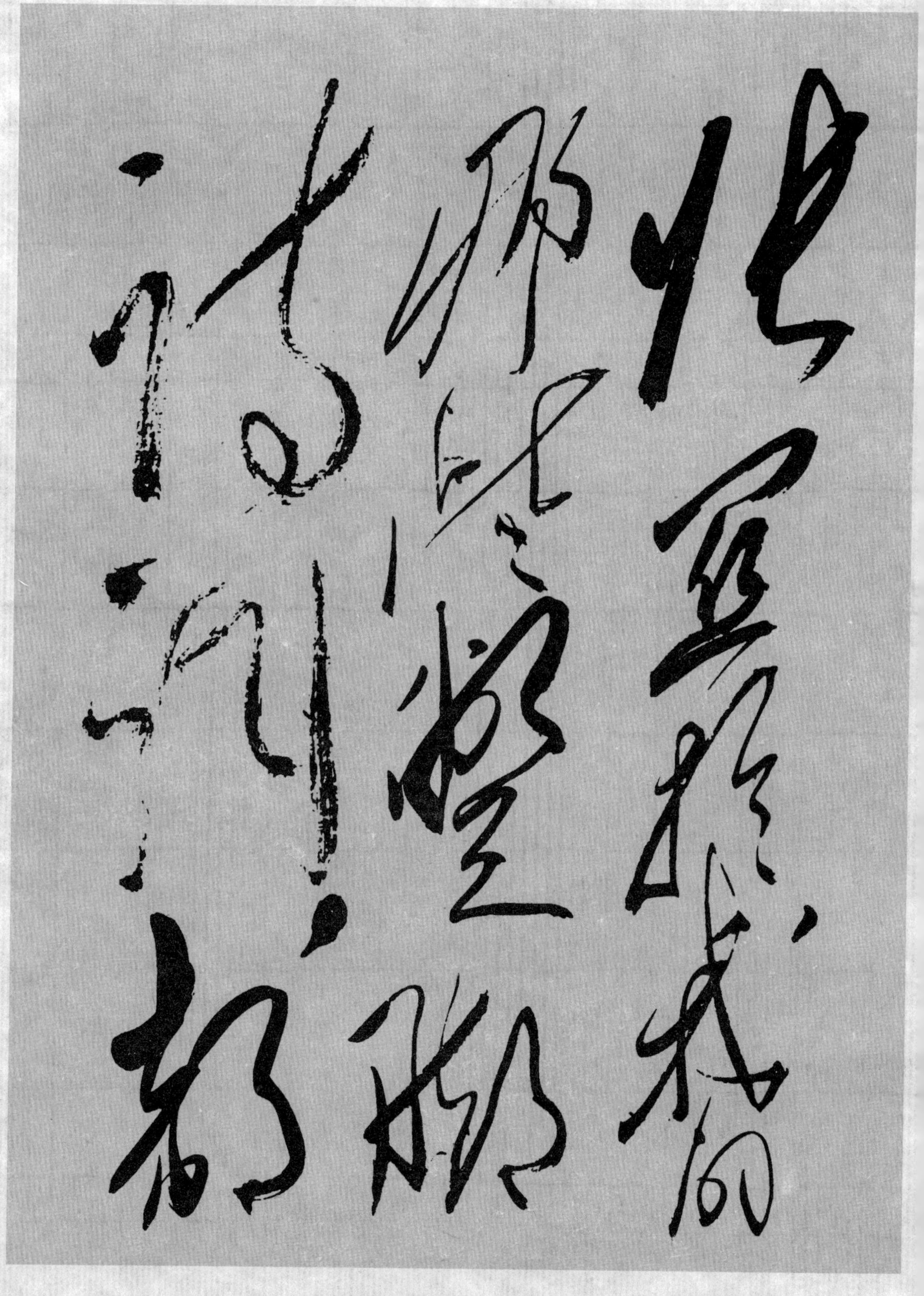

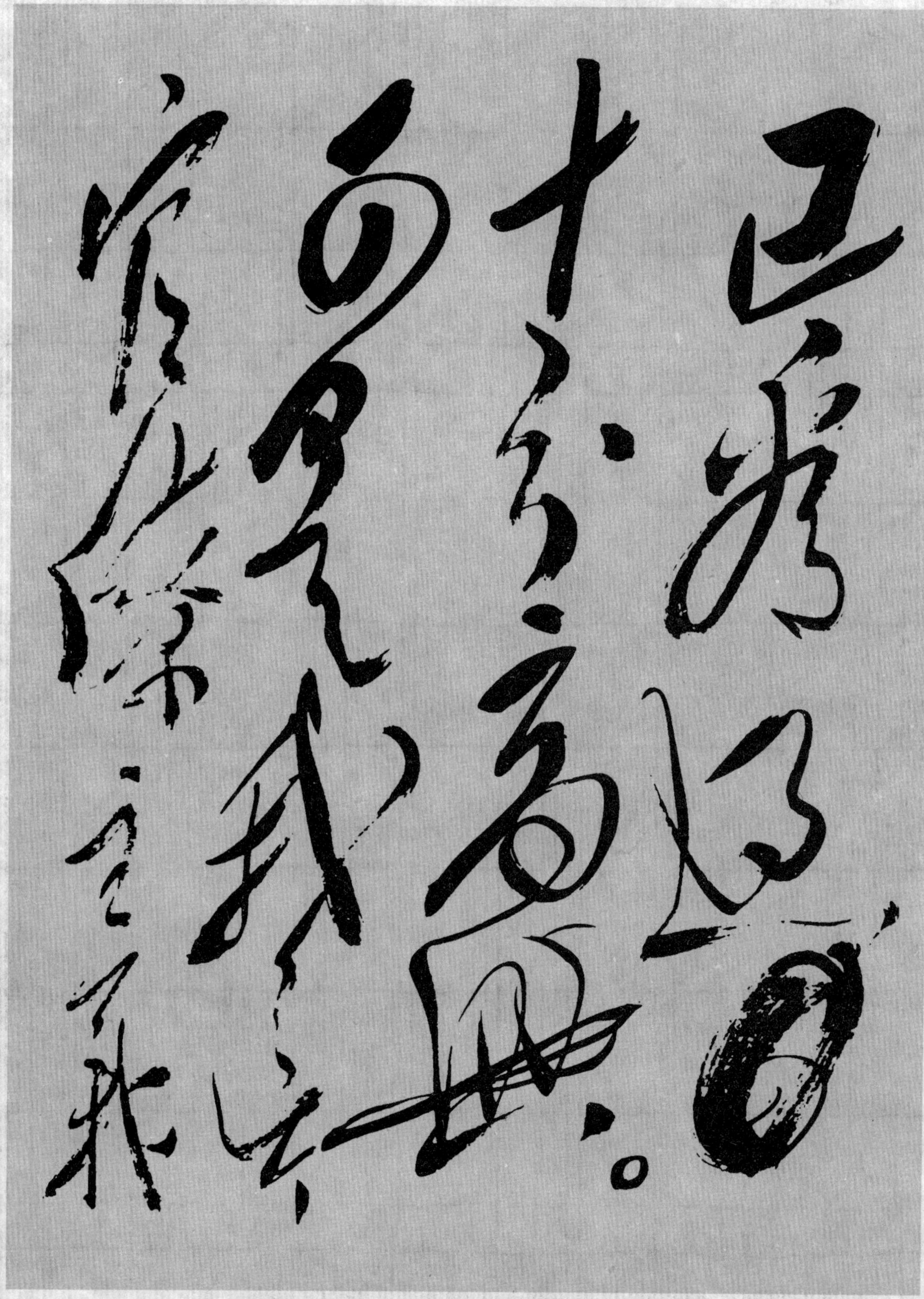

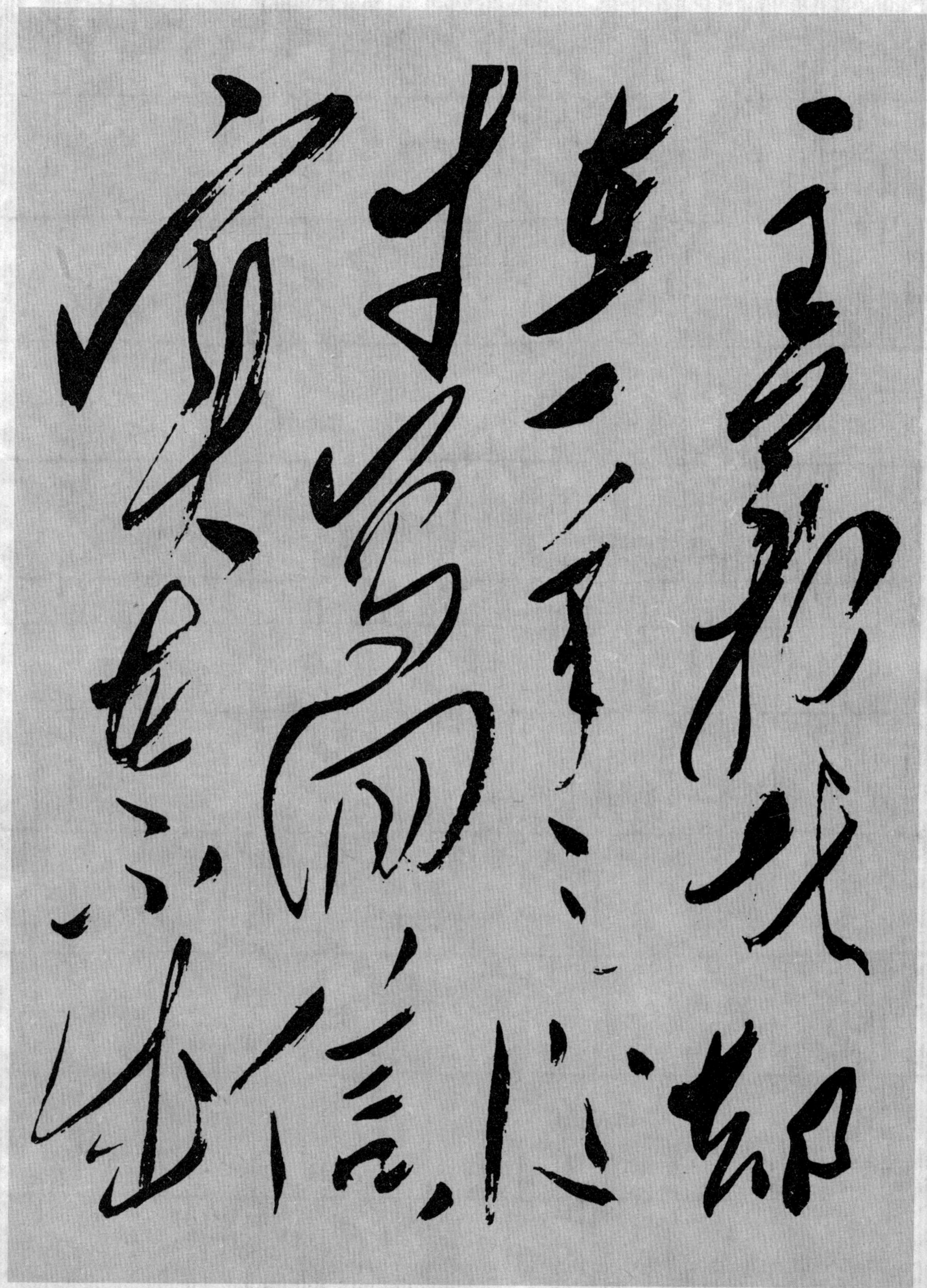

第四时期·书信

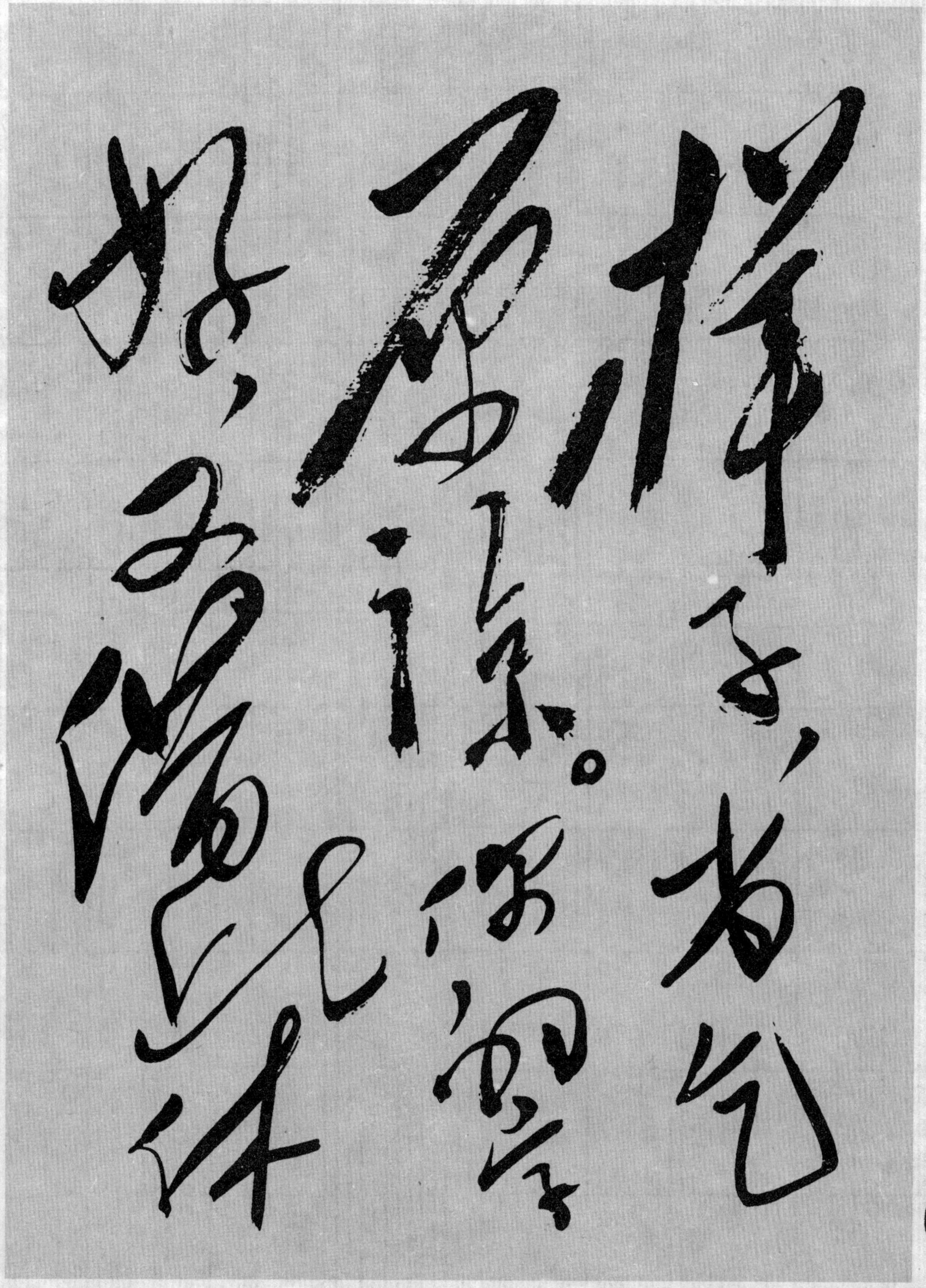

第四时期·书信

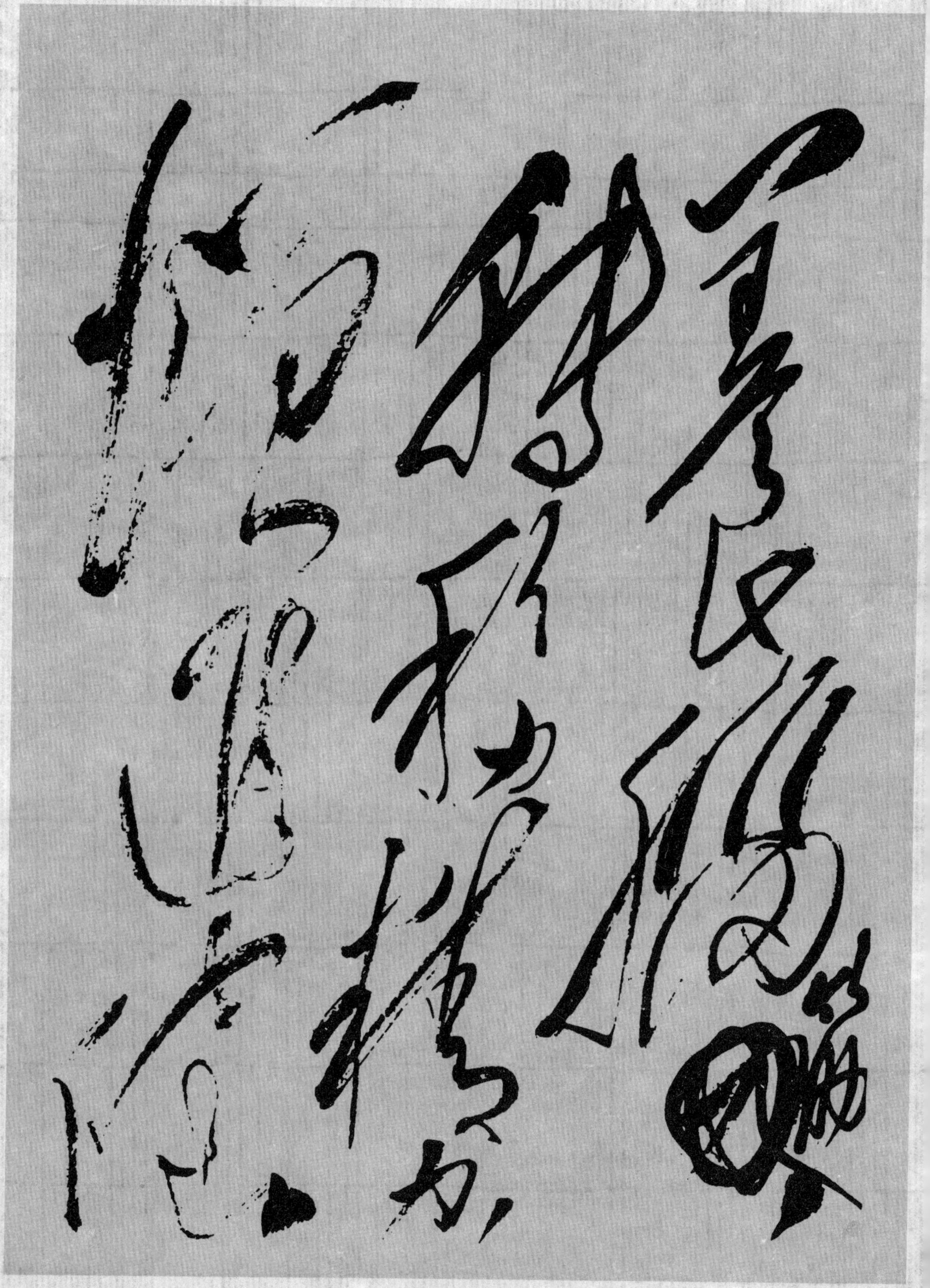

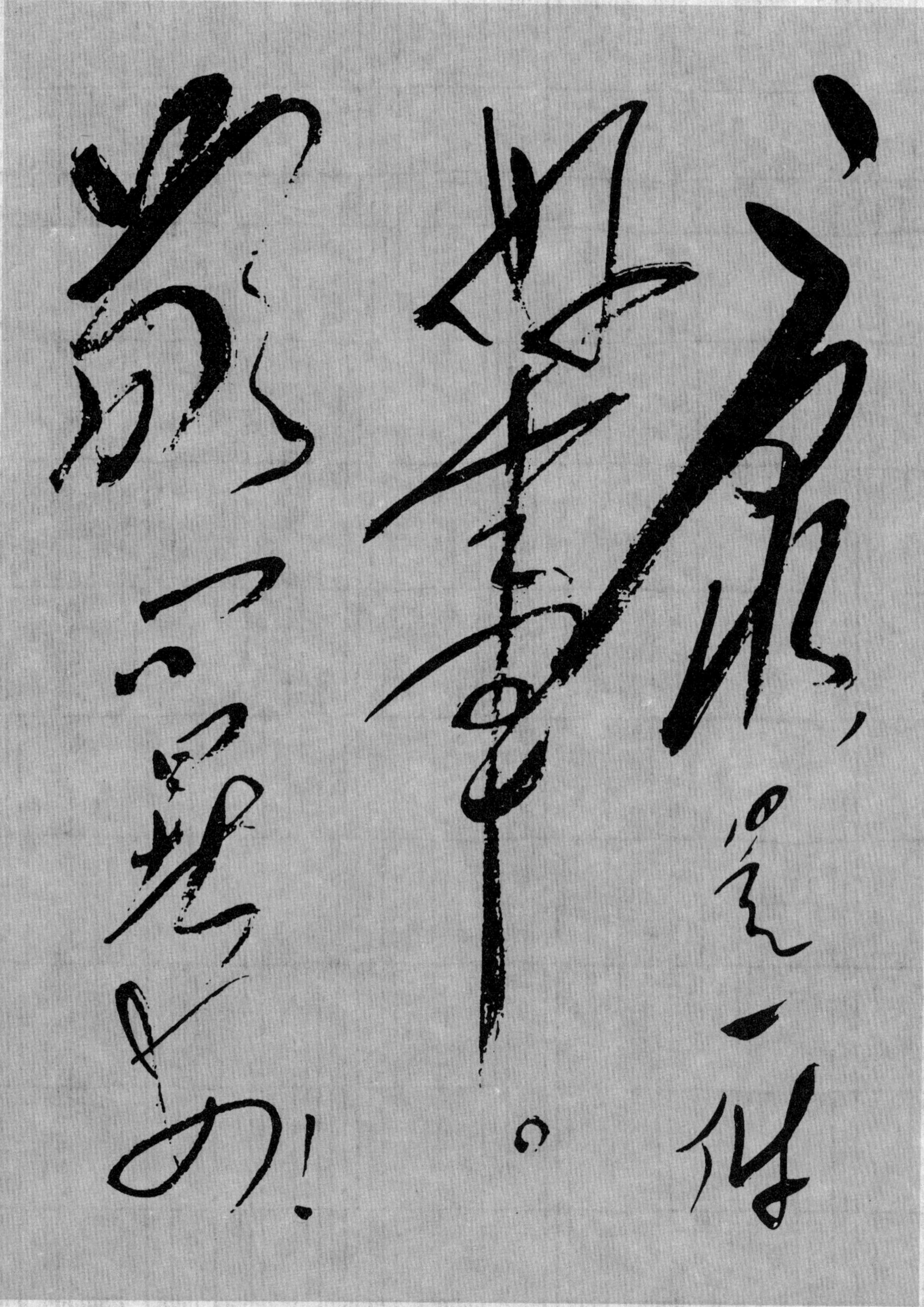

致陈毅

一九六五年七月二十一日

陈毅同志：

你叫我改诗，我不能改。因我对五言律，从来没有学习过，也没有发表过一首五言律。你的大作，大气磅礴。只是在字面上（形式上）感觉于律诗稍有未合。因律诗要讲平仄，不讲平仄，即非律诗。我看你于此道，同我一样，还未入门。我偶尔写过几首七律，没有一首是我自己满意的。如同你会写自由诗一样，我则对于长短句的词学稍懂一点。剑英善七律，董老善五律，你要学律诗，可向他们请教。

西行

万里西行急，乘风

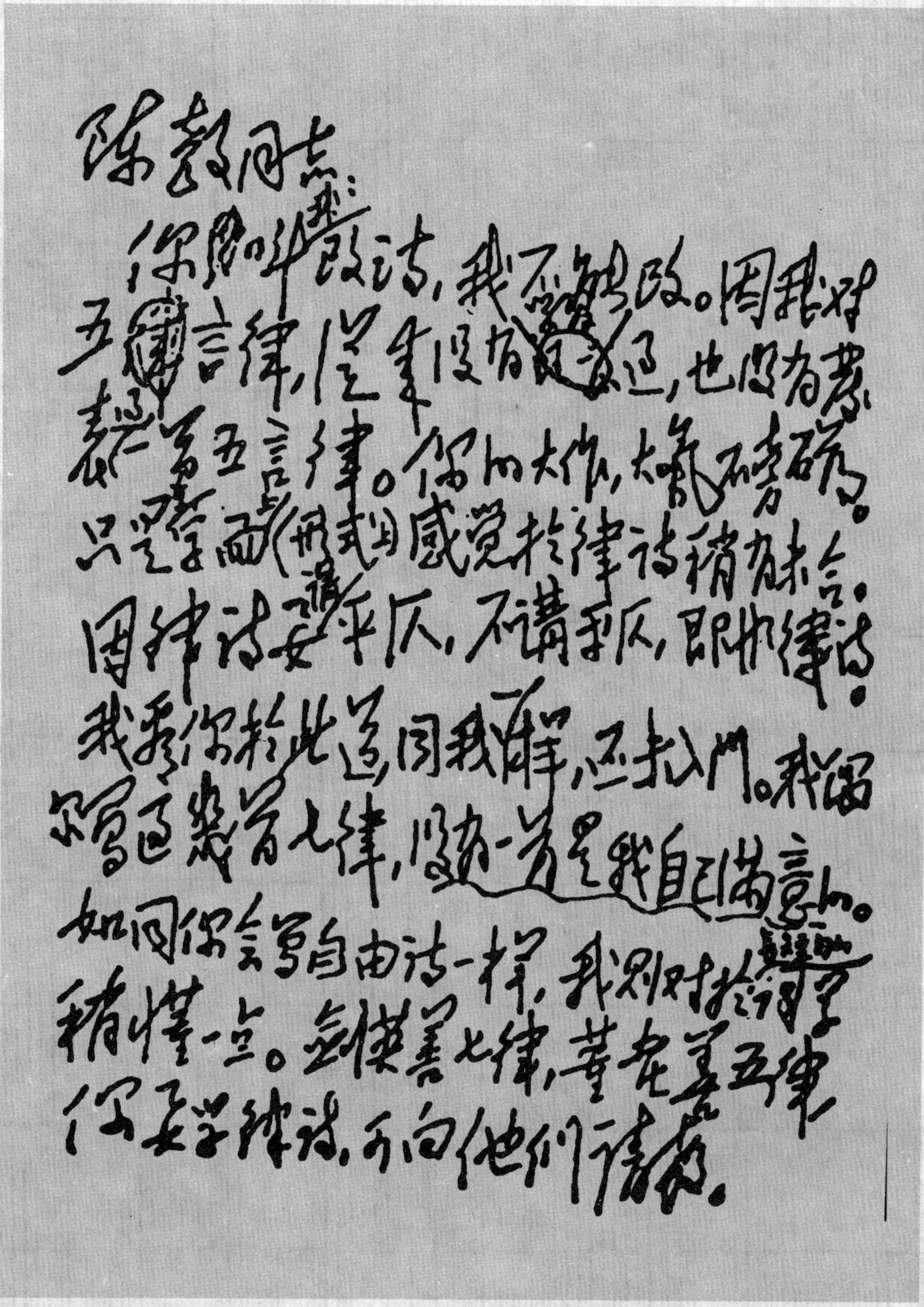

陈毅同志：

你叫我改诗，我不能改。因我对五言律，从来没有学习过，也没有发表过一首五言律。你的大作，大气磅礴。只是在字面（形式上）感觉于律诗稍有未合。因律诗要讲平仄，不讲平仄，即非律诗。我看你于此道，同我一样，还未入门。我偶尔写过几首七律，没有一首是我自己满意的。如同你会写自由诗一样，我则对于词学稍懂一点。剑英善七律，董老善五律，你要学律诗，可向他们请教。

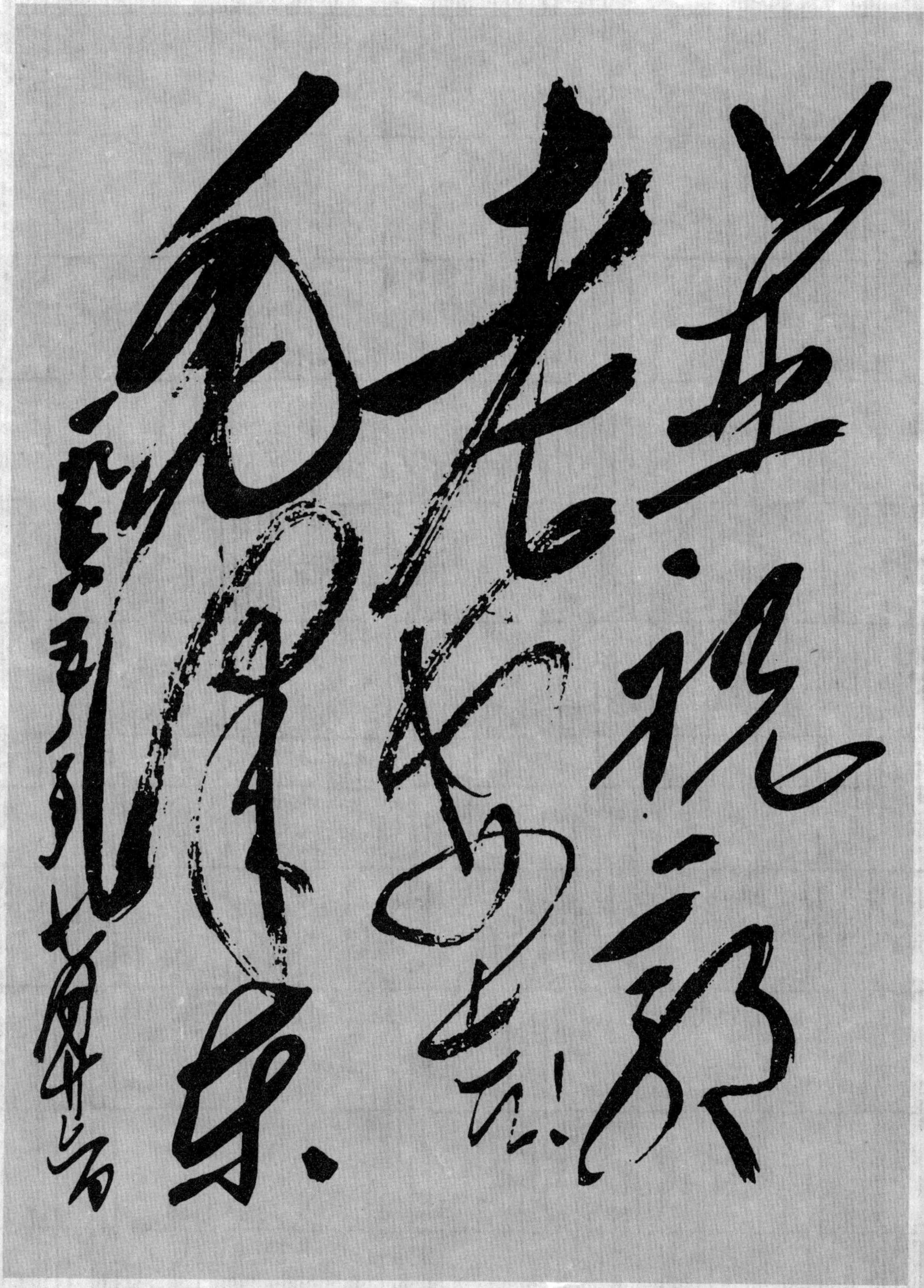

御太平。

不因鹏翼展，哪得
乌途通。

海酿千钟酒，山栽
万仞葱。

风雷驱大地，是处
有亲朋。

只给你改一首，还很不满意，其余不能改了。

又诗要用形象思维，不能如散文那样直说，所以比、兴两法是不能不用的。赋也可以用，如杜甫之《北征》，可谓『敷陈其事而直言之也』，然其中亦有比、兴。『比者，以彼物比此物也』，『兴者，先言他物以引起所咏之词也』。韩愈以文为诗，有些人说他完全不知诗，则未免太过，如《山石》、《衡岳》、《八月十五酬张功曹》之类，还是可以的。据此可以知为诗之不易。宋人多数不懂诗是要用形象思维的，一反唐人规律，所以味同嚼蜡。以上随便谈谈，都是一些古典。要作今诗，则要用形象思维方法，反映阶级斗争与生产斗争，古典绝不能要。但用白话写诗，几十年来，迄无成功。民歌中倒是有一些好的。将来趋势，很可能从民歌中吸引养料和形式，发展成为一套吸引广大读者的新体诗歌。又李白只有很少几首律诗，李贺除有很少几首五言律外，七言律他一首也不写。李贺诗很值得一读，不知你有兴趣否？

祝好！

毛泽东

一九六五年七月廿一日

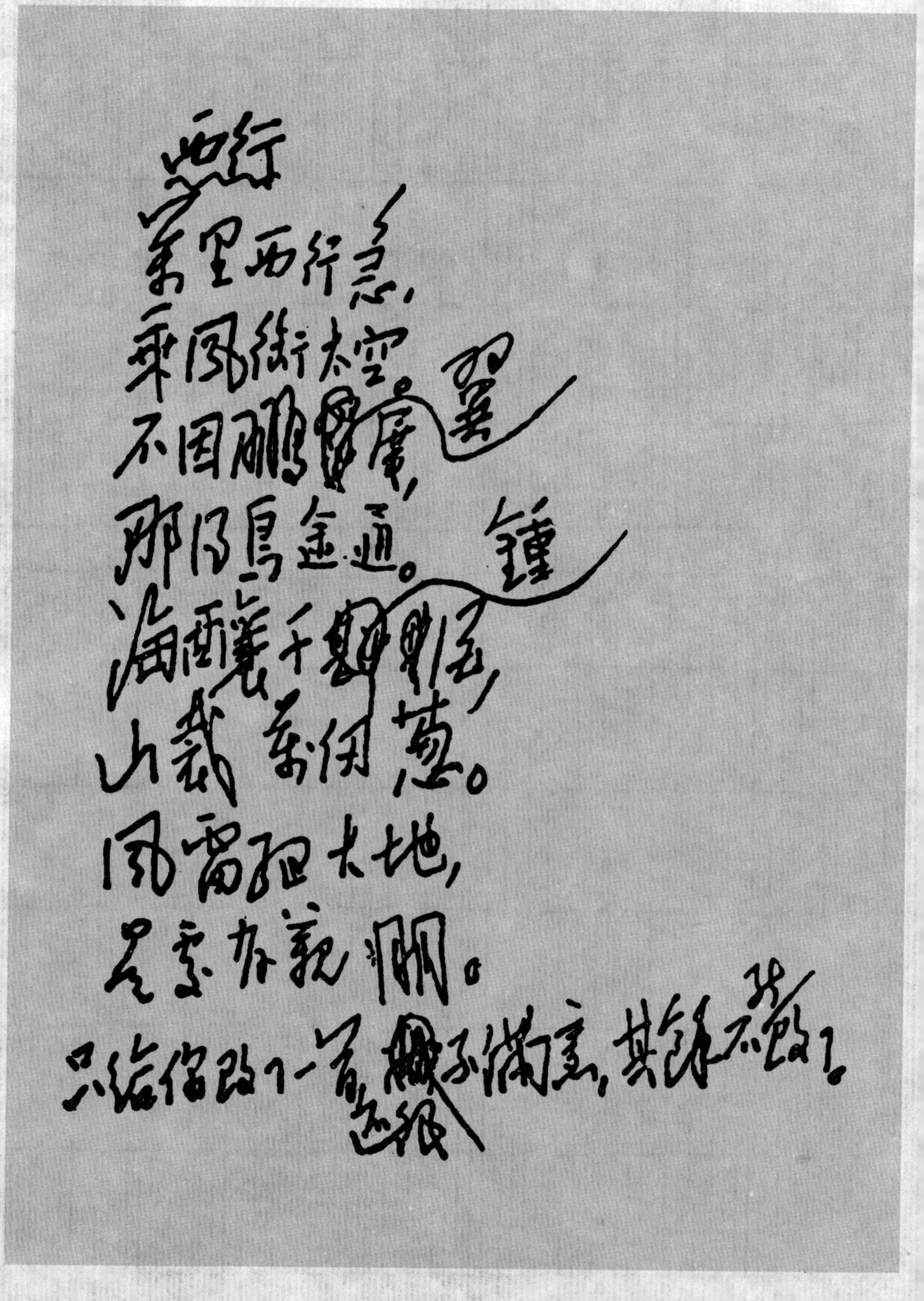

西行

万里西行急，乘风御太空。不因鹏翼展，哪得鸟途通。海酿千钟酒，山栽万仞葱。风雷驱大地，是处有亲朋。

只给你改一首，还很不满意，其余不能改了。

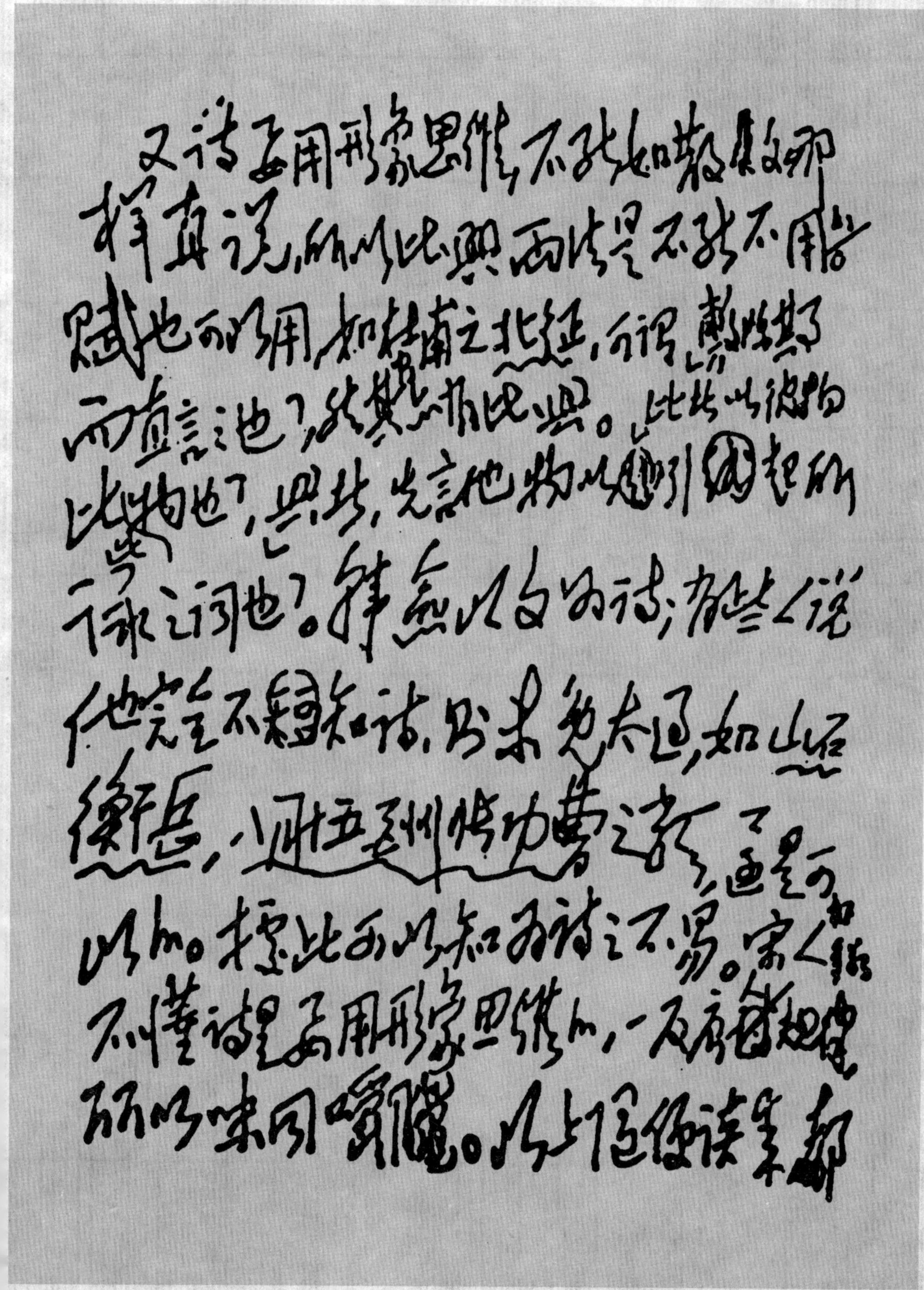

又诗要用形象思维，不能如散文那样直说，所以比兴两法是不能不用的。赋也可以用，如杜甫之北征，可谓敷陈其事而直言之也，然其中亦有比兴。比者以彼物比此物也，兴者先言他物以引起所咏之词也。韩愈以文为诗，有些人说他完全不知诗，则未免太过，如山石、衡岳、八月十五酬张功曹之类，还是可以的。据此可以知为诗之不易。宋人多数不懂诗是要用形象思维的，一反唐人规律，所以味同嚼蜡。以上随便谈谈，都

是一些古典。要作今诗，则要用形象思维方法，反映阶级斗争与生产斗争，古典绝不能要。但用白话写诗，几十年来，迄无成功。民歌中倒是有一些好的。将来趋势，很可能从民歌中吸引养料和形式，发展成为一套吸引广大读者的新体诗歌。又李白只有很少几首律诗，李贺除有很少几首五言律外，七言律他一首也不写。李贺诗很值得一读，不知你有兴趣否？

祝好！

毛泽东

一九六五年，七月廿一日